出版支持

江西农业大学公共管理学学科（专业）建设项目

江西农业大学江西省乡村振兴战略研究院建设项目

江西农业大学农村土地资源利用与保护研究中心建设项目

江西省赣鄱俊才（农林经济管理学科）支持项目

江西省学位与研究生教育教学改革项目（JXYJG-2021-067）

江西省研究生优质课程《管理学》及案例建设项目（2017—2025）

江西省学位与研究生教育教学改革项目（JXYJG-2023-053）

江西省社会科学基金重点项目（23GL03）

迈向基层治理现代化

地方实践与理论分析

郑瑞强　陈洋庚　陈美球　著

江西人民出版社
Jiangxi People's Publishing House
全国百佳出版社
·南昌·

图书在版编目（CIP）数据

迈向基层治理现代化：地方实践与理论分析 / 郑瑞强，陈洋庚，陈美球著. -- 南昌：江西人民出版社，2025. 3. -- ISBN 978-7-210-16432-6

Ⅰ. D63

中国国家版本馆 CIP 数据核字第 20253AF002 号

迈向基层治理现代化:地方实践与理论分析
MAIXIANG JICENG ZHILI XIANDAIHUA:DIFANG SHIJIAN YU LILUN FENXI
郑瑞强 陈洋庚 陈美球 著

责任编辑：万莲花
封面设计：同异文化传媒

江西人民出版社
Jiangxi People's Publishing House
全国百佳出版社
出版发行

地　　址：江西省南昌市三经路 47 号附 1 号(邮编:330006)
网　　址：www. jxpph. com
电子信箱：64114527@qq. com
编辑部电话：0791-86898650
发行部电话：0791-86898815
承 印 厂：江西新华印刷发展集团有限公司
经　　销：各地新华书店

开　　本：787 毫米×1092 毫米　1/16
印　　张：16. 25
字　　数：240 千字
版　　次：2025 年 3 月第 1 版
印　　次：2025 年 3 月第 1 次印刷
书　　号：ISBN 978-7-210-16432-6
定　　价：59. 00 元
赣版权登字-01-2025-270

前　言

基层治理是国家治理的基石。基层治理现代化的过程,既在理论上具备守正创新的研究空间,又在实践上积累了引导基层治理的经验价值,还在发展上具有统揽发展与安全的战略意义。《迈向基层治理现代化:地方实践与理论分析》这本书,正是基于对这一时代命题的深刻认识,通过深入剖析中国各地基层治理的实践案例,旨在探索和总结基层治理现代化的有效路径和经验,为相关理论研究和实践操作提供参考和借鉴。

本书围绕“基层治理现代化目标何以实现”这一核心问题精选了七个典型案例,覆盖了基层治理的多个层面和领域,包含从城市到农村、从沿海到内陆、从经济发达地区到欠发达地区、从传统治理到现代治理的转型。按照公共管理的逻辑,本书从府际关系、政策执行、社区治理、市场化改革等方面梳理县区、镇街的改革实践,剖析困境堵点,探索进一步推进基层治理体系与治理能力现代化的可能路径,通过完善基层治理的顶层设计,提升基层在运用制度优势,实现对府际关系、政策执行、社区治理、市场化改革等方面全面优化,进而提高基层治理效能,推动基层治理现代化目标的实现。

案例一和案例二主要聚焦行政体制改革层面的府际关系调整。案例一探讨了龙港市市直管社区改革的困境与挑战。龙港市作为新型城镇化背景下的一个典型案例,其撤镇设市后实行扁平化管理的尝试,揭示了在降低行政成本和提高行政效率的双重使命下,如何实现政府职能的转变和社区治理效能的提升,为我们提供了一个观察和分析政府职能转型和社区治理创新的窗口。案例二基于永嘉县泵阀产业发展实践,建构“主体互动—空间调整—赋能集体—聚集创新”的分析框架，总结提炼出永嘉泵阀产业从家庭作坊式生产模式到集群产业链的有效路径，也为我国其他产业集群发展和有着急切转型需求的地区提供参考。

案例三和案例四主要聚焦公共政策执行的复杂图景及基层政府“突围”实践。案例三以泰顺县司前畲族镇峰门村为例，展示了生态搬迁政策执行的逻辑和经验启示，找准一个观察和分析基层政府在政策制定、规划引导、资源整合、组织协调等方面的主导作用的视角，为基层政府提升执行能力提供了有益思考。案例四基于武阳“民宿＋”产业助推乡村全面振兴的实践，探讨了如何实现公共资源最大化利用，展示了乡村民宿作为整合乡村生态、文化与旅游资源的新业态，这是一个分析乡村全面振兴中多方利益主体合作与冲突的案例。

案例五和案例六主要聚焦城乡社区治理。案例五关注城市社区惠民治理，分析了老旧小区改造过程中的协同治理问题，不仅揭示了城市社区治理中的盲点、堵点和痛点，也为如何统筹整合存量资源的再利用、改造和可持续发展提供了思考。案例六剖析了江西余江滩头村“宅改”的成功密码，探讨了改革内生动力的形成机制，不仅展示了宅基地制度改革的复杂性，也为如何激发村民的改革热情和内生动力提供启示。

案例七则探讨了政府的市场化改革。这是基于乐清市行政管理中心的案例，探索了公共机构绿色低碳转型的可能路径，不仅揭示了公共机构绿色低碳转型的困境，也为如何通过市场化机制破解节能降耗困境提供了思考。

这些案例不仅为理论研究提供了丰富的实证材料，也为政策制定和实践操作提供了宝贵的参考，还为全球化、信息化时代基层治理面临的挑战提供了反思契机：一方面，全球化带来的资本、技术、信息的快速流动，为基层治理提供了新的资源和手段；另一方面，全球化也带来了文化冲突、社会分化、环境压力等问题，对基层治理提出了新的挑战。信息化的发展，特别是互联网、大数据、人工智能等新技术的应用，为基层治理提供了新的平台和工具，但同时也带来了信息安全、隐私保护、数字鸿沟等问题。在这样的背景下，基层治理现代化必须适应全球化和信息化的新要求，不断创新治理理念、治理模式和治理手段。首先，基层治理现代化必须坚持以人民为中心的发展思想，始终把人民的利益放在首位，不断满足人民对美好生活的需求。其次，基层治理现代化必须坚持依法治理，不断完善法律法规体系，确保基层治理的合法性和规范性。再次，基层治理现代化必须坚持创新驱动，充分利用新技术、新手段，提高基层治理的效率和效果。最后，基层治理现代化必须坚持开放合作，加强与国内外的交流与合作，吸收借鉴先进的治理理念和经验。

本书由郑瑞强、陈洋庚、陈美球负责指导和最终统稿。参与撰写分工具体情况如下：江西农业大学人文与公共管理学院硕士研究生谢霞婷撰写了案例一（3.4 万字）、潘佩佩撰写了案例二（3.5 万字）、王其丽撰写了案例七（3.3 万字）；江西农业大学经济管理学院硕士研究生类迎春撰写了案例三（3.3 万字）、黄璜撰写了案例四（3.3 万字）、朱晨曦撰写了案例五（3.4 万字）；江西农业大学国土资源与环境学院邹梦玲撰写了案例六（3.4 万字）。

在本书撰写过程中，我们得到了许多专家、学者和实践者的大力支持和帮助，在此表示衷心的感谢。他们分别是彭齐东、廖彩荣、朱美英、黄利平、胡侦、方文度、王家乐、叶玲玲、陈思嘉、谢思思、林峰、杨彤彤、林海云、潘晓微、张仲凯、陈仁浩、杨文、夏京霞、邓亚立、叶若愉、马鹿乐、叶玲玲、林志华、林则哲。

最后，我们要感谢所有参与本书撰写的作者、编辑和工作人员，他们的辛勤工作和无私奉献，使得本书得以顺利完成。我们也要感谢所有关心和支持本书出版的读者，他们的期待和鼓励，是我们不断前进的动力。

目　录

案例一

体制重构与效能跃升：基层治理扁平化改革迭代何以实现？

——基于龙港市市直管社区改革的实证考察

摘　要：本案例全景式展现了新型城镇化改革背景下，温州龙港市撤镇设市实现扁平化管理后，“市直管社区”从1.0版到2.0版不断提档升级的全过程。我国城市实现扁平化管理已早有成功案例，但撤镇设市后实行扁平化管理案例较为鲜见，其中龙港市是一个新型城镇化背景下通过市直管社区的典型案例。改革前，龙港市肩负降低行政成本和提高行政效率的双重使命，“小政府，大服务”职能转型中存在扁平化改革不彻底、政府管理与居民自治的边界不清、整体治理能力不强、社区负担较重等改革困境。透过案例实践，可以观察到实施大部制、扁平化管理后，发挥政府更大的作用需要自上而下的改革设计和自下而上的自我变革。如何更好地发挥政府职能、提升社区治理效能，还需持续地探索和实践。

关键词：镇改市；大部制；扁平化管理；市直管社区

一、案例正文

（一）引言

随着中国式现代化的不断推进，我国涌现出了许多“特大镇”“小马拉大车”等城市发展困境。近年来，国家对新型城镇化改革的步伐加快，让本案例的研究对象，我国第一个镇改市——龙港市应运而生。龙港镇自1983年成立以来，陆续扛起改革试点镇的大旗，直到2014年底成为国家新型城镇化综合试点镇。国务院在2019年8月批准撤销苍南县龙港镇，设立县级龙港市，龙港市成为国内第一个镇改市和第一个不设街道、乡镇的县级行政区域。龙港市开始探索“大部制、扁平化、低成本、高效率”的新型设市模式，探究“市直管社区”扁平化基层治理改革，肩负着“打造成为全国新型城镇化样本”的重任。作为我国新型城镇化改革的典型缩影，龙港市在推进扁平化管理的过程中并非一帆风顺，社区的治理架构从“市直管社区”1.0版本升级到2.0版本，经历了一系列困难曲折，面临扁平化管理的“一人多岗、一岗多责”、社区职能繁重、社区干部能力亟待提升等困境，最终龙港市走出了“市管社区、组团服务”的新模式，并积极探索“市直管社区”3.0版本。

从2023年2月开始，课题组通过查阅文献和新闻报道、实地调研、走访社区群众、与当地政府、社区工作人员进行座（访）谈等方式，全面了解龙港撤镇设市建设前后经历，梳理“市直管社区”过程中成效经验、面临的矛盾问题，旨在为基层治理扁平化管理提供经验参考。

（二）前世今生

1. 今生：改革的产物

2003年12月，时任浙江省委书记习近平考察龙港镇时指出，龙港镇值得进一步关注和研究。自2013年以来，以习近平同志为核心的党中央高度重视新型城镇化工作，全面系统地对新型城镇化战略作出决策部署。在国家新型城镇化改革的快速推进进程中，龙港市作为新型城镇化改革的典型例子，见证了国家新型城镇化改革的发展历程。

龙港是改革的产物，改革是龙港最大的特征。龙港于 1983 年 10 月设镇，历经从小渔村到农民城，再到产业城，最后到县级市的历史性改革跨越。2019 年 8 月，国务院批准撤销浙江省苍南县龙港镇，设立县级龙港市，由浙江省直辖，温州市代管，不设置乡镇和街道。新设立的龙港市位于浙江八大水系之一的鳌江之畔，东临东海，西部与鳌江横阳支江相邻，并紧靠 104 国道、沈海高速公路和温福铁路等交通干线，南面毗邻江南平原，北部以鳌江干流为界。从区域发展战略来看，龙港市正好处于长三角、海西经济区两大国家战略经济带的交汇处。2019 年撤镇设市时，龙港下辖 73 个行政村，30 个社区。经过 2020 年"村改社区"改革后，龙港直辖社区 102 个。截至 2022 年底，全市面积约 183. 99 平方公里，常住人口 46. 94 万人。2022 年地区生产总值 370. 14 亿元，一般公共预算收入 22. 9 亿元。

自龙港撤镇设市以来，该市始终紧紧围绕"大部制、扁平化、低成本、高效率"的改革要求，以"全国新型城镇化改革策源地、基层治理样板区、高质量发展新高地、整体智治先行区"为战略目标，坚定不移地推进改革创新。在改革实践中，龙港市推出了包括"一站式审批服务""综合执法队伍""职能转移清单""智能化全域管理"等一系列创新举措。龙港市先后成功获批了农村宅基地改革、城市标准化建设、政府购买服务、全域土地综合整治等四项国家级改革试点和其他十二项省级改革试点，并入选中国改革 2020 年度典型案例。龙港市各项社会事业呈现出蓬勃发展的良好态势，"大部制、扁平化、精细化、数字化"的治理理念贯穿龙港的社会治理体系，展现出巨大的发展潜力和广阔的前景。

2. 前世：筚路蓝缕三十载

(1) 自下而上的努力

1983 年设镇以来，龙港镇经过近 35 年的迅猛发展，截至撤镇设市前夕，行政面积由原先的 5. 2 平方公里扩大到约 184 平方公里，人口从 5000 余人增加到 38. 2 万人，下辖 73 个行政村 30 个社区，地区生产总值约 300 亿元。

龙港镇的发展起因于 1981 年平阳和苍南的分县。分县后为加速县域经济发展，摆脱对平阳鳌江港口的依赖，新成立的苍南县亟须建立港口作为经济中心，而鳌江镇对岸的方岩下村成为最佳选址。1982 年 4 月 9 日，温州市人民政府批准建立苍南县沿江港区，涵盖龙江公社、沿江公社的5个大队。同年，沿江港区改名为龙江港区。龙江港口建立后，出于建设提供物资进出和经济活动的集中区域的需求，以及统筹管理两个公社和属地公司、企事业单位和行政管理单位的现实需要，1983年10月12日，浙江省政府批复同意苍南县建立龙港镇，从此揭开了“中国第一农民城”发展的新篇章。

龙港设镇以来，共调整了三次行政区划：1984年，湖前、白沙、龙江、沿江4乡划入龙港管辖，试行镇辖乡制；2000年，平等、江山撤乡，划入龙港（江山乡部分未划入）；2011年，舥艚镇、芦浦镇、云岩乡划入龙港，构成了龙港镇现在的行政区划图。随着版图越来越大，区域内管辖的人口越来越多，龙港镇在财税分配、项目审批、社会管理等方面缺乏足够的权限，面临镇级体制“小马拉大车”的困境，亟待国家赋予县级市的行政权限。龙港镇社会各界为扩权而奔波，分别在建镇的10周年、20周年、30周年进行了三次设市的努力。1996年，龙港镇获批成为全国小城镇综合改革试点；2009年获得温州市强镇扩权改革试点镇称号；2010年被冠名为“浙江省首批小城市培育试点镇”。千禧年前后，龙港在行政体制上下功夫，创办省内首个镇级金库，推开县级计划单列政策，惠享相当全面的县级经管权利。不久，下放的权限被收回，而后又重新改革。虽然曲折，但适应城市发展和符合新型城镇化要求的行政运行和社会管理机制初步建立。龙港的发展揭示了“放权”的不稳定性，单纯的权力下放并不能有效解决大镇权责失衡的问题，龙港认识到行政层级和法定地位才是决定权能配置的关键，只有改变自身镇级建制身份，才能真正实现权责匹配。因此，龙港新的目标便是“镇改市”。

2014年12月29日，国家发展改革委牵头下发《关于印发国家新型城镇化综合试点方案的通知》（发改规划〔2014〕2960号），明确龙港镇成为全国唯一的首批64个试点地区中的试点镇。文件提到：“龙港开展新型城镇化的主要任务之一就是切实完善社区服务与治理理顺纵向分工，实现市管社区的扁平化管理体制，赋予社区相应的社会管理和公共服务职能，提高社区自我服务和治理能力。理顺行政流程和推进电子政务，把政府行政审批和公共服务通过电子网络平台延伸至社区。”方案中的“市管社区”任务成为龙港工作的方向标。试点期间，龙港镇调整合并了包括18个县派驻单位、12个镇内设机构、11个事业单位和在内的41个部门，合并职能相近的部门，精简为15个党政大部门。至今，龙港党政部门数没有增加。

（2）一朝分娩

国务院在2019年8月批准撤销苍南县龙港镇，设立县级龙港市。时任浙江省委书记车俊、省长袁家军于2019年9月25日到龙港市进行挂牌。从一个小渔村变成了建制镇，从建制镇再一跃变成了县级市，龙港市开始探索“大部制、扁平化、低成本、高效率”的新型设市模式，探索“市直管社区”扁平化基层治理改革，肩负着“打造成为全国新型城镇化样本”的重任，受到社会的广泛关注。

2019年，苍南县向国务院提交《温州市苍南县龙港撤镇设市行政区划调整总体实施方案》，提出龙港将聚焦统一高效的目标，大幅度精简机构，强化凸显党委的领导核心作用，构建简约精干的四套班子。共设置党政机构15个（党委部门6个、政府部门9个），机构规格为正科级，比省内同类县市机构数量少约60%；党委工作机关根据需要可加挂政府工作部门的牌子；综合设置6个直属事业机构（表1）。龙港市机构人员仅为同类县（市、区）的40%。如何用较少的行政事业人员推动基层整体自治，成了龙港市面临的难题。

表1　苍南县、龙港市人员编制划转情况

序号	编制类型	原苍南县编制情况（人）	调整后苍南县编制情况（人）	调整后龙港市编制情况（人）
1	党政群行政编制	777	620	385
2	乡镇编制情况	1125	897	–
3	公安专项编制	1088	780	308
4	司法行政专项编制	71	50	21
5	原工商所专项编制	277	215	62
6	事业编制	21137	16775（其中参公813）	4362（其中参公42）
–	合计	24475	19337	5138

（三）市直管社区的1.0版本：市管社区，片区服务

1. 扣好第一粒扣子

理顺各层关系、整合各方资源，走出一条具有龙港特色的城镇化改革发展道路，是时代赋予龙港镇的使命。延续提高基层治理效能的改革思路，新生的龙港市治理能力必须寻求新的发展潜能、激活新的发展要素、探索新的发展路径，最终在行政成本节约与运行效率提升之间找到契合点，才能使龙港市新型城镇化改革有现实意义。在全面衡量新龙港的发展现状后，践行低成本建市的理念，以行政机构、层级、人员编制三大要素不增设为原则，"大部制、扁平化"改革方案再一次被提了出来。

102个社区管理服务46万多常住人口，即平均每一个社区要管理服务4500人左右，这是2020年龙港面临的治理现实，如何解决好区域管理幅度偏大与人均服务辐射相对较小之间的矛盾，成为龙港首要任务。但低成本设市，就是要走市直管社区的新路，不能走设立办事处的老路子。以不突破"不增设中间层级"这个底线为前提，体现"扁平化"优势，龙港又创造性地在市与社区之间设立了"1＋1"片区党工委匹配片区社会服务综合体过渡模式。这个过渡模式下，片区区别于乡镇（街道）类办事处，办事处是派出机构，而片区非行政层级；办事处是需要对其业务经营活动过程及其成果进行全面系统的会计核算，而片区并非独立核算单位；相较于办事处，片区的人员配置和事项权责相对缩减，以市直部门服务平台前移为核心职能。片区党工委为政府服务的提供者，而片区社会服务综合体则是政府服务的接单媒介。

为着力实现片区过渡模式落地运行，龙港沿着简便高效的脉络，打通了三个片区关键点。一是区域划分优化调整，将原有的14个中心社区优化调整为龙江、沿江、白沙、湖前、江山、平等、肥腊、芦浦、云岩等9个非独立法人、无独立编制的片区。二是"一套班子、两块牌子"式领导班子设置，由市委设置片区党工委，由市委基层治理委员会派出设置片区服务中心，片区党工委书记兼任市委基层治理委员会副主任。三是市直部门干部派驻片区，由公安、市监、综合执法等在内的职能部门三分之一以上人力，联合片区、社区干部一并入驻网格，开设便民服务专窗，由市基层治理委员会负责整合，并依托建立数字化网格管理

平台。

在初步解决了低成本设市的最大困境后，为使龙港城镇化治理改革发展步伐迈得更大更快，龙港以“伤筋动骨”的勇气推动了两大改革。一是找准服务定位，以“大部制”改革推进政府整合优化职能部门。在龙港机构运行效能水平提升上下足功夫，政府职能部门、部门科室设置数缩减幅度均达 60% 以上，推进龙港市政府实现由管理者向服务者的角色转变，内部管理运行协同办公，精简不增人，对外积极寻求三方服务，满足公共服务需求，推进传统管理式政府向精简高效型政府转型升级。二是着力打破城乡二元结构，以全域式“村改社区”改革让龙港镇农民“就地市民化”。身份的转变不能简单地理解成村民变市民或村落改成社区。其中村集体经济组织及农民群体利益关系错综复杂，改革阻力巨大，但龙港仅历时 26 天，全市 73 个行政村转型挂牌成 72 个城市社区。原乡镇这层机构由片区过渡层取代，全域以网格为基础单位，384 个最小网格单元最大限度激活社区自治功能，打通了“全港城市化、全域社区化、全民市民化”的最后一公里难题，为逐步形成“党组织 + 社会组织 + 辖区企业 + 居民群众”等各类主体协商互动的基层自治模式打下良好的基础。

2020 年 7 月，沿江片区社会服务综合体作为龙港市首个综合体正式开启。社区主职干部由市委直接管理，任务直达一线由社区兜底处理。设置“党建、综治、市监、执法、服务”五类片区管理服务职能窗口，同时吸引了公益类、准公益类社会组织、专业社工、服务机构等主体入驻，凝聚成一个同心建设、同力治理、同求发展的综合服务性共同体。

设市后的第一年，借助扁平化的体制优势，龙港靠着改革的势头，解决了一项多年想解决而没解决的难题——文卫路拓宽工程。文卫路位于龙港老区的入城口，路段两侧都是初代进龙港人无规则自盖民房，是一条宽度 20 米的重要交通枢纽，该路段处于瓯南大桥和龙港大道之间，地理位置特殊。龙港市政府直管社区的模式，市政府领导挂点，部门和社区合力攻坚，打破了上下层级、部门之间的职能权限。“一个小组、一套方案”的推进机制，突破了群众怀疑、干部犹豫等心理阻力，直面群众征集关于“一区五城规划”以及未来社区方案的意见建议，展示了政府集全港之力治理堵点的决心。2020 年 11 月 5 日，该项目征地拆迁工作作为最大难点被攻破。

除此之外，一枚印章管审批的内部改革也是政府效能提升的一大举措。要求在40天以内完成一般性企业投资项目审批、16天以内投资低风险小项目审批，审批时间缩减50%以上，审批效能提升明显。

2. 一张清单转职能

一系列亮眼成绩单背后，片区式扁平化管理模式在实际运行中也面临不少挑战，尤其是在提质增效方面出现了改革张力。一是部门职能下移与基层服务定位的冲突。龙港“扁平化”改革后，原乡镇层级的职能如何分解消化，社区又怎样承接落实等一系列问题亟须解决。一方面，少了“乡镇”和“部门”的中间支撑，而片区和网格非行政层级，现社区就要承担原乡镇职能，既要承接行政部门工作任务，又要承担基层服务中心职责。这就赋予了龙港社区干部“双重身份”，面对成倍增加的工作任务，本领恐慌、压力剧增等负面情绪油然而生。另一方面，市直部门也面临着人少事多的难题，一个干部负责多个岗位，承担着多个岗位责任。类比同类县市区，曾担任过龙港市委常委、市委基层治理委员会主任的黄贤满说道：“同样的工作，人只有五分之一，一些工作仅仅能做到维持。”二是个人业务能力与工作需求水平的冲突。一张社区职能摸底清单，一度让泰安社区负责人陈绍兴无所适从。366项社区职能涉及社区党组织、社区委员会、社区成员、社区办公经费管理等方面的自治职能，涉及配合政府职能做好与群众利益相关工作的协助职能，涉及辖区社会经济行为的监管职能。其中很多职能涉及专业知识领域，如农村土地承包经营权流转、廉租房申请受理、安全生产（消防安全）等，且业务范围跨度较大。很多事项让社区干部接不住，也不可能全接得住，这成了社区干部履职的一大障碍。

可见，从镇级建制升格为县级市，龙港上传下达和社会服务等工作任务量明显增加，要求也更高，在面对基层治理体系优化中“人少事多”的难点问题时，基于龙港干部不可能全面承接公共服务事项的实际，龙港采取“一张清单转职能”改革，将政府部门中的辅助性、技术性等非核心职能通过直接转移或委托外包等方式向社会转移。适当购买第三方专业机构服务，转移部分政府职能及公共服务事项，借助社会力量成为龙港市政府解决服务冲突的突破口。

2020年9月18日，龙港市举行首次政务转移签约仪式，27项具体事项服务移交给22家服务承接主体，覆盖统计分析、养老助残、社会救助、消防安全排查、环保污染排查等具体事项服务。合同规定职能移交单位对承接其服务事项的社会组织要定期开展考评，强化全程监督保障社区服务质量。通过政府职能的社会化转移，龙港市精简政府职能和优化基层治理结构，不仅实现了职能"瘦身"，还为增强社会参与、构建政府与社会协同治理机制提供了制度保障和实践路径。

在改革1.0版本阶段，龙港市率先试点国家新型城镇化改革，坚持以创新改革解题，精简机构层级，赋能片区迸发活力，激活社会服务。城市基础硬设施和软配套提升双管齐下，龙港市直管社区1.0版本改革，已初步搭建起龙港国家新型城镇化综合改革框架。

（四）市直管社区的2.0版本：市管社区，组团服务

1. 一石激起千层浪

在片区过渡模式运行了一段时间后，社会中出现了对市直管社区发展的舆论，认为"片区"制度没有在实质上削减中间层级，真正意义上的"市直管社区"尚未实现。2021年1月20日，时任浙江省委书记袁家军在考察龙港时，提出"要围绕以40%的行政资源如何克服困难实现有效运转和通过数字化改革提升和实现快速反应"的重要指示，对龙港提升治理成效提出了明确要求。

为改变老百姓对政府的感受，切切实实做到扁平化管理，龙港市出台了《深化"扁平化"基层治理改革实施方案》。2021年3月12日上午，龙港召开全市深化"扁平化"基层治理改革推进会。宣布撤销片区党工委，在原有9个片区的基础上，以建成区3万至4万人常住人口、非建成区1万至2万常住人口的服务半径为社区单元，成立26个社区联合党委，每个片区有2至3个社区联合党委，同时成立26个社区联勤工作站和社区综合服务中心，真正实现市直管社区"三位一体"的"扁平化"管理，由社区联合党委统一考核管理，组团为群众服务。其中，社区联合党委由辖区内的党组织组成，直接同市级部门对接，负责统筹协调和引领指导工作；社区联勤工作站由基治委、公安局、市监局、执法局、专职社工、网格员等共同入驻，充当部门职能的延伸平台，负责安全生产、消防

安全等社会管理事务；社区综合服务中心由每个社区的选派代表入驻，也会吸纳部门机关干部和社工，直接对接市直部门，成为为居民提供综合服务的重要平台。这种多元协同的治理模式，既强化了基层治理的统筹能力，又提升了服务居民的效能。

在政策执行过程中，为实现利益一体化，达到上下一心的效果，龙港设立了责任捆绑机制。26位市领导、15位市直党政单位领导与26个社区联合党委进行捆绑。这些市领导需要对分片社区负责，因此还建立了市领导周二下基层制度。另外，260余名来自基层治理委员会、公安局、市监局、综合行政执法局的干部下沉到了社区。时任龙港市委常委、市委基层治理委员会主任黄贤满对他所联系社区里的干部非常熟悉，都能叫出名字来，这在其他区县基本上不可能。这充分体现了利益捆绑机制深层激活了干部的责任意识，使干部有责任、有动力扎根基层，从而达到上下畅通的效果。

2. 实实在在的便利

"三位一体"（社区联合党委、社区联勤工作站和社区综合服务中心）是作为一个崭新的组织架构，它是如何运行的？给老百姓带来了哪些实惠？深化扁平化管理后，居民明显感受到社区服务更便利了。华中社区、石路社区、监后垟社区、儒桥头社区等4个社区联合成立芦浦第二社区联合党委，办公地点设在华中社区办公楼3楼。机关下沉干部、社区干部、社工均在里面办公，组成社区联勤工作站和社区综合服务中心，实现社区和市直部门的"零距离"对接。

家住龙港市湖前第二社区的居民王然仅花了几分钟，就在社区综合服务中心补领了驾驶证。这位居民评论道："家门口就能办，还特别快，点赞！"如此高的办事效率，得益于龙港市"市直管社区"扁平化改革从1.0过渡版迈向2.0升级版，便民服务中心离家门口更近。

这种工作方式，有效地缓解了基层面对庞杂的公共服务内容时面临的"人少事多"局面。"机关下沉干部和社工都在身边，不用出社区即可面对面解决。"新上任的芦浦第二社区联合党委书记冯亦科说。

3. 协商效率再提升

社区联合党委是怎么提高协商办事效率的？经过一段时间的磨合，芦浦第二社区工作人员已进入正轨，办事流程井然有序。社区联合党委成立后，各社区更加方便地协调："我们可以连片整治，共建美丽乡村。"冯亦科上任的第二天，就召开过一个连片整治大会。

4 个社区可以共商发展大计，打破各自为战的局面。形式很新颖，大家积极性都很高。"我们 4 个社区都靠海，风俗相近。"冯亦科说，"可以互相传帮带，把社区打造得更精致，也可以协同开发，比如 4 个社区一起打造大型休闲公园。"

以前的老大难问题逐渐得到解决。大型苗木市场选址、养殖户违规在水塘里养龙虾等问题，由联合党委协同处置、联合推进。协调会议一结束，两个社区的书记奔赴实地察看，最终达成一致的意见。"已经是一家人了，需要给养殖户的补偿两个社区一起出。"两名社区书记说道。

4. 打造数字化高能引擎

为实现高效化治理，龙港迭代升级前期的数字化管理平台，打造了"一网统管"平台。"该平台集社会治理和城市运行于一体，融合了综治中心、政法综合信息指挥中心、综合行政执法指挥平台等职能，构建了'一张智网'统管全域的新格局，提高了行政管理效率。"龙港市社会治理中心党组书记、主任陈杨冬表示。

"以前广场舞噪音超标时，受困扰的市民们选择直接报警，不仅耗费了大量警力，而且容易反复。"陈杨冬说。如今，广场上的感应终端会自动预警并喊话，若无法解决，"一网统管"平台会自动派单给所在社区的网格团队现场劝导。劝导不行，信息将及时反馈给公安部门出警处理。目前，龙港已归集了"基层治理四平台"、综合执法、12345 等十三大系统 2.2 万条数据。

(五)市直管社区改革前路坦然

1. 三年改革成绩显著

回顾龙港设市的 3 年，取得诸多瞩目的成效：2022 年地区生产总值增长 6.2%，增速排温州第 2 位，浙江第 4 位；一般公共预算收入增长 14.4%，增速位居温州第 1 位；城镇居民人均可支配收入 64327 元，增长 6%，增速排温州第 2 位；农村居民人均可支配收入 35370 元，增长 7.9%，增速排温州第 4 位，连续多年荣获温州县市区成绩优秀。自从撤镇设市以来，龙港市按既定的改革要求，勇担探路先锋。相继推出了“一枚印章管审批”“一支队伍管执法”“一张清单转职能”和“大科室模块化”等系列改革。“大部制、扁平化”新型设市模式入选“中国改革2022年度地方全面深化改革典型案例”。相继出台《龙港“市管社区”标准体系》《“市管社区”标准化建设指南》等一系列龙港标准，国家有关部委在全国范围内推广龙港设市模式、政务服务、城市治理等经验做法。黄贤满算过一笔账，和同样规模的县市相比，龙港机关工资福利支出减少10亿元，这些钱都用在了龙港的民生工程上。作为龙港扁平化改革方案的推动者和践行者之一，龙港市委基层治理委员会常务副主任金珍敏认为，“扁平化改革之所以难，在于管理幅度太大，把102个村都叫过来开会不太现实，这么多人，布置任务效果也不好”“龙港虽然全面社区化了，正在全面推动拆迁工作，但是还有大量依附于土地之上的经济利益，没办法完全建成城市里的大社区架构。如果要让社区具备承接乡镇工作，这又违背基层群众自治的有关法律规定”。

2. 探索社区立法

(1) 自上而下的改革

金珍敏曾担任过龙港镇委副书记，参与过龙港多轮改革。他表示，龙港历次强镇扩权，结果都是收了放、放了收，缺乏法律和制度保障，“陷入了权力收放的循环中”。龙港干部慢慢形成了一个共识：仅仅靠县级政府放权不能真正解决龙港的问题。

为确保社区更高效率运行，明确政府职权边界，摆脱困境，龙港开始探索社区立法路径。2021年11月，省人大常委会出台了《关于促进和保障龙港市新型城镇化综合改革的决定》。经过三年实践探索，龙港市改革发展取得了阶段性成效，但也面临着政府管理与居民自治的边界不清、整体治理能力不强等问题。为提炼固化既有改革成效，推动省人大决定落地落实，护航龙港持续深化改革，温州市人大常委会将龙港社区立法列入温州市2022年立法计划的地方性法规审议项目。

(2) 汇聚人大代表力量

2022年7月28日上午，市委书记进站活动暨2022年度人大代表第二期议政会举行。活动以“推动社区工作立法、助力龙港‘市管社区’改革”为主题，全面聚焦市委“市管社区”3.0版改革及社区治理立法工作。

“人大代表议政会制度”是市人大常委会根据龙港不设乡镇（街道）的现实表现而设立的，是具有龙港特色的履职载体。此期议政会是2022年龙港市人大常委会举行的第二期重点议政会，目的是通过人大代表议政，助推社区改革方案和《龙港市社区治理条例》更加完善。

与会代表主动履职，围绕“市管社区”3.0版改革开展监督，积极建言献策，共同谋划“市管社区”的新路径新举措。有代表一针见血地指出社区仍然存在的人少事多问题，提出新社区人少事多，可能会出现管理服务和自治活动两难兼顾，出现“两不像”的问题。建议要赋予新社区相应的财政权、建设权、人事管理权，明确小社区撤销后的自治活动的基本目录清单，规范出台新社区运行系列机制，确保3.0版新型现代社区落地运行顺畅。“梳理原乡镇职能的事务性和服务性的事项清单，明确社区的主体地位，理清原乡镇职能事务上移和下放”，并对社科干部建设提出建议，“小社区中要不拘一格用人才，打破用人机制，不拘于事业编、企业编、社工、招聘等人员，用‘德能勤绩廉’提拔人才，配强新型社区领导班子”。

有代表希望建立“职责明晰运行规范”的新型现代社区，建立社区职责清单制度、事项准入联审制度、社区干部双通道机制，创新项目清单财政奖补机制，促使社区想谋事、能干事、办成事。

在加强社会组织建设方面，针对现有的社会组织存在能力不足、作用发挥不强、人员素质不高等问题，提出要加大对社会组织的培育，加强专业性培训，充分发挥其作用，使之成为新型社区的有效力量补充。

（3）汇聚政协代表力量

龙港市召开了政协会议，讨论市管社区3.0版本方案。2022年7月4日下午，龙港市政协围绕党建统领“市管社区”3.0版改革，举行2022年度第二场“请你来协商”活动。活动邀请相关专家为龙港改革建言献策。专家们从龙港改革实际出发，结合改革为民、公共服务改革便民、控制基层治理改革成本等方面进行阐述。多位政协委员就社区减负赋能加强考核考评、多元主体参与机制等提出意见建议。从“为什么改、如何改、怎么改”三方面对 3.0 版改革工作进行探讨，提出要努力走出龙港市管社区改革全新样板。

(4) 千呼万唤始出来

2022 年，龙港市人民政府成立《龙港市社区治理条例》（以下简称《条例》）起草工作领导小组以及工作专班，并委托温州大学法学院具体承接。经充分调研，起草形成《条例（草案送审稿）》。经过合法性审查、公开征求意见、召开立法座谈会，修改形成《条例（草案）》，在关于推动“市管”的主导作用、关于加强“社区”的基础作用、关于社区治理的扶持保障等方面作出了规定，提供了法治保障。《条例（草案）》已经温州市十四届人大常委会第八次会议审议，并于 2023 年 1 月 31 日起向社会各界公开征求意见。

改革多波折，随着龙港新型城镇化改革向纵深推进，合并后的社区面积不断扩大，人口数量增加，服务需求更加复杂多元。为了提升社区居民的幸福感、获得感、满意感，龙港的改革依旧具有必要和潜能。

（六）结束语

无改革不龙港，再改革新龙港。党的二十大报告指出，“推进以人为核心的新型城镇化，加快农业转移人口市民化。以城市群、都市圈为依托构建大中小城市协调发展格局，推进以县城为重要载体的城镇化建设”。不设乡镇、街道的龙港市，推进扁平化管理，实施“市直管社区”，探索出建立社区联合党委、社区联勤工作站和社区综合服务中心“三位一体”组织架构，同时利用技术赋能打造智治龙港，将便利普惠大众，取得明显治理成效。在接下来的改革进程中，如何健全完善市直管社区的立法工作，使市直管社区治理更加规范合理，深度激发技术、人才等资源赋能的活力，都是龙港发展的潜能。

二、案例分析报告

（一）案例背景

行政体制是国家治理体系和治理能力现代化的重要内容，政府行政效能的提升要求推进行政体制扁平化管理。城乡社区是社会治理的基本单元[1]。党的十八届三中全会首次提出“创新社会治理体制”，党的二十大报告强调“完善社会治理体系，健全共建共治共享的社会治理制度”。为促进城乡社区治理体系和治理能力现代化，各地纷纷推行基层治理探索。2019 年，龙港获批成为我国第一个镇改市和第一个不设街道、乡镇的县级行政区域，进行“市直管社区”扁平化基层治理改革探索，成为我国新型城镇化改革的典型缩影。本研究以现实案例为基础，基于扁平化管理理论，全景式展现龙港“市直管社区”改革过程中成效经验，思考面临的新困境，为深化我国基层治理扁平化改革提供经验参考。

（二）案例回顾与理论框架

1. 案例回顾

结合案例发现，龙港市推进扁平化管理的过程并非一帆风顺，社区的治理架构从“市直管社区”1.0 版本调整到 2.0 版本，经历了一系列曲折。市直管社区的 1.0 版本强调片区服务，践行低成本建市的理念，以不突破“不增设中间层级”这个底线为前提，创造性地在市与社区之间设立“1 +1”片区党工委匹配片区社会服务综合体过渡模式，为此进行了区域划分优化调整。设置“一套班子、两块牌子”式领导班子、市直部门干部派驻片区。化解最大困境后，龙港进行了“大部制改革”和全域式“村改社区”改革。此外，要求进行“一枚印章管审批、一张清单转职能”等改革。片区过渡模式下这一系列举措成效为龙港的改革打下扎实的基础。在改革 2.0 版本阶段，为消除群众对改革的质疑，深化扁平化基层治理改革，龙港撤销片区党工委，成立社区联合党委、社区联勤工作站和社区综合服务中心，由社区联合党委统一考核管理，组团为群众服务，走出了“市管社区、组团服务”的模式，并积极探索“市直管社区”3.0 版本。

2. 理论框架

作为互联网和信息技术发展的产物，扁平化理论最早可追溯到新制度经济学[2]。以科斯、阿尔钦等人为代表的新制度经济学派提出企业管理的扁平化问题，随后以政府公共部门改革为契机被引入政府管理。文森特·奥斯特罗姆认为“合法强制工具的控制和使用，并不为单一权威结构所垄断，民主制行政的特质是多中心而不是单中心的”[3]。德怀特·沃尔多主张创建一种不同于命令集权的科层制的灵活的新型政府组织形态。[4]作为一种组织结构设计理念，扁平化管理理论认为，扁平化管理是指减少组织决策层和操作层之间的中间管理层，缩减决策链条，改变“金字塔”式管理架构，建构一种富有弹性和创造性的横向组织架构，以便组织最大可能地将决策权延至最底层，增强组织的反应能力，积极提高组织的管理效能。扁平化管理概念的理解要求首先明确管理幅度和管理层次的基础概念。管理幅度指管理人员能够有效且直接管理的下级员工数量，其由管理人员的管理能力、方法以及技术应用等因素决定。管理幅度的增加意味着管理人员和被管理者之间的关系相应增加，但人的管理幅度是有限的，所以当一个管理者直接管理的员工超过其承受能力时，会导致管理效率低下。[5]管理层次是组织纵向管理的等级，具体指当一个管理者无法对所有员工进行直接管理时，通过增加中间管理层级，赋予其一定的职责和权限进行管理。管理幅度与管理层次呈负相关关系：组织规模变大而其管理的幅度有限时，管理层次会增加；反之，层次有限则管理幅度会扩大。

扁平化管理强调系统，认为组织是各个部分协同合作的开放的整体系统。[6]德鲁克认为：“组织不良常见的病症，也就是最严重的病症，便是管理层次太多。组织结构上一项基本原则是尽量减少管理层次，尽量形成一条最短的指挥链。”[7]该理论主张减少中间层级，加强管理人员和基层人员之间的联系，强调信息的透明和共享，不让过多的层级阻碍信息在组织内部的快速流动，以此塑造开放的组织内部信息环境，增强团队协作，减少信息失真，提高决策科学性和合理性。同时，扁平化结构会赋予员工更多自主权，鼓励其在职责范围内独立处理问题，减少员工对上级的依赖，激发员工的积极性和创造性。在对扁平化管理的社会治理实践中发现，扁平化的社会管理具有以下几个特点：一是强调个体独立与核心领导的互补与统一，实现治理主体多元化；二是强调自上而下与自下而上的互补与统一，实现治理过程互动化；三是强调垂直科层与横向网络的互补与统一，实现治理结构扁平化[8]；四是强调外部需要和内部需求的互补与统一，实现治理目标内生化。本研究基于扁平化管理理论，通过龙港“市直管社区”改革的案例分析其成功经验，为深化基层治理扁平化提供参考借鉴。

（三）龙港市直管社区基层治理扁平化探索

1. 片区过渡

新生的龙港市面临的首要答题是如何解决好区域管理幅度偏大与人均服务辐射相对较小之间的矛盾。在不增设中间层级的前提下体现扁平化优势，龙港创造性地在市与社区之间设立了“1 +1”片区党工委匹配片区社会服务综合体过渡模式。这个过渡式片区不属于行政层级，不是独立核算单位，其人员配置和事项权责相对缩减，以市直部门服务平台前移为核心职能，片区党工委是政府服务的提供者，片区社会服务综合体是政府服务的接单媒介。为确保片区过渡模式落地实施，龙港进行了区域划分优化调整。将中心社区调整为非独立法人、无独立编制的片区；设置“一套班子、两块牌子”式领导班子，市委设置片区党工委，市委基层治理委员会派出设置片区服务中心，片区党工委书记兼任市委基层治理委员会副主任；市直部门干部派驻片区，由公安、市监、综合执法等在内的职能部门三分之一以上人力，联合片区、社区干部一并入驻网格，开设便民服务专窗。2020 年 7 月，沿江片区社会服务综合体作为龙港市首个综合体正式开启。社区主职干部由市委直接管理，任务直达一线由社区兜底处理，设置“党建、综治、市监、执法、服务”五类片区管理服务职能窗口，同时吸引了公益类、准公益类社会组织、专业社工、服务机构等入驻，凝聚成一个同心建设、同力治理、同求发展的综合服务性共同体。

2. “大部制”改革

“区（市）直管社区”的扁平化改革意味着职能部门必须在横向上扩展管理幅度。通过片区过渡初步解决低成本设市的最大矛盾后，龙港找准服务定位，以“大部制”改革推进政府整合优化职能部门，缩减组织管理层级，相应地扩展横向管理幅度。为促进行政成本的最小化与行政执行的高效化，龙港市在改革前打破职责同构与原有部门职能分类，建立了跨业务整合和职能有机统一的大部门组织体制，政府职能部门、部门科室设置数缩减幅度均达 60% 以上。[9] 这一改革不仅构建了跨业务整合、职能有机统一的大部门制，还显著优化了党政机关结构，降低了部门间的协调成本，提升了资源利用率。设市后，龙港通过“模块化”运作方式深化大部制改革，优化部门内部的治理结构，打破科室间的横向壁垒。具体操作如下：首先，将科室业务拆分为多个模块，采用岗位负责与个人负责相结合的方式进行分配，形成“科室模块链”，以此提升业务执行的灵活性和效率。其次，按照功能共性对模块进行整合重组，打破传统的条线对应，使每个模块长既能高效完成社区内的模块工作，又能代表大部门对更多业务需求作出回应，以此确保对上承接职能的同时，对下服务便民。最后，建立部门内外的协商机制，实行科室负责制与重大事项集体决策制相结合，日常事务按模块分工，重大事项通过统筹模块力量协同完成，以此形成一体化、系统化的高效运行模式。这一系列的举措有利于提升龙港的行政效能和服务质量，为改革的高效推进和可持续发展提供了有力支撑。

此外，通过系统地梳理政府部门的职能，有力推动了政府职能的社会化和市场化转型，为基层自治能力的培育奠定了坚实基础。推进龙港市政府实现由管理者向服务者的角色转变，内部管理运行协同办公，精简不增人，对外积极寻求三方服务，转移部分政府职能及公共服务事项。2020 年 9 月 18 日，龙港市举行首次政务转移签约仪式，27 项具体事项服务移交给 22 家服务承接主体，覆盖统计分析、养老助残、社会救助、消防安全排查、环保污染排查等具体事项服务，合同规定职能移交单位对承接其服务事项的社会组织要定期开展考评，强化全程监督，保障社区服务质量，满足公共服务需求，推进传统管理式政府向精简高效型政府转型升级。

3. 全域式“村改社区”改革

除了“大部制”改革以外，龙港打破二元结构，以全域式“村改社区”改革让龙港农民“就地市民化”[10]。原龙港镇下辖 171 个行政村、19 个未改制居民区和 3 个社区，经过 2019 年的村社规模优化调整后，行政村数量缩减至 73 个。2020 年 4 月，龙港历时 26 天完成了全市 73 个行政村转型挂牌成 72 个城市社区的工作。“村改社区”作为推动农村向城市融合的关键举措，不仅是龙港市直管社区扁平化管理的基础，更是县域治理体系重构的重要体现，标志着农村社会结构向城市社会结构的转型。将农村纳入城市整体发展规划，统筹城乡资源，确保城乡共享改革发展成果，这一改革不能简单地理解成村民变市民或村落改社区，其中村集体经济组织及农民群体利益关系牵涉复杂。村改社区后，村委会被撤销，原村股份经济合作社保留，继续负责管理原村的房屋、土地、设施设备等集体资产；集体经济组织成员身份和享有的权益保持不变，社员股东仍享有收益分配、选举、表决和监督等权利；村级公共设施继续保持公益性质。通过“村改社区”改革，龙港市促进了资源配置的合理化，推动了社区治理能力的增强、城镇人口的集聚和基础设施的共建共享，为全域城乡一体化奠定了坚实基础。原乡镇层面的机构由片区过渡层取代，全域以网格为基础单位，384个最小网格单元最大限度激活社区自治功能，打通了“全港城市化、全域社区化、全民市民化”的最后一公里难题，为逐步形成“党组织＋社会组织＋辖区企业＋居民群众”等各类主体协商互动的基层自治模式打下良好的基础。

4. 组团迎困境

片区式扁平化管理模式在取得一系列成绩的同时，也面临着挑战和冲突，尤其在提质增效方面面临诸多问题，如：部门职能下移与基层服务定位存在冲突，个人业务能力与工作要求存在差距等。面对市直管社区1.0版本改革的种种问题，且片区服务、市直管社区实现问题陷入质疑风波，龙港市出台了《深化“扁平化”基层治理改革实施方案》，成立社区联合党委、社区联勤工作站和社区综合服务中心，实现市直管社区“三位一体”的“扁平化”管理，由社区联合党委统一考核管理，组团为群众服务。社区联合党委和原有的片区党工委相比，其定位更加侧重于服务性而非行政性，并且随着基层治理单元的进一步细化，资源配置会相应减少，这使得下沉至基层的部门力量能够更加聚焦于具体且实际的工作任务。这样不仅可以优化基层治理结构，还能有效缓解传统县乡两级在条块分割体制下的矛盾，促进治理效能的提升。华中社区、石路社区、监后垟社区、儒桥头社区等4个社区联合成立芦浦第二社区联合党委，办公地点设在华中社区办公楼3楼。机关下沉干部、社区干部、社工均在此办公，组成社区联勤工作站和社区综合服务中心，实现社区和市直部门的“零距离”对接[13]。家住龙港市湖前第二社区的居民称，仅花了几分钟就在社区综合服务中心补领了驾驶证，这得益于龙港市“市直管社区”扁平化改革从1.0过渡版迈向2.0升级版，便民服务中心离家门口更近了。这种工作方式有效缓解了基层面对庞杂的公共服务内容时出现的“人少事多”困难。

5. 协商提效

芦浦第二社区工作人员经过一段时间的磨合，其办事流程变得井然有序。各社区表示联合后更加方便协调，“我们可以连片整治，共建美丽乡村”。社区共商发展大计，打破以各自为主的局面。“我们 4 个社区都靠海，风俗相近。”冯亦科说，“可以互相传帮带，把社区打造得更精致，也可以协同开发，比如 4 个社区一起打造大型休闲公园。”以前难以解决的发展问题逐渐得到解决，大型苗木市场选址、养殖户违规在水塘里养龙虾等问题，由联合党委协同处置，联合推进。协调会议一结束，两个社区的党支部书记奔赴实地查看，最终达成一致的意见。“已经是一家人了，需要给养殖户的补偿两个社区一起出。”两个社区书记说道。各社区紧密相依，强化相互间的协商合作，共谋发展红利，有效提高了工作效率。

6. 数字化引擎供能

数字技术的应用有助于拓展社会治理网络、整合与优化社会治理资源、重塑社会治理公共价值以及推动社会治理制度再生产，推动政府扁平化管理的实现。为实现高效化治理，龙港迭代升级前期的数字化管理平台，由龙港智慧城市建设中心成立专项工作组，按照温州市标准打造“一网统管”平台，初步形成了以 1 个数字底座为核心，包括运行监测中心、事件协同中心、指挥调度中心、监督评价中心、AI 智感中心和空间治理中心在内的 6 大能力中心为支撑，1 套操作平台为载体，N 个应用场景为延伸的“161N”架构体系。该平台集社会治理和城市运行于一体，融合了综治中心、政法综合信息指挥中心、综合行政执法指挥平台等职能，构建了“一张智网”统管全域的新格局，提高了行政管理效率。此外，龙港打造“三网合一”数智治理中心，利用数字化技术优化流程和强化协同，构建“社会治理一网智治、城市运行一网统管、政务服务一网通办”的整体智治新格局。在日常工作管理中，工作指令可以通过社区联合党委全覆盖的办公服务终端直达社区，推动全域“一网智治、一键直达”。将数字技术融入审批、监管、执法和征信等环节，实现信息实时共享、集成展示、分析预警和信用评价，全面提升工作协同能力。可见，数字化管理的推行可以极大地拓宽管理者的管理幅度，有助于提高组织的管理效率，深化扁平化管理。

（四）展望改革发展新征途

撤镇设市以来，龙港市按照既定的改革要求，勇担探路先锋，相继推出了“一枚印章管审批”“一支队伍管执法”“一张清单转职能”和“大科室模块化”等系列改革。和同样规模的县市相比，龙港机关工资福利支出减少10亿元，这些钱都用在了龙港的民生事业上，充分体现了龙港改革的成效。龙港市直管社区改革这条路线用其成效证明了其可行性，表现出其发展的无限潜力，可以利用机制优化、人才培养等途径加以激发。

1. 改革从上而下

社区治理机制的良好运行需要完善的配套改革措施与健全的制度支撑。龙港的历次强镇扩权都是在“收权”和“放权”间变换，缺乏稳健的法律和制度保障。[14]为确保社区高效运转，明确政府职权边界，龙港开始社区立法探索。2021年11月，省人大常委会出台《关于促进和保障龙港市新型城镇化综合改革的决定》。2022年市委书记进站活动暨人大代表第二期议政会，以“推动社区工作立法、助力龙港‘市管社区’改革”为主题，全面聚焦市委“市管社区”3.0版改革及社区治理立法工作。经过三年实践探索，龙港市改革发展取得了阶段性成效。面对政府管理与居民自治的边界不清、整体治理能力不强等问题，为提炼固化既有改革成效，推动省人大决定落地落实，护航龙港持续深化改革，温州市人大常委会将龙港社区立法列入温州市2022年立法计划的地方性法规审议项目。通过建立健全“市直管社区”相关法规条例，明确制度要求和责任分工，为改革打牢保障基础，自上而下地推进改革发展。

2. 激发人才活力

扁平化组织充分注意到人主体性价值的重要性，强调服务精神与合作意识。[15]针对社区依然存在的“人少事多”的现实问题，管理服务和自治活动两难兼顾的治理困境，龙港汇聚人大代表和政协委员的力量，梳埋原乡镇职能的事务性和服务性的事项清单，明确社区的主体地位，理清原乡镇职能事务上移和下放，赋予新社区相应的财政权、建设权、人事管理权，激发社区工作人员的积极性和灵活性。同时，明确小社区撤销后自治活动的基本目录清单，规范出台新社区运行系列机制，确保3.0版新型现代社区落地并顺畅运行。多位政协委员就社区减负赋能加强考核考评、多元主体参与机制等提出意见建议。针对扁平化管理对社区干部能力的高要求，但其业务能力局限困境，新改革希望打破用人机制，不拘于事业编、企业编、社工、招聘等人员身份，依据“德能勤绩廉”提拔人才，创建社区干部双通道机制，激发人才活力，配强新型社区领导班子。面对现有组织存在的人员素质不高、服务内容和规模局限等问题，新改革致力于加大对社会组织的培育力度，加强人才专业性培训，使其成为新型社区的有效补充。

3. 璀璨前路徐徐图之

随着龙港市新型城镇化改革向纵深推进，社区规模不断扩大，人口数量持续增长，社区居民的服务需求日益复杂化和多元化，这对基层治理能力提出了更高的要求。为了有效应对这些挑战，龙港市在已有改革成果的基础上，需要持续优化治理模式，创新服务机制，进一步提升社区居民的幸福感、获得感和满意度。回顾龙港改革之路，龙港市的改革不仅具有必要性，还蕴含着巨大的潜力。通过持续深化改革，龙港市有望在新型城镇化进程中探索出一条更加高效、包容、可持续的发展路径，为全国其他地区提供可借鉴的经验和模式。

（五）结束语

党的二十大报告指出，“完善社会治理体系，健全共建共治共享的社会治理制度，提升社会治理效能”，为基层治理现代化指明了方向。龙港市以“市直管社区”改革为突破口，在新型城镇化进程中走出了一条“大部制、扁平化、高效能”的创新之路。三年改革实践中，龙港以刀刃向内的勇气推进体制重构，通过大部制整合政府职能、全域村改社区打破城乡二元结构、数字化平台重塑治理流程，为全国基层治理扁平化提供了鲜活样本。其“市管社区、组团服务”模式不仅破解了传统科层制的层级壁垒，更通过社会力量参与、权责清单转移等机制，构建了政府与社会协同治理的新生态。数据显示，龙港机关工资福利支出较同类县市减少 10 亿元，这些资金反哺民生事业，切实增强了群众的获得感。

“无改革不龙港，再改革新龙港。”站在新的历史起点，龙港正以“全国新型城镇化样本”为目标，在体制机制创新、数字技术赋能、法治保障完善等方面持续深耕。尽管改革中仍面临管理幅度过宽、治理资源整合难度大等挑战，但正如其在撤镇设市、片区转型、组团服务中展现的韧性与智慧，这条充满探索性的改革之路，必将在新型城镇化的浪潮中蹚出更广阔的天地，为推动中国式现代化基层治理实践贡献更多“龙港经验”。

参考文献

[1] 中共中央 国务院关于加强和完善城乡社区治理的意见[N]. 中国社会报，2017－06－13(002).

[2] 张述存. 适应经济社会转型构建扁平化政府管理体制[J]. 经济体制改革，2012(05)：10－14.

[3] [美]文森特・奥斯特罗姆. 美国公共行政的思想危机[M]. 毛寿龙，译. 上海：上海三联书店，1999：87.

[4] [美]德怀特・沃尔多. 行政国家：美国公共行政中的政治理论研究[M]. 颜昌武，译. 北京：中央编译出版社，2017：180.

[5] 陈玉蓉. 低效管理源于组织结构不合理[EB/OL]. 中国人力资源开发网，2008－04－21.

[6] 文宏，李风山. 党建引领如何提升基层治理能力：基于“调适—吸收—重构”的动态能力模型[J]. 求实，2023(06)：50－64＋108－109.

[7] 敬海新. 基层政府社会管理扁平化机制建设对策[J]. 理论探讨，2013(05)：158－160.

[8] 刘柯，陈宝胜. 基层政府扁平化改革的实践前沿与发展面向：以浙江省龙港市“市直管社区”改革为例[J]. 行政论坛，2022，29(03)：59－66.

[9] 关爽. 数字技术驱动社会治理共同体建构的逻辑机理与风险治理[J]. 浙江工商大学学报，2021(04)：153－161.

[10]吴金群，陈思瑾. “区(市)直管社区”为何大都回潮?：兼论龙港市扁平化改革的经验[J]. 福建师范大学学报(哲学社会科学版)，2023(02)：70－81＋170.

[11]文宏，林彬. 合规性确认：基层政府突破性创新的纵向协同机制：对 A 区创建城乡融合实验区的考察[J]. 公共管理学报，2023，20(02)：1－11＋164.

[12]陈振明，李德国. 社会治理重心下移的社区探索：邻里社区高质量服务的福建经验[J]. 国家治理，2023(20)：36－41.

[13]韩艺，曹南燕. 强镇改革中的县镇关系及其优化：基于扎根理论与成长上限基模的

分析[J].公共管理与政策评论,2022,11(05):61-74.

[14]韩艺.省直管县改革中的市县合作关系:一个组织间关系的"力场"分析框架[J].北京社会科学,2017(07):40-47.

[15]文宏,林仁镇.情感嵌入:城市基层治理共同体建构的实现逻辑:基于佛山市南海区的实践考察[J].社会科学研究,2023(02):43-52.

附录1:温州市苍南县龙港撤镇设市行政区划调整总体实施方案

为切实保障温州市苍南县龙港撤镇设市行政区划调整工作(以下简称龙港撤镇设市)平稳有序推进,在前期工作基础上,结合实际,现制定本方案。

一、指导思想

坚持以习近平新时代中国特色社会主义思想为指导,深入贯彻落实党的十九大精神,按照"干在实处永无止境、走在前列要谋新篇、勇立潮头方显担当"的要求,以加强党的全面领导为统领,以城市治理体系和治理能力现代化为导向,以推进机构职能优化协同高效为着力点,以"大部门制""扁平化"改革和城市能级提升为重点,在龙港国家新型城镇化综合试点方案批准的实施范围内,探索建立机构最精、层级最少、职能最优、成本最低、效能最高、责权利相统一的精简高效创新的新型设市模式,优化区域空间布局,促进资源要素合理配置,更好发挥城市功能作用,加快新旧动能转换,推动高质量发展,打造新型设市模式全国样板,为国家新型城镇化发展探路。

二、基本原则

(1)坚持党的领导。充分发挥各级党组织的领导核心作用和党员干部的先锋模范作用,增强"四个意识",坚定"四个自信",做到"两个维护",严守政治纪律和政治规矩,把全面从严治党要求贯穿到区划调整全过程,落实到各方面。

(2)坚持精简高效。按照"精简、统一、效能"的原则,坚持"大部制、扁平化、低成本、高效率"设市,以"最多跑一次"改革为牵引,实行"党政机构融合",推行"大部门制",打破"条条对口",优化党政机构设置,提高行政效能;探索建立"市管村居、分片服务"的基层管理体制,实行扁平化、网格化管理,推进治理重心下移、力量下沉、职能下延，建立高效运行的行政和社会管理体制，推进治理体系和治理能力的现代化。

（3）坚持依法依规。严格遵守国家法律法规，坚决贯彻中央八项规定精神，全面落实国务院“约法三章”要求，科学规范有序推进机构设置、人员安排、财产划转等工作，做到公开、公平、公正。

（4）坚持以人为本。牢固树立以人民为中心的发展思想，扎实推进以人为核心的新型城镇化，把保障和改善民生作为出发点和落脚点，实现好、维护好、发展好人民群众的根本利益，更好满足人民群众对美好生活的向往。统筹考虑各方关切，深入细致地做好思想工作，最大限度调动广大干部群众的积极性和主动性。

（5）坚持稳妥推进。突出重点，兼顾各方，科学谋划区划调整和新型设市各层面各阶段工作，实现无缝衔接，统筹推进，高效协同。处理好行政区划调整、新型设市和改革发展稳定的关系，充分释放行政区划调整和新型设市改革红利，维护社会和谐稳定大局。

三、调整内容

撤销苍南县龙港镇设立县级龙港市，以原龙港镇的行政区域为龙港市的行政区域。市政府驻地为金钗河村镇前路 195 号。由浙江省直辖温州市代管。

四、主要政策

（一）关于机构设置及编制配置安排

1. 基本原则

（1）总量控制原则。根据县级政府的功能特点、职责重点，确定编制总量，总原则在苍南县现有人员编制总量内调剂解决，通过优化调整，合理分配编制。

（2）精简效能原则。按照“精简、统一、效能”的要求，创新实施“大部门制”“扁平化”管理模式，大幅压缩机构数额，减少行政运行成本，巩固国家新型城镇化综合试点成果。

（3）改革创新原则。以深化“最多跑一次”改革为牵引，加快政府职能转变，探索政府购买服务、政府雇员制、聘用制和报备员额制，实行更加灵活机动的人员使用办法，妥善解决严格控制编制与满足经济社会事业发展需要的矛盾,发挥现有机构编制资源的最大效益。

(4)严格管控原则。严格执行中央和省委、省政府关于严控机构编制确保财政供养人员只减不增的规定,建立健全机构编制管控长效机制,严控机关单位机构和编制总量,确保机构编制管得住、不反弹。

2. 工作目标

(1)科学机构设置。设置党政机构15个,机构规格为正科级,其中纪委(监察委)1个,党委工作机关5个,政府工作部门9个,党委工作机关根据需要可加挂政府工作部门的牌子。

(2)优化人员编制。龙港市人员编制安排的总原则是在苍南县现有人员编制总量内调剂解决,浙江省今后在分配编制时予以适当倾斜。

①原龙港镇现有编制(含行政编制和事业编制),统一划转龙港市。

②原苍南县县级相关部门派驻原龙港镇并由原龙港镇统一调配的人员编制和实际在原龙港工作但未下放龙港管理的人员编制,划转给龙港市。

③将原苍南县党政机构行政编制,按照20%的比例划转龙港市;公安、司法专项编制按照30%的比例划转龙港市;建议省里将检察院、法院编制按照30%的比例划转给龙港市。

④按照"编随人走、待遇随调、公开公正、平稳顺利"的总体要求,坚持组织安排和个人愿意相结合,归口安排与就地安排相结合,统筹做好龙港市人员安排工作。

⑤调整优化人才结构。以改革创新的办法,探索实行政府雇员制、聘用制和报备员额制,大力实施城市管理人才素质提升工程,加大高素质人才培养和引进力度。探索推行专业化社区工作者公开招聘、岗位等级和薪酬制度,打通社区工作者的职业发展通道,强化人才队伍保障。

(3)精简领导班子。遵循精简、统一、高效的要求,切实强化党委的领导核心作用,构建简约精干的党委、人大、政府、政协领导班子。

(二)关于基层管理体制改革创新

1. 基本原则

(1)坚持创新高效原则。强化目标导向、问题导向、效果导向,突出可实行、可复制、可推广，围绕低成本设市，探索建立“市管村居、分片服务”的管理体制，通过“条块结合、职能融合”实行扁平化、网格化管理，推进治理重心下移、力量下沉、职能下放，形成协同联动、高效运行的职能体系和管理体制。

（2）坚持社会参与原则。突出政府、社会、市场等不同主体作用，加强政府引导、社会参与，更好地发挥基层自治组织以及各类社会力量的重要作用，有序参与基层治理，共商共治，共建共享。

2. 工作目标和任务

通过合理划分片区范围、强化部门力量下沉、有序撤并村居（社区）、完善相关配套措施，构建有别于传统乡镇（街道）设置的基层管理体制，形成“市管村居、分片服务”的扁平化基层管理模式，在确保管理幅度适宜的前提下，科学设置若干个非独立法人、无固定编制的基层治理平台，实行“条块结合、职能融合”“一人多岗、一岗多责”，推进龙港基层管理低成本、高效率运转，为打造在全国具有示范意义的新型设市模式典范奠定基础。

（三）关于各级党代会代表安排

（1）原苍南县浙江省第十四次党代会代表资格继续有效，龙港片区代表属地变更为龙港市。

（2）原苍南县温州市第十二次党代会代表资格继续有效，龙港片区代表属地变更为龙港市。

（3）原苍南县本届党代会代表中，调整后的苍南县党代表资格继续有效，不足名额依法增补；调入省、市直属部门（单位）或原苍南县以外县（市、区）人员，待行政区划调整和人员安置到位后，由苍南县委研究决定停止执行代表职务；龙港片区代表资格终止。

（4）调整后，苍南县各乡镇本届党代会代表资格继续有效。

（5）原龙港镇第十次党代会代表资格终止。

（6）新设立的龙港市依法选举产生第十一次党代会代表。

（四）关于人大代表安排

（1）原苍南县浙江省第十三届人大代表资格继续有效，龙港片区代表属地变更为龙港市。

(2)原苍南县温州市第十三届人大代表资格继续有效,龙港片区代表属地变更为龙港市。

(3)原苍南县第十届人大代表中,调整后的苍南县人大代表资格继续有效,不足名额依法增补;龙港片区代表资格终止。

(4)调整后的苍南县各乡镇人大代表资格继续有效。

(5)原龙港镇第十一届人大代表的代表资格终止。

(6)新设立的龙港市依法选举产生新一届人民代表大会代表。

(五)关于政协委员安排

(1)原苍南县浙江省第十二届政协委员资格继续有效,龙港片区委员属地变更为龙港市。

(2)原苍南县温州市第十一届政协委员资格继续有效,龙港片区委员属地变更为龙港市。

(3)原苍南县第十届政协委员中,调整后的苍南县政协委员资格继续有效,不足名额依法增补;龙港片区委员资格终止。

(4)新设立的龙港市依法产生新一届政协委员。

(六)关于离退休人员服务保障和待遇

按照属地管理、待遇从优的原则,做好离退休人员管理服务。

(1)原龙港镇领导班子、镇属机关和事业单位离退休人员由龙港市服务管理。

(2)原苍南县县级领导班子、县直属机关和事业单位龙港片区离退休人员一般由龙港市接收。也可根据个人意愿,选择留在苍南县。

(3)龙港市要成立专门机构,做好离退休人员管理服务工作。

(七)关于财政体制和国有资产(债务)划转

1. 财政体制

建立与省直接结算的县级财政体制,并给予省级财政体制政策和财力专项补助的倾斜。

(1)龙港市和苍南县在现行省管县财政体制中的档次列入一类一档,赋予一类一档的财政体制政策。

(2)建立农业转移人口市民化成本分担机制,省级财政通过转移支付手段解决龙港财政单列后带来的问题,省财政给予龙港市、苍南县专项财力补助。

2. 资产划转

行政事业单位和国有企业资产原则上按属地原则整建制划转;其他资产,主要有社保资金、住房公积金、住房维修基金和大财政的各项结转结余资金,需对各项结转结余资金对应的事权进行确认并划分。

3. 政府债务

原则上按举债项目所属行政区域划分,跨区域的道路、水利项目按段分区域划分。

(八)关于支持龙港市、苍南县发展的政策措施

1. 以将龙港市建设成温州市场化建设引领区、基层治理改革创新实践区、民营经济创新发展示范区为目标,进行统筹谋划,打造国家新型设市样板。编制规划好龙港市与苍南县协同发展方案、资源共享方案,促进两地高质量发展。

2. 积极争取区划调整过渡期优惠政策,尽快在龙港市内建立完善金融、电力、邮政、电信等公共服务部门的县级架构。

3. 优先支持龙港市、苍南县用地管理、土地收储、出让权限和收益留在龙港市、苍南县。下一轮规划修编或调整时保留更大的用地建设规模,预留足够空间。

4. 区划调整后,为提高行政效能,龙港市在项目审批方面与瑞安市、乐清市一样,享受县级市管理权限。

(九)关于文化建设方面

(1)加大龙港市文化项目建设扶持力度,建设完善县级文化设施,满足人民群众对文化生活的需求。

(2)加大龙港市、苍南县文化传承发展资金支持力度,保持原有文化建设项目延续性。

(3)区划调整中的馆藏文物、非物质文化遗产资料、地方史志资料、档案资料等原有文化资源继续保留完整。

(十)关于保障服务工作

严格按照国家、省、市规定，落实好工作人员的住房、办公用房、就餐、交通、医疗、子女就学等各项服务，切实解决他们的后顾之忧。

五、组织领导体系及责任分工

为加强温州市龙港撤镇设市行政区划调整的统一领导，成立推进工作组织领导机构。具体组织架构及职责分工如下：

（一）成立市级龙港撤镇设市行政区划调整推进工作领导小组

陈伟俊同志任组长，姚高员、葛益平、陈作荣同志任第一副组长，市有关领导同志任副组长，成员由市级有关部门、苍南县主要负责同志组成。研究决定行政区划调整（龙港撤镇设市）的重大事项。

（二）成立有关工作机构

领导小组下设办公室和11个专项工作组，负责行政区划调整（龙港撤镇设市）的组织和实施，具体负责专项工作的方案制定和协调推进工作，确保各项工作落实。

领导小组办公室工作职责：负责行政区划调整（龙港撤镇设市）的综合协调。办公室设在市委办。

（1）综合协调组：负责行政区划调整（龙港撤镇设市）的综合协调和日常工作。办公室设在市府办。

（2）机构人事组：负责行政区划调整（龙港撤镇设市）涉及的有关政策解释；涉及的机构调整、编制审核、干部人事调整方案的制定和实施工作；涉及的单位新印章刻制、文件资料收集归档等工作。办公室设在市委组织部。

（3）事权财权组：负责行政区划调整（龙港撤镇设市）涉及的资产债务清理划转、财税衔接、统计数据调整、财政管理体制调整；涉及的龙港和苍南协同发展、城市管理体制调整；审批权限改革方案的制定和实施工作；涉及的社会事务管理、土地利用规划和指标、民生保障政策的调整，如社会保障标准调整划转和衔接，指导做好企事业单位和居民个人信息变更，金融机构布局和业务范围调整，电信网络、邮政编码调整，水、电、气、公交等公用事业服务移交。办公室设在市府办。

（4）区划勘界组：负责行政区划调整（龙港撤镇设市）涉及的行政区域界

线、规划修编、海洋勘界、地名标志更换与设置等工作。办公室设在市民政局。

(5)维稳信访组:负责行政区划调整(龙港撤镇设市)涉及的社会维稳和司法管辖权调整,市法院、市检察院等机构调整,指导做好案件的移交和衔接;制定维护社会稳定和紧急事件应急预案,及时做好矛盾调处和信访维稳工作,督促维稳工作落实到位。办公室设在市委政法委。

(6)宣传引导组:负责行政区划调整(龙港撤镇设市)期间涉及的统一对外宣传、市直相关部门和苍南县涉及区划调整的信息发布审核以及舆论宣传引导、舆情监控等工作。办公室设在市委宣传部。

(7)纪检监察组:负责制定行政区划调整(龙港撤镇设市)涉及的有关纪律规定,并监督执行。办公室设在市纪委(市监委)。

(8)人大工作组:负责行政区划调整(龙港撤镇设市)涉及的有关法律问题,指导做好人大代表相关工作。办公室设在市人大常委会办公室。

(9)政协工作组:负责行政区划调整(龙港撤镇设市)涉及的有关政协工作,指导做好政协委员相关工作。办公室设在市政协办公室。

(10)军队工作组:负责落实行政区划调整(龙港撤镇设市)涉及的军分区武警支队各方面的工作。办公室设在温州军分区政治工作处。

(11)苍南县行政区划调整工作组:负责行政区划调整(龙港撤镇设市)期间有关工作,提供基础材料,确保10个工作组工作顺利推进、社会稳定。办公室设在苍南县委办。

六、实施步骤

第一阶段:工作准备。为稳妥推进龙港撤镇设市工作,我市进一步总结龙港新型城镇化综合试点任务完成情况和工作成效,完成试点总结评估报告。在《浙江省人民政府关于温州市龙港撤镇设市机构调整和人员编制控制的意见》和《温州市人民政府关于撤销苍南县龙港镇设立县级龙港市的机构调整和人员编制控制的意见》等相关配套文件的基础上,细化《龙港市机构设置和编制配置方案》和《龙港市基层管理体制改革创新工作方案》,按照国务院,省委、省政府要求规划好机构设置、事权财权、社会稳定等各项工作,为区划调整实施奠定基础。

第二阶段：部署实施。批复后，市四套班子研究确定有关政策和意见，分层次召开通报会，通报国务院批复、省政府通知精神和有关政策意见，并进行动员部署。市政府适时召开新闻发布会。龙港撤镇设市行政区划调整推进工作领导小组办公室和11个专项工作组按照职责分工进行部署实施。一年内完成行政区划变更工作。

第三阶段：总结报告。苍南县政府、龙港市政府分别于一个月、三个月、半年、一年、三年后向温州市委、市政府及民政部门上报组织实施和社会经济发展情况。温州市政府向上级党委、政府和民政部门上报行政区划调整工作实施情况报告。

七、保障措施

(1)加强组织领导。各级各有关部门要认清形势，提高认识，进一步增强责任感使命感，切实把思想行动统一到省委、省政府，市委、市政府决策部署上来。各专项工作组要把行政区划调整工作作为当前头等大事来抓，按照统一部署，主动作为，勇于担当，协调推进龙港撤镇设市工作。苍南县委、县政府要提高政治站位，恪尽职守，履行职责，加强沟通，密切配合，积极做好人财物划转移交，确保工作不断，秩序不乱，无缝对接，平稳过渡。

(2)精心谋划实施。各专项工作组要抓紧制定具体实施方案，进一步分解任务，细化措施，落实责任，形成上下联动，相互衔接，高效运转的工作机制。要严格按照时间节点，倒排日期，挂图作战，按时序进度，全方位开展工作，优质高效完成龙港撤镇设市各项任务。要建立工作调度和信息交流制度，及时通报各专项工作进度，对工作不力，进展缓慢的予以通报批评。

(3)严肃各项纪律。广大党员干部尤其是各级领导干部必须牢固树立政治意识、大局意识和责任意识，严格政治、组织人事、财经、保密、宣传等纪律，做到令行禁止、政令畅通。加强监督检查，对有令不行、有禁不止、违纪违规的，要严肃查处。

(4)维护和谐稳定。要高度重视维稳工作，深入分析龙港撤镇设市可能引发的各种不稳定因素，认真执行社会稳定风险评估制度，健全处置重大事件工作机制和应急预案。要建立和落实维稳工作属地责任制，温州、苍南、龙港党委政府主要负责同志,要切实履职,层层压实责任,把隐患消除在萌芽状态,确保社会稳定。要及时了解干部群众思想状况,切实维护群众合法权益,引导广大干部群众顾全大局,支持龙港撤镇设市工作。

(5)强化宣传引导。严肃新闻宣传纪律,统一对外宣传口径,科学策划组织宣传活动,及时回应社会关切,正确引导社会预期,积极协调各级媒体和网络客观、准确报道龙港撤镇设市工作。密切关注社会舆论动向,做好舆情分析和防范处置工作。新闻媒体要把握舆论导向,积极宣传龙港撤镇设市的重大意义,营造良好的舆论环境。

我市承诺将稳妥有序实施龙港撤镇设市工作,确保稳定,严格遵守国家有关法律、法规规定,涉及各类机构按照"精简、统一、效能"的原则设置,严格按照国务院"约法三章"要求不增加财政供养人员、不新建政府性的楼堂馆所,不增加"三公"经费。严格执行中央关于厉行节约的规定和国家土地管理法规政策,加大改革创新和区域资源调整力度,促进区域经济社会协调健康发展。

附录2:拟设龙港市机构设置和编制配置方案

根据国家发展改革委等11部委《关于印发国家新型城镇化综合试点方案的通知》及《龙港镇国家新型城镇化综合试点工作方案要点》等精神,结合苍南县和龙港镇的实际,现就拟设龙港市机构设置和编制配置提出如下方案:

一、指导思想

紧紧围绕龙港镇国家新型城镇化试点工作要求,坚决贯彻落实中央机构改革精神,建立职能分工合理、行政层级优化、管理机构精简、行政成本降低、行政效能提高、公共服务改善、治理能力提升的新型城市,为浙江省乃至全国推进新型城镇化提供可复制、可推广的经验和模式。

二、基本原则

(1)总量控制原则。拟设龙港市应根据县级政府的功能特点、职责重点,确定编制总量,总原则在苍南县现有人员编制总量内调剂解决,通过优化调整,合理分配编制。

(2)精简效能原则。按照精简、统一、效能的要求,创新实施“大部门制”“扁平化”管理模式,大幅压缩机构数额,减少行政运行成本,巩固国家新型城镇化综合试点成果。

(3)改革创新原则。以深化“最多跑一次”改革为牵引,加快政府职能转变,探索政府购买服务、政府雇员制、聘用制和报备员额制,实行更加灵活机动的人员使用办法,妥善解决严格控制编制与满足经济社会事业发展需要的矛盾,发挥现有机构编制资源的最大效益。

(4)严格管控原则。严格执行中央和省委、省政府关于严控机构编制确保财政供养人员只减不增的规定,建立健全机构编制管控长效机制,严控机关单位机构和编制总量,确保机构编制管得住、不反弹。

三、调整优化机构设置

以加强党的全面领导为统领,以城市治理体系和治理能力现代化为导向,以推进机构职能优化协同高效为着力点,以“大部门制”“扁平化”改革和城市能级提升为重点,认真贯彻落实中央和国家机构改革精神,统筹科学设置党政机构,加快建立与解决社会发展相适应的机构精简、职能综合、结构合理、运行高效的行政体制。经充分论证和有关部门同意,拟设龙港市设置15个党政机构,机构规格为正科级,其中纪委(监察委)1个,党委工作机关5个,政府工作部门9个,党委工作机关根据需要可加挂政府工作部门的牌子,具体机构设置调整如下：

(一)纪委和党委工作机关

(1)纪委(监察委):负责纪检、监察、巡视巡察、审计等相关管理工作。

(2)党政办公室:负责协助党委、政府领导班子处理日常工作,负责全面深化改革、政策研究、考绩、对台、人防(民防)、外事、信访、档案管理、党史(地方志)编撰、机关事务、机要、保密等相关管理工作。

(3)组织人事部:负责组织人事、工资福利、机关工委、机构编制、老干部管理、干部教育培训、关心下一代等相关管理工作。

(4)宣传统战部(文化广电新闻出版和旅游局):负责宣传、统战、民宗、网络安全、文化旅游、广播电视、电影新闻出版、文物保护、精神文明、侨务等相关管理工作。

(5)政法委(司法局):负责政法、综治、维稳、平安、防邪教、禁毒、司法、法制等相关管理工作。

(6)基层治理委员会:负责村居(社区)、基层治理平台的统筹协调等相关管理工作。

(二)政府工作部门

(1)经济发展局:负责发改、经信、科技、商务、统计、金融、粮食、物资储备、招商、经合、政务服务、公共资源交易等相关管理工作。

(2)公安局:负责公安、边防、新居民等相关管理工作。

(3)财政局:负责财政、国资等相关管理工作。

(4)社会事业局:负责教育、民政、人力资源和社会保障、医疗保障、卫生健康、退役军人事务、体育、移民等相关管理工作。

(5)自然资源与规划局:负责国土资源、海洋资源、水资源、森林和湿地资源、生态环境、住建、城乡规划、测绘地理信息、交通运输等相关管理工作。

(6)农业农村局:负责农业农村、水利、渔业、林业、供销社等相关管理工作。

(7)应急管理局:负责安监、应急管理、消防安全、防灾救灾、防汛抗旱、森林防火等相关管理工作。

(8)市场监督管理局:负责工商、质监、食药、物价、知识产权等相关管理工作。

(9)综合行政执法局:负责综合行政执法、城市管理等相关管理工作。

(三)其他机构

(1)人大、政协。人大、政协专委等机构根据《地方组织法》《政协章程》有关规定和程序,科学设置。人大、政协内设机构立足实际,精干高效设置。原则上按照“一办三委”的模式设置。

(2)法院、检察院。法院、检察院的机构设置由省高院、省检察院会同省委编办结合龙港市的实际,合理确定编制规模,优化司法职权配置。法院、检察院机构编制由省统一管理。

(3)群团组织。总工会、共青团、妇联、侨联、文联、工商联、科协、红十字会等群团组织合并成立群团工作部。各群团组织可按各自有关章程,相对独立开展群团工作。

(4)其他机构。人武部、税务局、人民银行、海关等单位按照相关程序审批成立。保留龙港新城管委会,作为龙港市政府派出机构,机构规格为正科级,负责龙港新城的开发和建设。组建政务服务中心,深化“最多跑一次”改革,推进各类政务服务事项向政务服务中心全进驻,实现审批服务便民化。

(四)扁平化管理新模式

建立“市管村居,分片服务”的扁平化管理新模式,不设乡镇、街道,减少行政层级,提升管理效率,强化村居(社区)自治。基于龙港村居(社区)并存现状,建立分片联系村居(社区)制度,设立非独立法人、无独立编制的9个基层治理平台,实行分片集中办公,指导村居(社区)工作,开展便民服务。

四、人员编制配置情况

拟设龙港市人员编制调整总原则是在苍南县现有人员编制总量内调剂解决。拟核定龙港市编制总量5476名(具体见附件),其中行政编制(含专项)910名,事业编制4566名。行政编制(含专项)910名中政法专项编制、三所(工商、地税、物价)专项编制实行专编专用,385名党政编制大致分配如下:

(1)龙港市党委、政府、人大、政协四套班子职数按省里有关规定配备,预留单列编制25~30名。

(2)龙港市党委政府机构、人大机关、政协机关、群团组织配置除四套班子单列编制外的其余编制。

(3)龙港市直管的9个基层治理平台共配置30~50名编制,计入基层治理委员会编制基数。

(4)龙港市不设乡镇、街道层级,不设乡镇行政编制。

(5)严格执行部门领导职数有关规定,龙港市级部门领导职数一般不超过3名,任务重、规模大的部门可适当增加。

(6)对市属各部门现有机关后勤服务人员,实行只出不进、逐步消化。今后机关后勤服务工作,采取使用劳务派遣等编外用工方式、政府购买服务等途径解决。

五、龙港撤镇设市人员编制的使用核算

（1）龙港市共设 15 个党委政府机构，加上人大机关、政协机关、群团组织，385 名党政行政编制中，按预留四套班子单列编制 25～30 名，每个基层治理平台按 3～5 名行政编制核算，1 个部门平均不到 20 名编制（不含公安）。

（2）由于龙港市不设乡镇一级党委政府，现有 228 名乡镇行政编制需按程序上报中央编办调整为党政行政编制。

（3）鉴于龙港市实行大部门制，平均 1 个机构对应上级约 3 个机构。龙港市要进一步转变政府职能，科学确定部门职责，将有限的编制资源加强业务机构，减少为机关自身服务机构。

（4）龙港将创新人员使用办法，探索政府购买服务、政府雇员制、聘用制和报备员额制，实行更加灵活机动的人员使用办法，补充人员力量不足，确保各项工作有序推进。

（5）比较苍南、龙港和其他同类县（市、区）的机构编制规模，经评估，该方案既有效节约龙港的行政成本，又能保障龙港市公共服务和社会治理的需要，同时也尽可能减少对苍南县的影响。

案例二

从“低端制造”迈向“高端集群”：泵阀产业的逆袭之路

——基于永嘉县泵阀产业助推制造业高质量发展的实践

摘　要：党的二十大报告明确提出要“推动制造业高端化、智能化、绿色化发展”，并将其作为建设现代化产业体系的一个重要着力点。习近平总书记在多个场合强调了制造业对中国经济高质量发展的重要性，明确指出，要通过创新驱动、协调发展等方式推动制造业转型升级。近年来，我国出台了一系列政策加快发展先进制造业实现工业转型升级。永嘉泵阀经过近50年的发展，已成为全国生产规模最大、配套设施齐全的泵阀产业制造集群，正朝着更高质量、更高效率、更加可持续的方向发展，是“中国泵阀之乡”。本案例以永嘉县泵阀产业为研究对象，通过对其产业发展进行脉络梳理，探析传统制造业转型之路。在整合协同治理理论、集群式治理、产业集群理论的基础上，建构“主体互动—空间调控—赋能集体—聚集创新”的分析框架。通过分析永嘉县政府、行业市场以及社会等多方力量联动，整合内外部相关资源与要素、破解产业发展的各种弊端、全力推进泵阀特色产业转型升级和提升发展的治理实践，总结提炼出永嘉泵阀产业从家庭作坊式生产模式到集聚产业链的有效路径，永嘉泵阀产业向能源关键装备产业转型，持续塑造发展新优势。希冀通过深入挖掘和呈现本案例的实践经验，为我国其他产业集群发展和有着急切转型需求的地区提供可参考的建议。

关键词：产业集群；泵阀产业；智能制造；集群式治理

一、案例正文

（一）引言

在工业现代化和市场国际化的时代背景下，一种新型的空间经济组织形式应运而生——产业集群。产业集群是指在特定区域中，具有竞争与合作关系，且在地理上集中，有交互关联性的企业、专业化供应商、服务供应商、金融机构、相关产业的厂商及其他相关机构等组成的群体。这种经济组织形式有助于相互竞争以及产业链上下游的企业群提高竞争活力，对特定产业的发展和国家竞争力的增强有重要作用。但发挥产业集群的发展优势不是单个企业对区域经济影响的简单求和，而在于整体上对提升企业竞争力和促进地区经济发展发挥着“1 +1 >2”的集聚扩散效应。面对全国其他地区泵阀产业的日益兴起和日益突出的产城矛盾，浙江省永嘉县政府是如何实现从竞争激烈的市场环境中脱颖而出、实现突围，一跃成为全省山区 26 县中产值唯一超过 400 亿元的产业集群？浙江省永嘉县泵阀产业从起步发展到成为当地支柱产业，拥有“中国泵阀之乡”“全国泵阀产业知名品牌创建示范区”等国家级金名片。

（二）兴起！改革催生泵阀“新天地”

1. 泵阀“星星之火”开始点燃

改革开放初期，中国经济进入了高速发展阶段，市场机制逐步完善，释放出巨大的经济活力。永嘉县作为我国民营经济较为活跃的地区之一，当地人民敏锐地捕捉到了这一历史性的机遇窗口。永嘉县地处浙江省东南部，隶属于浙江省温州市，位于瓯江下游的北岸，与乐清市相邻，与南面的温州城区隔江而望，与青田县和缙云县接壤，北边是仙居县和黄岩区。永嘉县素有“八峰一江一块土地”之称，总面积为 2677. 64 平方公里，约占温州市区的四分之一，是浙江省第四大县和温州市最大的县。面对当时市场上大量工业品供不应求的状况，尤其是对于泵阀这类基础工业设施的需求激增，永嘉人充分利用了灵活的市场机制和敢为人先的精神，凭借简易生产设备，积极投入泵阀制造业。在这种环境下，永嘉县的泵阀加工业应运而生，并且迅速发展壮大。家庭作坊式的小型企业和前店后厂模式在当地蔚然成风，很多家庭都参与到泵阀产品的生产和销售中来，构建起了一种独特的产业集群发展模式。这种自发性、快速响应市场的产业结构调整，不仅解决了局部市场供应不足的问题，也为永嘉县积累了宝贵的资金和技术基础，为后来泵阀产业的规模化、专业化、品牌化发展奠定了基石，从而进一步推动了永嘉乃至中国泵阀产业的崛起和繁荣。

2. 首个阀门专业市场“亮相”

随着全国对泵阀需求量的激增，零散的家庭作坊式生产模式满足不了大额的生产订单。1988 年，28 位农民集资在温州永嘉瓯北镇创办了全国首个阀门专业市场——瓯北机电阀门市场，这一举措对当地的个体私营经济和家庭工业发展产生了深远的影响。随着市场的繁荣和影响力的扩大，到 1990 年，泵阀产业在当地经历了一次创业热潮，全县从事泵阀生产的企业迅速增长至 800 多家，总产值达到了 1.6 亿元人民币。在此期间，当地企业的生产能力和技术水平不断提升，产品种类也从早期较为单一的管道泵和截止阀扩展到了包含真空磁力泵、加油泵、叶片泵等多种泵类产品以及闸阀、截止阀、止回阀、球阀、减压阀、安全阀等丰富的阀门系列，这些产品广泛应用于各类通用领域，满足了不同行业的需求，从而推动了整个泵阀产业集群的快速壮大和产业升级。

3. 政府“重拳出击”整顿泵阀市场

在泵阀产业实现规模快速扩张的同时，由于初期阶段对于市场秩序的疏导管理和必要的技术基础建设相对滞后，永嘉县的泵阀市场出现了以次充好、恶意压价等不正当竞争现象，严重损害了“永嘉制造”的品牌形象，给永嘉泵阀产业的持续健康发展带来了巨大的压力和严峻挑战。面对泵阀产业出现的质量问题和市场秩序混乱状况，永嘉县委、县政府果断决定在全县启动“质量立县、名牌兴业”的战略方针，开展首次大规模的泵阀产品质量专项整治行动，开始了由量的扩张向质的提高转变之路。同时，政府积极推动产业升级转型，鼓励企业由传统的家庭经营模式向更现代的企业制度——股份合作制转变，并引导企业布局优化，从分散的家庭作坊式生产向集中化、规模化的村镇工业小区转移。经过这次整合与改革，全县的泵阀企业数量虽然从800多家精简到了479家，但产值却增长至2.04亿元，体现了产业结构优化和单体企业效能提高所带来的经济效益。此举有力地推动了永嘉泵阀行业从过去的无序经营逐步迈向有序发展，巩固在激烈市场竞争中的优势地位。

（三）壮大！携手闯关激发“新活力”

1.产业集聚度大幅提高

经过50多年的发展，永嘉县的泵阀企业发展状况呈现出强劲的增长态势和高度的产业集聚效应，不仅在普通产品和中端产品取得优势地位，而且在核电站、石油化工等一些特殊工况的高端产品领域也占有一席之地。产业产值、税收两项指标均超全县工业的三分之一，拥有超过3000家泵阀企业，占到全国泵阀企业总数的四分之一，产品种类已经超过了3000种，覆盖市场的广度极高，全国市场占有率达到了惊人的80%，其中工业阀门产品更是占据了全国市场份额的三分之一，被公认为是全国规模最大、泵阀企业最为集中、产品品种规格齐全的生产基地。过去五年，全县泵阀产业产值年均增速达到了14.2%，这一增长速度不仅稳健而且明显高于规模以上工业企业的平均增速4.3个百分点，高速增长的数据和行业领先地位表明永嘉县在泵阀领域的技术研发、生产制造及市场营销等方面都具有强大的竞争优势和发展潜力。

2.行业话语权持续增强

近年来，永嘉通过多维度的战略布局和实打实的政策支持，深入实施数字经济创新提质“一号发展工程”，积极参与国家和行业标准的制定，推动泵阀产业集群在数字化、科技化道路上的快速前进，有效提升泵阀产业在全国乃至全球市场上的行业话语权。比如，为推动工业数据全面汇聚，打通这一数据壁垒，2022年，由中国电子技术标准化研究院牵头建设的“产品主数据标准服务平台”正式发布，永嘉泵阀（工业阀门）于2022年7月入选第一批产品主数据标准（培育）试点名单，率先启动试点各项工作，组建首批产品主数据标准阀门行业专家组，发布了包括闸阀、蝶阀等14个产品大类主数据、102条产品主数据标准和1063条产品属性描述在内的工业阀门CPMS数据库，相关成果更是亮相世界互联网大会，成为浙江省唯一交流发言的县区。同时，永嘉县积极推进与国内外知名高校、科研机构的合作交流，引导和支持企业申报各类科技项目，加快科技成果向现实生产力转化的步伐。比如，2023年，由超达阀门集团股份有限公司与浙大温州研究院合作开发的全国首条球阀装配智能生产流水线正式投入运行，这也标志着全国首条泵阀智能化技术改造生产线正式投用。超达阀门集团股份有限公司董事长王汉洲表示，全国第一条球阀装配生产流水线对整个温州泵阀产业今后向数字化转型发展开了先河，基本上可以实现半分钟生产一台阀门。

3. 外贸业态不断向好

近年来，随着产品质量的不断提升和产品种类的不断丰富，永嘉县泵阀产业在国内外市场上的表现日益突出，在国际市场打开了广阔的发展空间。特别是受到国内基础设施建设加快推进、国际油价阶段性高位运行等因素的影响，永嘉县把握机遇，鼓励和支持泵阀企业“走出去、抢订单”，组织企业参加各类国家展会、境外营销活动等，积极拓展海外市场、提升品牌国际影响力。2023年1月至5月，全县泵阀业货物贸易进出口总额1.31亿美元，同比上升43.60%。其中，出口1.22亿美元，同比上升35.42%；进口894.61万美元，同比上升709.52%（表1）。全县泵阀业货物贸易收付汇总额1.34亿美元，同比上升62.24%。其中，收汇1.26亿美元，同比上升59.03%；付汇840.54万美元，同比上升132.16%（表2）。

种种案例都显示出永嘉泵阀产业在国家市场上的份额不断扩大，在全球产业链中占据更加重要的地位。比如，2023年4月，永嘉县组织20家泵阀企业，前往俄罗斯参加第22届莫斯科石油天然气技术装备展，吸引了众多国外观展商和买家高度关注，展会现场直接签订5000多万元的交易合同和超过3亿元的意向合同。“因为各国关税下调的原因，今年海外买家采购的意向明显加强，只要你能拿出过硬的产品，拿下订单的概率就大大提升。”欧维克集团总经理邵力平举例说。2023年上半年，他们在美国开拓市场时，接洽的一位客户所提出的订单意向就高达800万美元。欧维克集团，2023年上半年就实现超过3000万元的出口额。

表 1　永嘉县 2022 年、2023 年 1—5 月份泵阀业进出口额

（单位：美元）

2023 年 1—5 月			2022 年 1—5 月			进出口总额同比增长	出口总额同比增长	进口总额同比增长
进出口总额	出口总额	进口总额	进出口总额	出口总额	进口总额			
130765506.7	121819364.3	8946142.46	91061922.72	89956810.81	1105111.91	43.60%	35.42%	709.52%

表 2　永嘉县 2022 年、2023 年 1—5 月份泵阀业收付汇额

（单位：美元）

2023 年 1—5 月			2022 年 1—5 月			收付汇总额同比增长	收汇总额同比增长	付汇总额同比增长
收付汇总额	收汇总额	付汇总额	收付汇总额	收汇总额	付汇总额			
134108089.6	125702729.63	8405360.00	82662276.29	79041726.45	3620549.84	62.24%	59.03%	132.16%

（四）困境！产业转型面临"新挑战"

时代的机遇叠加、敢闯敢试的创业精神，催生出永嘉泵阀产业的飞速发展，泵阀企业如雨后春笋纷纷冒头、资金人才快速涌入、产业规模不断扩大、集聚效应加快形成……"中国泵阀之乡"初具雏形。但泵阀产业发展的重重桎梏、瓶颈也在野蛮生长、迅速扩张之中不断显露——产业低端、龙头不强、竞争加剧、环境变化……这些都成为永嘉泵阀人在谋求"更上一层楼"的过程中不能回避且迫在眉睫的现实困境。

1. 困境一：低端化现象仍旧存在

永嘉泵阀企业"低散乱"问题仍然突出，产业高附加值环节和领域的企业数量偏少、规模偏小，高端泵阀行业市场份额不高，上游企业引领力不够，下游企业支撑不足。目前，永嘉现有泵阀企业 3752 家，但 70% 以上的阀门以劳动密集型的通用铸造、产品贴牌为主，像核电、仪表等高端自控产品很少，生产准入门槛很低。究其背后根源，一是企业投入不够。加强科技创新需要大量的人

才和资金投入，大多数企业有心无力。且由于缺乏产业高端领域核心技术，部分高端零部件无法自主生产，只能依赖引进。由此加剧了产业发展的恶性循环。二是管理模式制约。永嘉泵阀企业超8成为家族式企业，但近年来企业子女接班意愿下降、企业投资意愿降低、创新求变思维弱化，更倾向"躺平式"经营，通过出租厂房获利。如，某有限公司，企业厂房面积1018平方米，企业主要股东均以法人代表家属、亲戚为主，由于法人代表子女选择在外自主发展，无接班意愿，便将企业厂房全部出租，仅留一个企业门店用于接老客户的订单，订单均通过外包生产，从而赚取中间差价。三是平台作用发挥不够。虽然永嘉早在2014年就建立了温州系统流程装备科学研究院，拥有国内一流水平的国家阀门质量监督检验中心，与华为合作成立了国内首家NB－IoT智能泵阀联合创新实验室，但是在科研成果的转化、服务的推广应用等方面还有待进一步加强。截至目前，该院开发的泵阀行业智能制造云平台仅有上云企业30余家。

整体泵阀行业产品同质化、低端化特征显著，最终导致整体行业低端泵阀产品供给过剩，价格战等恶性竞争加剧。对此，温州市泵阀工业协会会长杨荣水无奈地表示："当前温州泵阀市场存在的不利因素，时有发生的价格战是其中之一。"

2. 困境二：龙头带领性依然不够

总体而言，永嘉泵阀企业结构不优，泵阀大企业、龙头企业较少，全县共有泵阀企业3752家、总产值550亿元，平均每家企业年产值不到1500万元。其中，规模以上企业仅276家，没有一家上市企业和10亿元企业。这与其他泵阀产业发达地区形成鲜明对比：从周边地区看，江苏阀协数据显示，2023年116家阀门会员企业总产值达288.3209亿元。其中上市企业有9家，10亿元以上企业达8家；上海760家泵阀企业就贡献了230亿元的年总产值；丽水泵阀企业数量仅为永嘉县的1/10，产值接近永嘉的一半。从在外永商看，2018年排名前10的在外永商泵阀企业共实现年产值444亿元，其中，超10亿元的企业有5家（4家在上海，1家在广州）。

3. 困境三：区域化竞争日益激烈

国际泵阀产业竞争激烈，发达国家占据行业龙头地位，印度、拉美等新兴市场主体加快崛起。国内福建、苏北等地泵阀产业发展迅速，给永嘉泵阀行业带来很大的挑战和冲击，工业阀门永嘉的全国市场份额 2008 年是 30%，现在还是 30% 左右。这一方面源于区域同行竞争力提升。江苏泵阀产业具有企业规模大、创新能力强、上市企业多、高端配套全、发展空间大、制造成本低和参与市场规则制定等方面优势，区域产业竞争力比较强，发展势头迅猛。另一方面则是周边地区招引力度较大。丽水、宁德等周边地区招商力度比较大，政策比较优惠，投资、生产成本比较低，永嘉许多有实力的泵阀企业往这些地区转移。据不完全统计，2018 年以来，泵阀企业外迁共 91 家，其中规上企业整体外迁 7 家，总部在永嘉且在外设有生产基地的企业有 26 家。永嘉县迁移到丽水的阀门及配套企业年产值近 80 亿元。

4. 困境四：综合性环境制约加剧

从自然环境因素来看，永嘉素有“八山一水一分田”之称，人均耕地面积仅 0.6 亩，山区又受制于环境保护而不能布局工业，因此工业用地问题十分突出。目前，永嘉可供连片开发的工业用地仅约 3000 亩，受用地指标限制，很多企业“一亩难求”。在这种供需失衡的情况下，企业用地成本畸高，以永嘉瓯北为例，一楼厂房每月租金近 50 元每平方米，而江苏某地仅 4 元每平方米；某公司通过司法拍卖获得的厂房均价高达 500 万元每亩。从社会政策环境来看，在国家实行能耗“双控”行动、各级政府强调“亩均论英雄”的背景下，投资建设泵阀产业关键配套的高端铸造、锻造及表面处理等项目难以通过能评、环评审批，还有附加值不高的泵阀零配件加工企业将被转移或淘汰，产业链升级面临挑战。

（五）破局！智能制造赋能“新引擎”

如何发挥好泵阀产业的先发优势，实现持续领跑？如何走出泵阀产业头部企业不够强、高新技术产品比例不够大的发展困局？近年来，永嘉泵阀企业和永嘉政府部门一直在寻找应对之策，以此在竞争日益激烈的泵阀行业大潮中谋求更大的发展。

1. 以“科创 + 人才”双轮驱动的创新体系夯基垒石

为尽快走出泵阀行业发展低端的困境，永嘉县以人才、科技为着力点，夯实产业发展根基，助力营造有利于泵阀产业创新升级的营商环境。

人才引育不拘一格。继《人才新政50条》等系列人才引育政策后，2023年永嘉政府专门为泵阀人才出台新政，印发了《关于人才助力泵阀产业高质量发展的十条意见》的通知，大力培养“首席专家”，大力引育产业工程师，加大“产教融合”培养技能人才力度，鼓励泵阀企业柔性引才，做大做强产业工程师协同创新中心，提升校地合作共建平台贡献度，鼓励泵阀人才创新创业，加大泵阀企业人才服务力度，支持泵阀企业飞地引才。通过这些举措助力泵阀产业人才引育。《意见》首次突破了地域、年龄、职称等界限，比如，企业在外或飞地设立创新研发机构的人才、企业返聘退休的高技能人才、无职称但对企业有突出贡献的人才等均能享受县域内同等人才待遇，帮助企业引才留才。

科创体系不断完善。近年来，永嘉县不断完善“三院一室一中心”科创体系（温州系统流程装备科学研究院、杭州电子科技大学永嘉数字经济研究院、兰州理工大学温州泵阀工程研究院、NB－IoT智能泵阀联合创新实验室、国家阀门质量监督检验中心），可解决95%以上的“卡脖子”问题，累计制定泵阀行业标准179项、占全国1/5，泵阀（工业阀）产业大脑被列入全省“揭榜挂帅”名单，成功入选全省产业集群新智造试点，获得全国首个泵阀产业知名品牌示范区等荣誉。目前，永嘉累计建成国家级阀门质检中心等创新平台8个，特种泵阀产业基地等博士后工作站4个，省级重点企业研究院、研发中心88家，助力中小企业走专精特新高质量发展之路。

2. 以“培育＋招引”双向发力的企业发展立柱架梁

建平台，打造泵阀专精特新产业园。平台是产业壮大的主战场，平台有多大，产业的发展潜力就有多大。近年来，永嘉县谋划打造永嘉独有的专精特新产业园、泵阀关键配套产业园，在配套齐全优势上，进一步整合提升配套企业，推进泵阀产业智能化、数字化转型，打造全省专精特新示范县。目前，永嘉县已经初步形成以省级经济开发区、省级高新技术产业园区为核心、若干小微园为补充的产业平台体系。建立了国家级阀门检测中心、兰理工温州研究生分院、温职院永嘉学院及亚龙泵阀技工培训基地，重点培养泵阀产业人才，人才培育体系比较健全。建立了温州系统流程装备研究院、兰理工温州泵阀研究院和专业孵化基地，创新创业平台门类齐全。“永嘉阀门”获省区域名牌称号，永嘉泵阀产业入围全省2021年产业集群新智造试点名单。目前，全县共有泵阀国家高新技术企业47家，省创新型试点示范企业5家、拟上市企业1家，规模以上企业实现智能改造全覆盖。

强招商，积极应对周边招商压力。针对当前丽水等地的招商措施，由有关单位组建专班，加大对外地来永招引泵阀企业监测力度，及时预警、及时研判，尽最大努力把优质企业留在永嘉。针对目前已经在丽水等地购置厂房的企业，逐家进行走访服务，争取把企业总部留在永嘉；明确整体搬迁的企业，要确保不留产值基数。针对有意向外迁的企业，要逐家进行跟踪对接，对成长性好的企业优先列入供地序列。同时，针对重点地区启动反招商工作，把在外孵化培育的泵阀企业，通过整体招商、总部回归等方式精准招商，争取招引回归一批示范性企业。

3. 以“政策＋环境”优质高效的服务体系积厚成势

风云变幻的整体环境既潜藏风险，也带来机遇。这几年，随着我国泵阀产业制造水平不断提升、配套不断健全，部分国外泵阀企业将制造环节向我国产业集群地转移，创办实体企业，有利于引进高端外资泵阀项目。同时，我国正在构建新发展格局，实施“一带一路”建设，签署RCEP协定，有利于国外石油石化、新能源等大企业在我国投资建设工程项目，同时促进我国企业加大对外投资，给泵阀企业带来新的市场需求。此外，近期工业和信息化部等三部门联合印发《关于推动铸造和锻压行业高质量发展的指导意见》，省经信厅已经放开了锻铸造产能限制，体现了国家和省级层面对工业基础产业的重视，也为泵阀产业发展带来新的机遇。

为进一步将这些利好因素切实转化为永嘉泵阀产业发展的动能，永嘉政府抓住机遇，针对泵阀产业出台了一系列的优惠政策，不断优化整体泵阀产业发展的整体环境，希望能推动整体产业的跨越式发展。

强化政策配套。永嘉相关部门积极推动泵阀产业列入浙江“山区26县”重点扶持产业集群，争取到了“一县一行一策”特殊待遇，同时泵阀产业也被列入温州市五大特色优势产业之一，为泵阀产业进一步做大做强提供政策支持。在省市扶持政策的加持和引导下，永嘉政策配套也在不断完善。

2024年2月，永嘉县人民政府办公室公开发布《关于印发永嘉县泵阀产业强链补链延链专项扶持政策的通知》，通过开展行业关键技术协同攻关、大力推进泵阀关键配套“三化”、推进产业集群化发展、推进产业高端化发展、推进产业绿色化发展、支持泵阀企业开拓市场、推动泵阀发展出口贸易、加强泵阀专业公共平台建设、加强泵阀产业用地保障、加大“中国泵阀之乡”区域品牌宣传等十大举措，聚力推动泵阀产业强链补链延链，助推泵阀产业集群发展壮大，强化永嘉制造业高质量发展基础，这也为永嘉泵阀企业发展注入了一剂强心针。

这项政策的发布也仅仅是永嘉泵阀产业扶持政策体系的一环。近年来，永嘉县先后出台工业经济转型发展专项行动、新动能培育三年行动计划、泵阀制造业改造提升省级试点实施方案等多个政策文件，持续打好工贸经济高质量发展36条、科技新8条、抗疫帮扶26条等经济转型“组合拳”。一系列政策举措正在让区域产业生态越来越好。

此外，永嘉县政府曾公开征求《关于开展工业全域治理试点工作的实施方案》意见及建议的公告。针对永嘉泵阀产业面临的厂房规模难以匹配企业生产需要、产能上限难以突破、工业用地紧缺等问题，为了推动泵阀产业的高质量发展，提升产业竞争力，永嘉县积极推行“零土地”技改政策，旨在通过现有土地的集约高效利用，实现产业的转型升级。

优化营商环境。在温州创建“两个健康”先行区，打造民营经济发展新高地，全面推行数字化改革的大背景下，永嘉县重点聚焦泵阀产业，积极完善助企服务，全力营造有利于泵阀产业转型升级、集成发展的良好营商环境。

针对泵阀产业发展，在企业智改方面，永嘉专门设立了企业智能化改造专家库，21名行业智能化改造权威专家、13个智能化改造咨询诊断服务机构，对有意愿的企业全面开展“一对一”智能化改造诊断，帮助企业走符合自身特点的智能化道路。在企业融资方面，永嘉县出台《永嘉县创设“泵阀共富贷”助力打造泵阀现代制造业600亿产业集群试点工作方案》，在通过亩均税收、研发投入、销售利润率等核心指标，对县域泵阀企业进行精准画像、分档排序，引导银行业金融机构对优质泵阀企业提供优惠贷款，提升对泵阀企业金融支持水平。力争到2025年“泵阀共富贷”规模突破15亿元，泵阀产业贷款规模突破60亿元，泵阀信用贷款、中长期贷款占比提高 5 个百分点以上，融资综合成本下降 50 个 BP 以上。在市场拓展方面，永嘉创新打造“一业一平台一展会”产业发展机制，通过家门口的展会，帮助企业抢订单拓市场，挖掘新增长点。近年来，永嘉已举办专精特新泵阀产品博览会等重点展会，实现支柱产业自办展会全覆盖，参展企业、客流量、成交额均创新高。在交通运输方面，永嘉积极融入温州建设全国性综合交通枢纽城市的大战略中，全力打造杭温高铁及温州北站，待建成通车后，永嘉交通物流将更加便捷。

（六）结束语

党的十八大以来，以习近平同志为核心的党中央作出建设制造强国的重大战略决策，推动制造业发展取得历史性成就、发生历史性变革。同时指出，“当前我国正处于从制造大国向制造强国迈进的重要关口期”。永嘉泵阀产业作为中国制造业的一部分，也一直面临着如何由“大而全”向“精而强”转变的严峻考验。这一转变不仅要求产业在技术上实现突破和创新，更需要在管理、市场等多个方面进行全面升级。永嘉泵阀产业曲折前行的发展进程告诉我们在市场和政府协同作用下的创新发展之路是一条希望之路。但面对几经迭起又蓄势待发的泵阀行业迭代升级风暴，永嘉泵阀依旧困难重重，目前整体产业低端化、管理家庭化、竞争激烈化的问题依然长期存在，土地等生产要素紧缺问题更是将会一直存在。在这样的背景下，行业市场和政府部门如何联动，逐步调整行业结构、改变管理模式、形成竞争优势，实现在变革中寻求突破、在挑战中求得发展，这仍是一道等待着永嘉政府和泵阀行业共同解答的复杂命题。

二、案例分析报告

（一）案例回顾与问题提出

改革开放初期，中国经济进入了高速发展阶段，市场机制逐步完善。地处浙江省东南部，位于瓯江下游北岸的永嘉县人民敏锐地抓住了这一时期的机遇，积极投入泵阀制造业，由此永嘉县的泵阀加工业应运而生。随着全国对泵阀需求量的激增，零散的家庭作坊式生产模式满足不了大额的生产订单，1988

年，温州永嘉瓯北镇创办了全国首个阀门专业市场——瓯北机电阀门市场。由于市场的繁荣与影响力的扩大，1990 年，永嘉县泵阀产业经历了一次创业热潮，在此期间，不仅丰富了产品种类、增加了企业数量、提高了生产总值，还推动了整个泵阀产业集群的快速壮大和产业升级。但因为初期阶段疏于对市场秩序的管理以及相对落后的技术基础建设，永嘉县的泵阀市场出现了以次充好、恶意压价等不正当竞争现象，不利于“永嘉制造”品牌的营造。面对此种状况，永嘉县政府果断启动了“质量立县、名牌兴业”的战略方针，并积极推动产业升级转型，实现了永嘉泵阀行业从过去的无序经营逐步迈向有序发展。

经过 50 多年的发展，永嘉县的泵阀企业发展状况呈现出强劲的增长态势和高度的产业集聚效应。近年来，永嘉通过深入实施数字经济创新提质“一号发展工程”，有效提升了泵阀产业在全国乃至全球市场上的行业话语权。同时，随着产品质量的不断提升和产品种类的不断丰富，永嘉县泵阀产业的外贸业态不断向好，其在国家市场上的份额不断扩大，在全球产业链中更是占据重要地位。

但伴随着“中国泵阀之乡”的初具雏形，泵阀产业发展的重重桎梏也在不断显露，面临着低端化现象突出、龙头带领性不够、区域化竞争激烈、综合性环境制约加剧等多重挑战与现实困境。

针对泵阀产业的发展困局，永嘉泵阀企业与永嘉政府部门主要通过“三大举措”进行破局。一是以“科创 + 人才”双轮驱动的创新体系夯基垒石。继《人才新政 50 条》等系列人才引育政策后，2023 年永嘉县政府专门为泵阀人才出台新政，印发了《关于人才助力泵阀产业高质量发展的十条意见》的通知，不拘一格引育人才。此外，永嘉县不断完善“三院一室一中心”科创体系，走专精特新高质量发展之路。二是以“培育 + 招引”双向发力的企业发展立柱架梁。永嘉县通过打造永嘉独有的专精特新产业园、泵阀关键配套产业园，进一步整合提升了配套企业，推进泵阀产业智能化、数字化转型，打造全省专精特新示范县。同时组建工作专班，加大对外地来永招引泵阀企业监测力度，积极应对周边招商压力。三是以“政策 + 环境”优质高效的服务体系积厚成势。永嘉相关部门积极推动泵阀产业列入浙江“山区 26 县”重点扶持产业集群，争取到了

“一县一行一策”特殊待遇。2024年，永嘉县人民政府办公室最新公开发布《关于印发永嘉县泵阀产业强链补链延链专项扶持政策的通知》以及其他时间出台的相关配套政策，进一步助推了泵阀产业集群发展壮大。与此同时，在全面推行数字化改革的大背景下，永嘉县重点聚焦泵阀产业，在企业智改、企业融资、市场拓展与交通运输等方面，永嘉县都有所作为，全力营造有利于泵阀产业转型升级、集成发展的良好营商环境。至此，永嘉泵阀产业在竞争日益激烈的泵阀行业大潮中脱颖而出，一跃成为全省山区26县中产值唯一超过400亿元的产业集群。

然而，为何永嘉泵阀能够在竞争如此激烈的市场环境中成功突围？背后蕴藏着怎样深层次的逻辑？这需要我们深入探讨。永嘉泵阀产业基于政府部门、行业市场、社会资本的多方联动，依托县域资源和产业优势，以超强的行动力推动永嘉泵阀产业集群发展，提高其市场竞争力。根据对近几十年永嘉泵阀产业发展脉络的梳理和深入调研，本案例基于协同治理理论、产业集群理论与集群式治理，建构“主体互动—空间调控—赋能集体—聚集创新”的分析框架，展示行动主体整合内外部相关资源与要素的治理实践，对案例呈现的逻辑脉络、深层困境与转型成功的原因进行深入剖析，希冀能够从中汲取经验，为我国其他产业集群发展和有着急切转型需求的地区提供参考和建议。更为重要的是，永嘉泵阀产业虽然已经突出重围，但前路依旧困难重重，本案例的分析成果能够顺应当下高质量发展形势，探索出制造业实现工业转型升级之路。

（二）理论基础与分析框架

1. 协同治理理论

协同治理理论起源于德国物理学家赫尔曼·哈肯（Hermann Haken）在1971年提出的“协同学”，其核心思想是研究由大量不同子系统组成的复杂系统如何通过相互作用形成有序结构，从而实现整体大于部分之和的效果。这一理论最初应用于自然科学领域，后来逐渐被引入社会科学领域，成为协同治理理论的重要理论基础。协同治理理论在20世纪90年代初期开始发展，最初用于解决公共管理中的复杂问题，如政府失灵和市场失灵等，学者将市场机制引入公共管理领域，提出了“协同政府”“共同治理”等概念，倡导多元主体间的协作与整合。如今，协同治理理论被广泛应用于公共管理领域。协同治理强调政府、企业、社会组织和公民个体等多元主体的共同参与，其核心目标是实现公共利益的最大化，通过多元主体间的协作和资源整合，提高政策的适应性和创新性，通过协商、对话和合作实现公共事务的有效治理。[1]

随着社会变化和产业集群规模扩大，产业体系日益复杂，面临诸多挑战。仅仅依靠单一主体难以应对诸多挑战，需要多元主体共同参与、相互配合。协同治理理论与本案例泵阀产业发展具有较高的适配性，思想内涵始终贯穿永嘉泵阀产业发展过程的每个阶段。首先，永嘉泵阀产业涉及多个利益相关方，包括政府、企业、科研机构和行业协会等，这些主体之间存在复杂的利益关系和竞争冲突。通过资源共享、信息交流和协同决策，可以促进各方在平等协商的基础上达成共识，共同制定和执行产业政策，从而有效应对产业集群面临的复杂性挑战。永嘉县泵阀产业的发展中，政府、市场和社会团体之间的互动是推动产业升级的重要力量。其次，泵阀产业集群的发展需要大量的资源投入，包括资金、技术、人才等。协同治理能够借助政府和市场的力量，整合各方资源，优化配置效率，避免资源浪费，提升整体竞争力。此外，协同治理强调多元主体间的协作与创新，能够激发产业内的创新活力。具体而言，政府在泵阀产业中通过统筹内部资源、政策资源聚集以及营造创新环境等方面发挥重要作用，推动泵阀产业的技术创新和产业升级，促进产业链的整合与协同发展，为泵阀产业的高质量发展提供有力保障。同时，市场通过集聚大量企业，形成规模化产业集群，构建泵阀产业链条，推动上下游企业之间的协同合作，实现生产要素的共享和优化配置，并不断吸引资金、人才和技术等要素，为泵阀产业的高质量发展提供支持。此外，通过引入专家团队为泵阀产业提供了强有力的技术支持和指导，社会资本的引入和集聚在泵阀产业发展中也起到了关键作用。

2. 产业集群及集群式治理相关理论

产业集群理论是一种关于产业在空间上集聚形成集群，通过这种集聚效应促进产业发展和区域经济增长的理论。该理论最早起源于亚当·斯密，后于20世纪90年代，美国哈佛商学院的迈克·波特提出明确的产业集群概念，正式确立了产业集群理论。[2]产业集群理论强调在一个特定区域或领域，通过集聚能够形成有效的市场竞争，进而构建专业化生产要素的优化集聚地。在此基础上，实现基础设施、市场环境和外部经济的共享，降低交易成本，从而形成区域集聚效应、规模效应和区域竞争力。在产业集群的实现结构中，需要充分利用空间地理区位、技术创新等手段，构成集群的长期竞争优势。但产业集群理论是一种静态属性，等同于产业集群的网络组织形式，而集群式治理则是对产业集群理论在实践层面的深化和拓展。集群式治理是一种针对产业集群的治理行为，它以产业集群为对象与载体，多元治理主体充分挖掘产业集群的内外部资源，通过空间调控实现地理性资源的集聚、赋能集体实现社会性资源的集聚、聚集创新实现差异性资源的集聚，此三方面的集聚效应与产业集群持续发展有密切关系，由此为产业集群发展创造条件和有利环境。[3-5] 其中，地理性资源的集聚是指在地理空间上的集中，关注资源共享，优化空间布局，形成产业规模效应；社会性资源的集聚是指通过主体间长期互动形成的制度政策、社会资本、文化氛围对经济活动的促进作用；差异性资源的集聚是指地方各主体在创新理念的指导下，通过差异化竞争和科创活动形成独特的竞争优势，以此吸引外部要素汇入，增强区域异质性。[6]

永嘉泵阀产业发展的重重桎梏在迅速扩张之中不断显露产业低端、龙头不强、竞争加剧、转型升级难等现实困境。随着产业集群的不断推进，集群式治理本质上是产业集群发展的一种治理行动。[7] 面对永嘉泵阀产业集群发展的困境，需要通过多元主体利用产业集群内外部资源实现地理性资源集聚、社会性资源集聚和差异性资源集聚，从而达成产业集群持续发展的目的。

3."主体互动—空间调控—赋能集体—聚集创新"的整体性分析框架

基于对永嘉县泵阀产业发展之路的回顾与探索，及对相关理论的匹配，发现协同治理理论、产业集群理论与集群式治理模型对于解释本案例的探究问题具有一定的适用性。在对本案例研究的过程中，发现永嘉泵阀产业发展的关键在于政府统筹下的市场、社会等多方主体互动与协同形成的产业集群。产业集群发展离不开政府的作用，政府是产业发展的核心。[7-8] 当永嘉泵阀产业陷入困境时，需要政府及时介入，凭借其组织能力，统筹政府内部资源，为泵阀产业发展给予相关政策的倾斜、营造有利于泵阀产业高质量发展的创新环境。同时，泵阀产业集群发展离不开有效市场的配合以及社会技术的支持，需要企业间资源共享、专家团队技术助力来支撑产业集群的实践。多元主体互动，最终促进了永嘉泵阀产业集群的快速发展。由此可见，协同治理理论为案例分析奠定了框架基础。

但是，细究永嘉泵阀产业发展历程，产业集群的发展需要集聚和整合相关要素，集群式治理与产业集群理论为此提供了理论指导。在政府、市场、社会等多元主体的协同合作中，通过空间调控、赋能集体和聚集创新等手段，推动泵阀产业集群的持续发展和升级。其中，在空间调控上，主要从两方面整合地理资源等重要的基础性资源。一方面是对地理空间上资源的直接利用，另一方面是通过多元主体投入相应资源，以此改善地理条件，优化产业区位与空间格局，实现多方资源整合，发挥产业集群规模效应，促进地理性集聚。在赋能集体上，企业具有分散性，缺乏统筹与组织，难以实现合作共赢，政府和社会分别通过政策赋能、区域经济赋能，激发市场活力，使永嘉泵阀产业形成区域品牌，提升国内国外竞争力，促进社会性集聚。在聚集创新上，市场竞争不断塑造产业发展的能力，为提升泵阀产业集群的市场竞争优势，永嘉政府将创新作为应对市场竞争的重要措施，通过营造创新环境、强化与专家团队的合作、集聚共生性要素吸引优质企业转移至永嘉，促进差异性集聚。

鉴于此，构建“主体互动—空间调控—赋能集体—聚集创新”的整体性分析框架（如图 1 所示），以此分析永嘉泵阀产业在政府、市场、社会等主体互动中实现集体行动下的资源整合和效能提升，从而达到产业集群效应最大化，推动产业的转型升级和可持续发展。

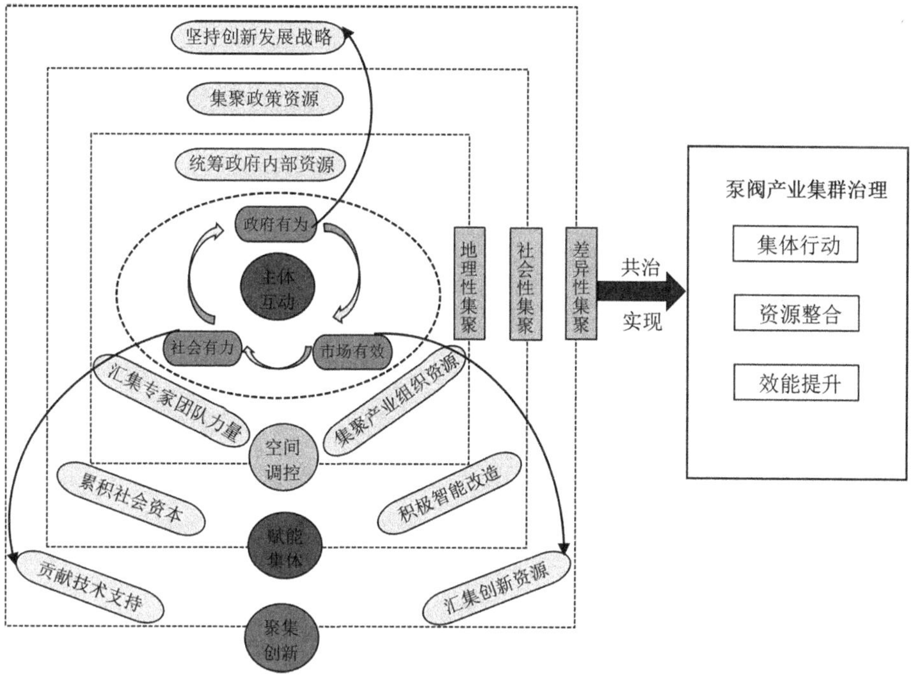

图1　"主体互动—空间调控—赋能集体—聚集创新"的整体性分析框架

（三）案例分析：永嘉泵阀产业集群发展的行动逻辑

永嘉泵阀产业通过整合政府资源、地理资源、市场资源，重塑产业竞争优势，推动泵阀产业集群发展。永嘉泵阀产业集群发展的关键在于实施有效的集群治理模式，主要依赖于政府主导下的多元主体协同互动，以空间调控、赋能集体与聚集创新为具体实行机制，从而促进多要素整合与优化配置，以此实现地理性、社会性、差异性三个方面的集聚效应，推动产业内外部要素的深度融合，确保整个泵阀产业集群的持续壮大与产业升级。

1. 多元主体互动下的集体行动

（1）有为政府发挥统筹作用

产业集群是规模庞大且复杂的产业体系，要实现并维持这样一种产业组织形式，涉及诸多环节与主体，尤其在产业集群发展面临内外部困境时，需要政府、专家团队、市场主体等多方力量发挥各自优势，协同参与。其中，政府扮演关键角色。一方面，在规模快速扩张的过程中，永嘉泵阀产业面临市场秩序混乱、以次充好、恶意压价等不正当竞争的问题，永嘉政府“重拳出击”，果断决定在全县启动“质量立县、名牌兴业”的战略方针，大规模地开展泵阀产品质量的专项整治行动，并根据市场需求，积极推动产业转型升级，促进泵阀产业向更现代的企业制度转变。另一方面，政府作为权威性组织，利用自身的权力与资源，发挥“集中力量办大事”的制度优势，通过多维度的战略布局和政策支持，深入实施数字经济创新提质的“一号发展工程”，与数字标准阀门行业的专家团队以及国内外知名高校、科研机构保持合作交流，为永嘉泵阀产业集群发展向数字化转型构建技术支撑体系。由此，在政府的行政统筹下，市场主体有效配合、参与市场竞争，实现了永嘉泵阀行业从无序经营逐渐迈向有序发展；专家团队提供技术指导，加快了永嘉泵阀产业升级的步伐。三位主体协同治理，保持永嘉泵阀产业集群发展的有效运作。

(2) 主体互动塑造产业集群治理共同体

在政府的统筹下，各参与主体互动协同，构成了产业集群治理共同体，而产业集群利益是多元主体互动的基础。[10]故该共同体旨在通过多元主体的协作，共同应对产业集群发展过程中面临的内外部挑战，以实现对产业集群利益的优化分配与共享，促进主体间形成稳定合作的有机综合体。当产业集群利益越多，主体间的合作也就越稳固。对政府而言，永嘉泵阀产业的集群发展不仅可以带动地方经济的快速发展，进而激发当地消费市场的活力与内需的扩张，成为推动区域经济高质量发展的强劲引擎。同时，这也是展示地方政府政绩的窗口，有利于更多项目资源的获取。对于专家团队等社会主体而言，泵阀产业集群内的企业合作及资源共享为专家团队提供了更多的研发机会与实验平台，极大地促进了科研创新活动的蓬勃开展。并且，泵阀产业集群的发展有助于加强产学研合作，加速了科研成果向现实生产力的转化与应用，为提升产业核心竞争力注入了强大动力。对市场主体而言，永嘉泵阀产业集群的发展带动了上下游产业链的紧密协同与高效联动，形成了优势互补、互利共赢的产业链生态，且通过智能化改造与数字化转型，产生的范围经济效应可直接或间接地增加市场主体的盈利空间。概言之，永嘉泵阀产业集群的持续发展，能够为各主体创造更多的利益。

2. 空间调控下地理性资源集聚的实现

地理资源是产业集群发展的基础性资源，更是地理性资源集聚的重要物质要素。[11]由于自然环境因素的影响，永嘉素有“八山一水一分田”的说法，人均耕地面积仅0.6亩，山区受制于环境保护也不能布局工业，故而永嘉泵阀产业开发的工业用地问题十分突出。同时，随着国际国内泵阀产业竞争日益激烈以及周边地区招引力度的增大，永嘉许多有实力的泵阀企业外迁，使得永嘉县的泵阀产业发展处于不利地位。自然地理与区位地理二者的共同影响，不利于永嘉泵阀产业集群的可持续发展和结构调整。因此，重新整合地理资源，是泵阀产业集群发展的重要内容。各治理主体通过空间调控的方式，优化永嘉泵阀产业布局，增强其行业竞争力，为地理性资源集聚的实现创造有利条件。

（1）空间调控是产业集群发展的资源整合机制

空间调控是一种实现地理资源有效整合、提高整体利用率的实践策略。在本案例中，主要体现在两个层面。其一，将空间调控作为直接的调控工具，提高自然地理位置的利用率。永嘉县以泵阀产业集聚区的瓯北为试点，在全市率先启动工业全域治理，联动推进老旧园区和城中村改造，有效重塑工业发展新版图。另外，永嘉县还鼓励企业开展“零土地”技改，引导企业对老厂房分类别进行拆扩建和改建，在不增加新用地的情况下，大幅度提高土地的使用率。其二，将空间调控作为统筹资源整合的重要媒介，由各方主体统合资源投入到特定的区位空间。一方面，永嘉县政府统合其内部资源，依托行政力量，于2024年公开发布《关于印发永嘉县泵阀产业强链补链延链专项扶持政策的通知》，通过推进泵阀关键配套“三化”、加强泵阀产业用地保障等措施，合理安排泵阀工业用地的结构与规模，优化空间布局。另一方面，地方政府统合专家团队与社会资源，打造泵阀专精特新产业园，在此汇集泵阀产业专家与培育人才，攻克创新技术难题，以此提高泵阀产品的性能与质量。此外，永嘉泵阀企业积极参与产业集群建设，与丽水、福鼎等相关产业联动发展，同时通过参加展会、经贸会议等方式拓展国内外市场，实现产业组织资源的聚集。经由政府、社会、市场等多方力量通过空间调控对资源进行整合，改善了永嘉泵阀产业集群的整体发展条件。

(2)地理性资源集聚的实现

空间调控能够实现地理资源的充分利用，重塑空间布局，从而充分发挥本地地理资源优势。一是空间调控显著提高了永嘉泵阀产业集群发展的链条完整度。通过空间调控，永嘉泵阀产业得以更加合理地规划产业用地，确保建设用地指标向泵阀产业倾斜，满足泵阀企业的扩张需求，聚力推动泵阀产业强链补链延链，促进产业集群向上下游延伸，形成链条完整、竞争力强的泵阀集群产业链。二是空间调控集聚了高质量的泵阀产业组织。永嘉通过空间调控优化本地区位条件，利用反招商策略，成功吸引一批优质企业留驻永嘉，并把在外孵化培育的泵阀企业采取总部回归等方式精准招商，加强龙头企业的带领性功能。另外，随着全球产业分工的深化，部分国外泵阀企业将制造环节向我国产业集群地转移，创办实体企业，引进高端外资泵阀项目，有利于提升整体产业发展水平，并且鉴于各企业间缩短空间距离的优势，增强了彼此的协同与合作。

政府、市场与社会等多方力量通过空间调控的手段整合了自然地理与区位地理的资源优势，促使永嘉泵阀配套企业的发展以及产业链的延伸，聚集了高质量的泵阀产业组织，推动地理性资源集聚的实现。反之，地理性资源的集聚也进一步深化了各治理主体对地理空间的利用，为泵阀产业集群发展提供基础性资源。

3. 赋能集体下社会性资源集聚的实现

集群治理需要调动各方主体的力量。市场具有分散性与滞后性，没有政府的合理统筹，容易出现市场秩序混乱的现象，破坏产业集群的有序发展。永嘉在泵阀产业发展初期阶段，由于疏于对市场秩序的管理与技术基础建设相对滞后，市场上出现以次充好、严重损害“永嘉制造”品牌等现象，给永嘉泵阀产业的持续健康发展带来了巨大的压力与严峻的挑战。因此，通过政府与社会资本的赋能，激活市场力量，整合相关资源推进社会性资源集聚的实现，对于产业集群治理至关重要。

(1)赋能集体是产业集群治理的内在支持机制

激发市场活力有助于产业集群发展的实现。面对永嘉泵阀产业“低散乱”

问题的突出,永嘉县采取赋能集体的方式,解决永嘉泵阀企业投入不够、管理模式制约、平台作用发挥不足等困境,以提高产业集群治理的能力。一是政策赋能。永嘉政府主动作为,力促泵阀产业列入浙江“山区26县”重点扶持产业集群,争取“一县一行一策”的特殊待遇,为泵阀产业进一步做大做强提供政策支持。同时,政府不断出台人才引育政策,为泵阀产业的发展储备厚实的优质人才。二是社会力量赋能。在《永嘉县创设“泵阀共富贷”助力打造泵阀现代制造业600亿产业集群试点工作方案》的引导下,银行业金融机构为优质泵阀企业提供优惠贷款服务,以提升金融对泵阀企业的支持水平。另外,永嘉积极融入温州建设全国性综合交通枢纽城市的大战略中,待建成通车后,促使运输行业为泵阀产业物流提供便利。三是数字赋能。针对泵阀产业的发展,永嘉企业积极进行智改,倾力打造泵阀专精特新产业园,进一步加强与各实验平台的合作交流,促进科研成果的转化与服务的推广应用,推进泵阀产业智能化、数字化转型,为产业的升级换代注入强劲动力。

(2)社会性资源集聚的实现

市场是产业集群发展的基本单元,[12]通过赋能集体的方式激活市场的运转活力,是实现社会性资源集聚的过程。一是政策资源集聚。永嘉政府重点聚焦泵阀产业,针对其出台一系列的优惠政策,不断优化泵阀产业发展的整体环境,为泵阀产业发展提供有利条件。二是社会资本集聚。在当地政府政策的加持与引导下,能够吸引银行机构、交通运输行业等为泵阀产业发展提供相关资源,累积一定的社会资本,支持泵阀产业集群发展。三是市场活力激发。市场具有一定的自主性,在泵阀关键配套产业园设施与研究院平台门类比较齐全的情况下,永嘉企业积极争取外部资源,率先应用智能技术,不断提升产品竞争力。其中,“永嘉阀门”荣获省区域名牌称号,永嘉泵阀产业也入围全省2021年产业集群新智造试点名单。目前,全县共有泵阀国家高新技术企业47家,省创新型试点示范企业5家,充分展现了市场活力的强大推动力。

通过赋能集体的方式,形成了政府统筹引导、社会资本积极参与、市场活力充分释放的良性循环。这一过程中,既能有效发挥政府的统筹作用,提供泵阀产业发展的政策性支持,又能增强泵阀产业发展的社会资本积累,为产业集群提供便捷，进而激发市场活力，推进社会性资源集聚的实现。同时，社会性资源的集聚也进一步强化了政府、社会和市场主体之间的内在联系，为产业集群的发展提供了丰富的内部资源。

4. 聚集创新下差异性资源集聚的实现

市场呈现开放态势，产业集群的发展必然面临激烈的市场竞争。[13]随着现代信息技术的不断进步与国内外泵阀产业的激烈竞争，导致泵阀产业遭遇同质化发展、区域化竞争难题。永嘉泵阀在国家实行能耗“双控”行动的背景下，还面临附加值不高的零配件加工企业淘汰、产业链升级难等挑战。在这种情况下，地方产业要实现集群发展，需要构建自身的独特性，以期在激烈的市场竞争中占据优势地位。各治理主体要对创新发展予以高度关注，采取差异性发展战略。[14]这是产业集群应对市场竞争的重要手段，以此促进差异性资源集聚的实现。

（1）聚集创新是产业集群治理的效能提升机制

地方治理主体在市场竞争中逐渐意识到，创新是实现产业集群并持续发展的必然要求。因此，永嘉泵阀企业要想在这竞争日益激烈的泵阀行业大潮中谋求更大的发展，就需要利用智能制造、科技创新赋能“新引擎”，以此破除困境。一是政府坚持以创新发展战略为导向。永嘉县不断完善“三院一室一中心”的科创体系，解决了阀门质量95%以上的“卡脖子”问题；始终以人才、科技为着力点，专门印发《关于人才助力泵阀产业高质量发展的十条意见》的通知，为企业引才留才，助力营造有利于永嘉泵阀产业创新升级的环境。二是专家团队提供技术支持。在永嘉县谋划打造永嘉独有的专精特新产业园、泵阀关键配套产业园的战略下，永嘉县专门成立企业智能化改造专家库，汇聚了21名行业智能化改造权威专家和13个智能化改造咨询诊断服务机构，对有意愿的企业全面开展“一对一”的智能化改造诊断并提供技术支持，帮助企业走符合自身特点的智能化发展道路。三是市场汇集创新资源。永嘉泵阀企业充分利用“一业一平台一展会”的产业发展机制，通过举办专精特新泵阀产品博览会等重点展会，积极抢占市场订单、拓宽国内外市场，实现支柱产业自办展会全覆盖。同时通过举办专业论坛，永嘉泵阀企业得以紧跟行业趋势，与国内外先进阀门企业进行技术交流,借鉴国际先进泵阀企业产业集群发展的经验。

(2)差异性资源集聚的实现

地方治理主体关注创新发展,致力于泵阀产业的转型升级,向"精而强"转变。充分发挥数字技术在产业发展中的作用,不断提升产业集群治理的效能,[15]打造地方的独特竞争力,促成差异性资源集聚的实现。一是集聚科技要素。永嘉县不断完善科创体系,不拘一格引育人才。以"科创+人才"双轮驱动,夯实创新体系的基石。强化与行业高校、专家团队的合作,专家团队为产业集群发展提供技术支撑,多主体间的密切配合,提高了永嘉泵阀高精尖产业发展的技术含量。目前,永嘉累计建成国家级阀门质检中心等创新平台8个,特种泵阀产业基地等博士后工作站4个,省级重点企业研究院、研发中心88家,助力中小企业走专精特新高质量发展之路。二是集聚诸多共生性要素。随着我国泵阀产业制造水平不断提升、配套设施不断健全,部分国外泵阀企业将制造环节向我国产业集群地转移,有利于引进高端外资泵阀项目。同时,我国正在构建新发展格局,进行"一带一路"建设,签署RCEP协定,有利于国外石油石化、新能源等大企业在我国投资建设工程项目,促进了我国企业加大对外投资,给泵阀企业带来新的市场需求。这推动了泵阀产业链条不断完善,产业规模逐步扩大。永嘉县泵阀产业在国内外市场上的突出表现,在国际市场打开了更广阔的发展空间,有利于产业集群共生生态的构建。

寻求科技创新,有助于多主体互动,形成一个集科研、生产、交易于一体的产业集群发展综合体,以此实现差异性资源的集聚。差异性资源集聚的实现也进一步深化产业发展内外部的联动交流,吸引异质性创新资源的汇集,为产业集群发展提供更多的外部资源。

(四)案例启示与产业集群发展建议

1.案例总结

产业集群发展是地方经济发展的重要模式,对于推动制造业转型升级、实现中国经济高质量发展具有重要意义。然而,产业升级和实现集群治理并不是一蹴而就的,可能面临低端化现象、缺乏龙头企业、区域化竞争激烈等多重困境。因此,就需要构建有为政府、有效市场与有力社会力量三者间的互动协同机制，持续进行资源的深度整合与优化配置，推进产业集群治理。通过分析永嘉泵阀产业四十多年的发展历程，我们可以看出，多元主体间的互动与协作，对于促进产业集群治理共同体形成的重要性。政府统筹维系其有效运转，在此基础上，市场与社会等主体力量在政府的统领下，共同助力永嘉泵阀实现产业集群。具体而言，通过空间调控充分整合地理要素资源，释放自然地理及区位地理的优势，实现地理性资源集聚，为产业集群发展提供基础性资源；通过赋能集体机制有效激发市场活力，积极主动争取产业发展资源，进行改造升级，促使社会性资源集聚的实现；通过聚集创新机制，在政府坚持创新发展战略、专家团队提供技术支持与市场汇集创新资源的合力下，增强永嘉泵阀产业发展独特优势，提升产业竞争能力，吸引异质性创新要素的聚集，推动差异性资源集聚的实现。

当然，在本案例中，永嘉泵阀产业发展的前路依旧是困难重重，还需要行业市场、政府部门等主体协同联动，继续走出一条创新发展的希望之路。

2. 产业集群发展建议

通过对永嘉泵阀产业兴起、壮大、几经波折再破局实现行业领跑、产业集群发展的案例分析，可以为其他地区产业集群发展总结出以下几点重要启示。

第一，要发挥多元主体作用，尤其是注重政府的统筹功能。产业的发展壮大离不开政府的适度介入与科学引导，特别是在市场基础设施不完备、机制发育不健全的情况下，政府的权威性与强大的行政组织能力显得尤为重要。政府应当积极推动产业集群发展，准确把握行业的发展态势，科学制定相应规划并及时颁布配套政策。通过统合内部资源，激活市场主体，调动社会力量，共同推动产业的繁荣发展。

第二，要充分利用空间调控手段，整合地理资源。永嘉泵阀产业发展在面临土地等生产资源紧缺问题时，已经做出了积极的探索与实践。一方面，通过对老旧厂房进行拆改建，实施“零土地”技改，大幅度提高了土地利用率；另一方面，始终坚持集约布局的原则，不断加强产业集群布局与产业配套建设，实现产业链向两头延伸，显著提高了行业的集中度，从而形成了强有力的区位竞争优势，为产业的持续健康发展奠定坚实的基础。

第三，合理利用赋能集体机制，集聚社会性资源。市场作为推动产业持续发展的核心引擎，其活力的激发与潜能的释放至关重要。永嘉泵阀的案例表明，在政府给予政策倾斜、社会资本提供有力外部支持的情况下，可以激发市场活力，调动企业智能改造进行产业升级的积极性。通过政府的政策赋能以及银行机构、交通运输行业、专家团队等社会力量的资本赋能与智力支持，可以进一步激活市场力量，整合各主体的相关优势资源，共同推进社会性资源集聚的实现，为产业的蓬勃发展提供源源不断的动力源泉。

第四，充分发挥聚集创新机制，加强智能制造，实现差异性资源的集聚。创新是引领发展的第一动力，产业的发展离不开创新研发体系的建立与完善，更需要高素质技能人才的培养与引进。因此，应当加强企业、各研究所及高等学校的交流合作，不断提升产业制造中的自主研发能力，坚持自主创新与技能引进相结合。在政府给予战略方针指导的同时，要进一步强化企业在智能制造中的主体地位，利用行业展会等交流平台，鼓励有实力的企业利用合作开发、购买专利、参股并购等多种方式引进国际先进成熟技术，吸引国内外优质的智能技术、创新要素等异质性资源，为获取外部资源支持提供强有力的支撑，推动产业向更高水平、更高质量的方向发展。

（五）结束语

在国家高度重视先进制造业发展及全球化和产业分工日益深化的背景下，泵阀产业作为工业制造领域的重要组成部分，其集群式的发展模式对于加速技术创新步伐、推动产业转型升级具有举足轻重的意义。同时，集群发展也有利于企业更好地融入全球产业链供应链，从而符合国家制造业发展的战略要求。但产业集群发展的实现是一个系统性工程，离不开有为政府、有效市场、有力社会等主体的协同互动，更离不开多主体力量通过利用地理资源、激发市场活力、提升创新能力及智能制造实力等方式，整合内外部相关主体与资源要素，促使产业集群发展的实现。鉴于此，本案例引入协同治理理论、产业集群及集群式治理相关理论，搭建“主体互动—空间调控—赋能集体—聚集创新”的分析框架，分析永嘉通过政府、市场与社会等多元主体利用空间调控、赋能集体、聚集创新的治理手段，实现了泵阀产业的地理性资源、社会性资源及差异性资源的集聚，使得泵阀产业集群发展成功推进。尽管永嘉泵阀产业集群发展的前路仍面临诸多挑战与考验，但本案例中展现出的永嘉泵阀产业成功转型升级的经验与分析总结仍可为其他地区产业集群发展提供一定的参考借鉴，而永嘉泵阀产业也同样会在政府部门的科学规划、行业市场的灵活应对以及社会主体的积极参与等多重力量联动下，不断寻求新的突破与转型，最终实现华丽的转身与蜕变。

参考文献

[1] 孙萍，闫亭豫．我国协同治理理论研究述评[J]．理论月刊，2013(03)：107－112.

[2] [美]迈克．波特著．国家竞争优势[M]．李明轩，邱如美，译．北京：中信出版社，2012.

[3] 朱英明．产业集聚研究述评[J]．经济评论，2003(03)：117－121.

[4] 陆铭，李鹏飞，钟辉勇．发展与平衡的新时代：新中国70年的空间政治经济学[J]．管理世界，2019，35(10)：11－23＋63＋219.

[5] 邓仲良，张可云．产业—空间匹配问题的研究回顾与最新进展[J]．经济问题探索，2017(11)：165－176.

[6] 雷贵．集群式治理：乡村产业集群再发展的实践逻辑[J]．中国农村观察，2024(06)：59－78.

[7] 王立军．全球与地方交互治理下的地方产业集群升级研究[J]．中共浙江省委党校学报，2008(04)：107－112.

[8] 刘蓝予，周黎安．县域特色产业崛起中的"官场＋市场"互动：以洛川苹果产业为例[J]．公共管理学报，2020，17(02)：116－127＋173.

[9] 阮建青，石琦，张晓波．产业集群动态演化规律与地方政府政策[J]．管理世界，2014(12)：79－91.

[10] 吴结兵，郭斌．企业适应性行为、网络化与产业集群的共同演化：绍兴县纺织业集群发展的纵向案例研究[J]．管理世界，2010(02)：141－155＋188.

[11] 俞燕，李艳军．我国传统特色农业集群区域品牌形成机理研究：理论构建与实证分析：以新疆吐鲁番葡萄集群为例[J]．财经论丛，2015(04)：11－18.

[12] 倪星，谢连燊．多主体动态互动与产业集群治理：基于广州两个片区的比较研究[J]．学术研究，2024(12)：48－55＋177.

[13] 李丹,娄成武,孙萍.辽宁省高新技术产业发展现状及对策分析[J].科技管理研究,2007(01):80-83.

[14] 高菠阳,刘卫东.政府空间治理与地方产业发展响应:以重庆市电子信息产业为例[J].人文地理,2016,31(03):1-8+18.

[15] 丁煌,马小成.数据要素驱动数字经济发展的治理逻辑与创新进路:以贵州省大数据综合试验区建设为例[J].理论与改革,2021(06):128-139.

附录1:永嘉县人民政府办公室关于印发永嘉县泵阀产业强链补链延链专项扶持政策的通知

各功能区管委会,各乡镇(街道)人民政府(办事处),县政府直属各单位:

《永嘉县泵阀产业强链补链延链专项扶持政策》已经县政府第20次常务会议审议通过,现印发给你们,请认真组织实施。

永嘉县人民政府办公室
2024年2月18日

(此件公开发布)

附录2:永嘉县泵阀产业强链补链延链专项扶持政策

为深入贯彻落实党中央、国务院和省委、省政府关于大力发展先进制造业的重大战略部署,加快推进我县新型工业化,聚力推动泵阀产业强链补链延链,助推“3+3”产业集群发展壮大,强化制造业高质量发展基础,根据《浙江省人民政府关于印发浙江省“415X”先进制造业集群建设行动方案(2023—2027年)的通知》(浙政发〔2023〕4号)等文件精神,特制定如下扶持政策:

一、开展行业关键技术协同攻关。公开收集行业共性难题,每年遴选不超过5个最紧迫的“卡脖子”重大技术难题,通过“揭榜挂帅”方式,面向社会公开征集解决方案。对单个项目,按其实际投入总额的50%给予财政补助,补助金额最高不超过100万元。(责任单位:县科技局)

二、大力推进泵阀关键配套“三化”。全面支持关键配套产品标准化、系列化、通用化等“三化”工作，鼓励企业参加工业产品主数据标准体系（CPMS）建设试点，对开展CPMS试点的企业，总投资额在2万元—30万元之间的，给予其实际支付使用费50%的补助，最高补助额不超过10万元；总投资额在30万元（含）及以上的，给予其实际支付使用费35%的补助，最高额度不超过30万元。（责任单位：县经信局、县市场监管局）

三、推进产业集群化发展。聚焦泵阀产业集群发展，支持在产业链供应链上下游培育一批领军企业和专精特新“隐形冠军”企业，分批次开展链主企业评选。鼓励龙头企业进行整合重组，对参与重组的链主企业实行政策统筹协调；重组后产值首次超10亿元、5亿元的企业分别给予20万元、15万元的一次性奖励。启动建设关键配套产业园，积极支持执行器、密封件和弹簧等产业链关键配套企业入园发展。（责任单位：县经信局）

四、推进产业高端化发展。支持企业重点研发核电、超超临界、液氢液氦、深海低温、油气管线、蓄能电站等高端泵阀产品。对承担国家级科技计划项目的企业，单个项目按其实际投入总额的50%给予财政补助，单个企业最高补助额不超过100万元。（责任单位：县科技局）

五、推进产业绿色化发展。对首次创建成国家级、省级绿色工厂，分别奖励30万元、15万元；国家级、省级绿色供应链，分别奖励30万元、15万元；国家级、省级绿色（设计）产品，分别奖励20万元、10万元。（责任单位：县经信局）

六、支持泵阀企业开拓市场。对参与大型央企年度框架标竞标企业，在铸锻造配套等方面存在薄弱环节的，可统筹研究政策支持。对承接部队军用技术转移并实现项目产业化的泵阀企业，按照转移军用技术合同实际履行金额的20%给予补助，最高不超过100万元。首获国家级、省级军民融合示范企业或省级军民融合科技协同创新示范平台称号的分别奖励50万元、30万元、50万元。泵阀企业民用核安全设备设计和制造许可证——核安全1、2级的，分别给予20万元、10万元的财政补助。（责任单位：县发改局、市生态环境局永嘉分局）

七、推动泵阀发展出口贸易。支持泵阀企业组团参加境内外泵阀类知名国际性展会，将泵阀类展会占我县境外重点展会目录比例提升至50%以上，同时参照《永嘉县人民政府办公室关于进一步加快开放型经济发展的若干政策意见》（永政办发〔2023〕5 号），对参展企业给予展位费补助。瞄准专业化、品牌化、市场化、国际化，持续支持举办“中国泵阀之乡”专精特新泵阀产品博览会、国际智能泵阀产业链生态大会等展会活动。鼓励企业自营进出口，凡企业自营进出口实现零的突破，一次性给予人民币 1 万元奖励，当年自营进出口额达 30 万美元（含 30 万美元）以上，再奖励人民币 1 万元，进出口总额以企业当年海关统计数据为依据。（责任单位：商务局）

八、加强泵阀专业公共平台建设。对承接推动泵阀行业发展公共服务项目的平台机构按照项目考核办法给予财政补助，每年最高金额不超过 30 万元。加快构建推动高质量发展标准体系，进一步加强省阀门标准化技术委员会建设，当其达到省市场监管局《浙江省专业标准化技术委员会管理办法》（浙市监标准〔2019〕25 号）规定的年度考核要求，每年给予 10 万元工作经费补助。推动检验检测认证市场化、国际化、专业化、集约化规范化发展，对新设立（包含新引进）或非法人转独立法人的检验检测认证专业性服务机构，自设立（或转法人）年度起，按照销售额 500 万元以下、500（含）万元—1000 万元、1000 万元以上，分别给予 5 万元、10 万元、20 万元的奖励。（责任单位：县经信局、县市场监管局）

九、加强泵阀产业用地保障。实施“百企千亩”供地行动，推动土地、指标、资金等要素向泵阀产业倾斜，每年安排 50% 以上的工业用地用于泵阀及配套产业项目，谋划打造一批专业产业园、配套产业园及小微园。实施“数据得地”机制，对泵阀企业产值规模、亩均税收、固定资产投资强度等内容进行量化评估，重点保障上年度产值超亿元或 5000 万元以上高成长型无自有生产用地（厂房）工业企业的用地需求。（责任单位：县自然资源和规划局、县经信局）

十、加大“中国泵阀之乡”区域品牌宣传。进一步强化“中国泵阀之乡”“中国泵阀制造基地——永嘉”等区域品牌宣传推介，塑造品牌精品形象。引导企业增强商标品牌意识，始终坚持“质量为王”价值导向，进一步激励企业打造品牌质量高地，树立更多“质量标杆”，打造更多产品卓越、品牌卓著、创新领先、治理现代的世界一流泵阀企业及品牌。（责任单位：县委宣传部）

附则

一、奖补对象。在永嘉县注册的泵阀及产业链研发、生产、服务等企业、科研机构、协会，不分所有制及隶属关系，均属本政策支持范围。

二、重复、叠加和进等奖励。同一主体的“一项事”符合我县两项以上扶持条款的，不重复享受，可执行最高额。同一企业以同一名义（项目）在县级获得财政奖励后又获得更高等次奖励认定的，按最高额予以奖励；如上级政策奖励金额高于县级政策，县级已奖励部分视作已配套，不足部分按照上级有关规定予以补足。同一奖项（认定）在低等次已作奖励的，晋升到高等次时，只奖励差额部分（另有规定的除外）。政策兑现严格执行贡献兜底原则，企业获得的奖补扶持总额不得超出其当年地方综合贡献度（科研机构、协会除外）。地方综合贡献度主要指企业实现的增加值、营业收入、利润总额所形成的地方留成部分（规费除外）、人才贡献、科技创新投入、就业贡献等。

三、资金申报拨付和兑现时间。本政策提出的奖励或补助资金如正文中无明确表述，均指县财政资金。各奖补项目组织申报时间以具体申报通知或指南为准，资格定补类项目原则上可随时受理，即申请即兑付。按年度投入或产出基数奖补的数据核校类项目可安排在次年组织申报，鼓励实行分期或按比例预拨奖补。

四、有以下情况之一的不享受本扶持政策：

1. 当年度有重大违法违规行为的；

2. 当年度有重大安全隐患未及时整改到位的；

3. 提供虚假资料，或有其他骗补行为的；

4. 有其他相关情况的。

对提供虚假材料、恶意骗取奖补的，查证后收回相应财政奖补资金，并纳入黑名单管理，录入公共信用信息管理系统实施联合惩戒；涉嫌犯罪的，依法追究刑事责任。

五、实施要求。本政策从 2024 年 3 月 20 日起施行，有效期 3 年。本政策具体工作由县人民政府办公室、县发改局、县经信局、县科技局、县财政局、县自然资源和规划局、县市场监管局等部门承担。此前有关规定与本政策不一致的，一律以本政策为准；今后上级有重大政策变化的，以上级政策为准。

抄送：县委各部门，县人大办、政协办，县人武部，县法院、检察院，各民主党派、人民团体，新闻单位。

永嘉县人民政府办公室　　　　2024 年 2 月 20 日印发

附录 3：关于公开征求《关于开展工业全域治理试点工作的实施方案》意见及建议的公告

为贯彻落实《中共浙江省委浙江省人民政府关于以新发展理念引领制造业高质量发展的若干意见》等文件精神，突出亩均指标为导向，鼓励企业实施“零土地”技改，提高土地利用效益，增强企业核心竞争力，全力支持企业长高长壮，推进我县工业经济高质量发展，县政府决定在瓯北街道开展工业全域治理试点工作。现面向社会公开征求意见，欢迎社会各界提出宝贵的意见及建议。

一、网上征求意见时间：2021 年 4 月 9 日至 5 月 9 日。

二、联系部门及方式：永嘉县经济和信息化局，联系电话：67223652。

三、公众反馈意见及建议的途径：社会公众可通过电子邮件（邮箱：61636687@ qq. com）；邮寄（永嘉县上塘中心城区一百大厦三楼，邮编 325100）；传真（67223652）等形式反馈意见及建议。

永嘉县经济和信息化局

2021 年 4 月 9 日

附录4:关于开展工业全域治理试点工作的实施方案

（征求意见稿）

为贯彻落实《中共浙江省委浙江省人民政府关于以新发展理念引领制造业高质量发展的若干意见》等文件精神，突出亩均指标为导向，鼓励企业实施“零土地”技改，提高土地利用效益，增强企业核心竞争力，全力支持企业长高长壮，推进我县工业经济高质量发展，县政府决定在瓯北街道开展工业全域治理试点工作。

一、试点范围

瓯北街道东瓯工业园区，具体四至为：东至东瓯大道，西至园区大道，南至阳光大道，北至104国道。总占地面积6300亩，工业企业772家，其中规上企业87家、高新技术企业27家；自有厂房企业146家，占地2180亩、总建筑面积187万平方米，总容积率1.3；其中厂房出租92万平方米。

二、主要目标

通过试点工作，切实巩固工业用地红线保护，提高项目亩均效益，完善基础配套和管理，全面提升园区整体环境形象。到2021年底，实施旧厂房改造提升27家，整治厂房不规范出租15万平方米，整治低效企业20家、“低散乱”企业（作坊）40家，淘汰落后产能10家。预计实现税收增长9%以上，规上亩均税收达到35万元。

三、工作重点

一是全面规范厂房出租行为。完善工业厂房出租相关制度，严禁工业厂房出租从事大型物流、商场等非工业生产活动，引导企业将厂房出租给规上企业、小升规重点培育对象和科技型中小企业。承租入驻企业必须符合产业导向和消防环评能评要求，无自有厂房的高新技术企业、科技型中小企业承租厂房的，政府每年给予实际支出租金30%的财政补助。县应急、经信、资规、住建、环保、市场监管、综合执法、税务等部门要开展企业出租行为联合整治专项行动，通过对企业出租收入按实申报纳税、厂房违建治理，以及对承租企业是否符合产业导向、消防、安全环保、合法经营场所等内容逐项进行审查，依法处置到位。

（责任单位：县应急管理局、县自然资源和规划局、县住建局、县经信局、市生态环境局永嘉分局、县市场监管局、县综合行政执法局、县税务局、县消防救援大队、瓯北街道）

二是切实恢复工业用地功能。严禁工业用地擅自改变使用功能，要对主要城镇道路两侧企业“退二进三”情况进行全面调查，县资规、住建、综合执法等部门要对擅自改变用地功能和改变房屋结构等违法行为进行依法打击，重点查处工业厂房擅自改为住宅公寓等一批典型案例。对确属工人生产生活需要临时改变用地功能的，经县政府同意后，予以办理临时改变用地功能相关手续。（责任单位：县自然资源和规划局、县住建局、县综合行政执法局、县应急管理局、县消防救援大队、瓯北街道）

三是加强“低散乱”企业整治和落后产能淘汰。以“四无”企业（作坊）为重点，依法开展违法违规生产经营活动专项整治。对达不到节约能源、环境保护、安全生产、产品质量等相关法律法规和强制性标准要求的企业，依法予以处置。加大亩均税收 5 万元以下低效企业改造提升力度，采取追加投资、税务辅导、兼并重组、“退二优二”、依法关停等方式，“一企一策”推动低效企业改造提升。（责任单位：县经信局、县发改局、县自然资源和规划局、县应急管理局、县市场监管局、市生态环境局永嘉分局、县税务局、瓯北街道）

四是实施土地全生命周期管理。加强对存量工业用地二级市场流转的规范和管理，强化不动产登记、工商登记等环节协同管理，府院联席会议明确厂房拍卖的准入条件和拍卖方案（告知达到标准要求、与街道签订项目投资履约合同等）。工业用地使用权转移时（包括司法拍卖），受让方必须是符合产业导向的工业企业，且与街道签订项目投资履约协议。厂房申请拆改扩建，需与街道签订项目投资履约协议。（责任单位：县自然资源和规划局、县法院、县经信局、县住建局、县市场监管局、瓯北街道）

五是大力推进企业“零土地”技改。鼓励企业深化“零土地”技改，引导企业对老厂房分类别进行拆建和改扩建，但其新增面积不能用于出租等行为。企业“零土地”技改在符合工业用地规划、城镇控规和房屋质量、消防安全的前提下，因地制宜调整相关建设指标：对建筑面积增加的比例、增加的层数、绿地率等不再做限制性要求；建筑密度因自身生产需突破55%的，可由瓯北街道和资规、经信等部门审核经县政府同意。容积率限低不限高，特殊工业投资项目可参照《工业项目建设用地控制指标》执行。鼓励企业在厂房改造时充分利用地下空间建造停车位，县政府一次性按300元/平方米给予财政补助。对企业投产后亩均效益优质或研发投入力度大的企业，在科技、金融等政策扶持方面予以大力倾斜。因城镇规划调整为非工业用地但短期内不会拆迁安置的工业用地，在企业承诺今后按原厂房产权面积进行赔偿的前提下，允许企业进行拆改扩建，在厂房不动产登记中注明原合法面积和临时增加面积（不计拆迁安置补偿）。土地使用权为集体性质的，县政府根据实际情况进行“一事一议”，有序转为国有土地性质，有效盘活工业用地效益。（责任单位：县自然资源和规划局、县发改局、县经信局、县住建局、瓯北街道）

六是妥善处理历史遗留问题。符合规划功能的工业企业非主观原因存在原有项目手续不完善等历史问题的，按照“同步备案、同步整改、同步验收”的原则，在满足红线退让、结构、消防安全的前提下，在补交相关规费和补签项目投资管理合同后，从简予以办理规划核实、土地复核和不动产登记。（责任单位：县自然资源和规划局、县住建局、县综合行政执法局、县消防救援大队、瓯北街道）

七是推进小微企业园提质。加快推进试点范围内的永嘉鞋服时尚科技产业园、永嘉裕隆鞋服科创小微园等2个小微企业园的建设，按照《数字化小微企业园建设运营通用要求－团体标准T/ZAⅡ015－2019》推进园区智慧化建设，实施数字化改造，建设园区大脑。（责任单位：县经信局、瓯北街道）

八是提升园区建设管理水平。按照小城镇环境综合整治标准和要求，进一步完善基础设施配套建设，加快推进区域道路、电力通讯、给排水、污水零直排、消防安全、园区标志等基础配套设施建设，鼓励企业实行外立面统一改造。提高城市管理服务水平，探索建立园区综合行政执法体制，开展交通治堵行动，实现市容市貌常态化管理。（责任单位：瓯北街道、县发改局、县综合行政执法局、县住建局、县经开区、市生态环境局永嘉分局、县供电局、县水务集团）

四、实施步骤

（一）调查摸底（2021 年 4 月至 2021 年 5 月）：对试点区域的企业生产经营、工业项目用地、企业发展制约问题等情况，充分发挥各类企业协会组织作用，进行全面调查摸底，建立“一企一档”，建立企业经济模型和工业治理工作清单。

（二）全面推进（2021 年 6 月至 2021 年 11 月）：根据调查摸底情况，分类制订治理政策，加大典型案例的整治，引导企业自查自改，全面推进试点工作。

（三）总结提高（2021 年 12 月）：总结工业全域治理试点经验，提炼和推广典型经验做法，建立健全工业全域治理长效工作机制。同时，结合省级经开区、高新区各项关键指标，把治理成果与企业税收、用电监测、工商登记、劳动用工、不动产登记、环保能评等数据结合起来，强化大数据管理，建立工业经济发展模型。

五、保障措施

（一）加强组织领导。县政府建立工业全域治理试点工作领导小组，统筹协调指导试点工作的顺利开展。日常工作实行专班负责制，由县经信局和瓯北街道牵头，抽调县经信、资规、住建、应急、消防、环保、综合执法、市场监管、税务、供电、经开区等部门骨干人员，实行实体化办公。

（二）加强政策支持。县经信、资规、应急等部门要加快制订和完善旧厂房改造、“零土地”技改、厂房出租管理等相关政策制度。县财政部门要对试点工作的配套基础设施建设、企业帮扶政策兑现，给予全力保障。同时，鼓励银行加大对企业厂房改造、技术改造方面的资金支持。

（三）营造良好氛围。充分发挥新闻媒体的舆论导向作用，宣传报道企业自查自改、试点工作的先进经验和典型案例，进一步统一思想，营造良好工作氛围和社会氛围。

案例三

迭代升级生态大搬迁，做实“富得起”后半篇文章

——以泰顺县司前畲族镇峰门村为例

摘　要：司前畲族镇是浙江省生态大搬迁的萌芽之地、先发之地。从2003年的“一镇带三乡”搬迁工程开始，经过不断升级迭代至如今的“共富大搬迁”工程。司前畲族镇峰门村逐步走上了一条兼顾生态效益、经济效益和社会效益的富村之路，获得了“全国脱贫攻坚先进集体”的称号。本案例聚焦司前畲族镇峰门村实施生态搬迁过程中出现的难题，运用调查、访谈、文献研究等方法，讲述峰门村以及司前畲族镇如何发挥政府在政策制定、规划引导、资源整合、组织协调等方面的主导作用，出台一系列举措，聚焦“搬、稳、富”，打通生态搬迁致富之路。通过二十年生态搬迁工程实施过程中基层政府破解“不愿搬、难就业”等困难过程的全景式展现，描绘出生态大搬迁工程实施以来虽然漫长但最终带领乡村居民迈向共同富裕背后所蕴含的治理之道，为基层政府提升执行能力带来有益思考。

关键词：生态搬迁；共同富裕；政策执行；模糊—冲突模型；司前畲族镇峰门村

一、案例正文

（一）引言

九山半水半分田，山高路远致富难。泰顺，这个有着吉祥寓意的浙南温州山城，以往发展却并不太“顺”。区位条件差，地质灾害易发，经济发展相对滞后，生态宜居、百姓安居成了泰顺最大的民生工程。2003 年以来，泰顺以“下得来、稳得住、富得起”为目标，打响了一场青山绿水中的“突围战”，拉开了泰顺生态保护、除险安居、脱贫攻坚的序幕，为久困于深山的百姓寻觅“下山寻富”的路径，走出了一条富有泰顺特色的生态搬迁之路。经过二十载努力，泰顺县通过下山移民和分流安置等措施，成功实现了 36924 户、11 万余人的易地搬迁和安居乐业，山乡的面貌也发生了巨大变化。

如果说泰顺是浙江省“生态大搬迁”的先发之地，那么司前畲族镇峰门村便是先发之地的“先飞之鸟”。在这“生态大搬迁”的萌芽之地，又经历了怎么样的困难，发生了什么样的故事呢？

（二）萌发：先发之地的“先飞之鸟”

1.“九山半水半分田”的现实困境

泰顺县地处浙南边陲，素有“九山半水半分田”之称，是国家生态县、国家重点生态功能区，县域森林覆盖率达 76.1%，生态环境优良。由于地处山区、山高路远，泰顺交通长期受限，直到 2020 年才结束县内无高速的历史，是浙江省最后一个通高速的县。区位条件差，交通不便，又受生态红线制约，泰顺总体发展相对滞后，曾是国家级贫困县、浙江省重点欠发达县（分别于 1997 年、2015 年摘帽）。目前仍是浙江省 26 个加快发展县之一，是全省发展不平衡不充分重点县。2022 年泰顺地区生产总值 143.98 亿元，居民人均可支配收入 35420 元，产业结构以服务业为主，农业占比高。

“竹篾当灯草、火笼当棉袄、番薯丝吃不饱”，这是峰门村下山搬迁之前的真实写照。当年的峰门村穷在山上、苦在路上、落后在分散上，从 20 世纪 80 年代至 21 世纪初，政府在脱贫攻坚上持续投入资金逾 1000 万元用于机耕路、校舍、卫生院、电网改造、自来水安装、闭路电视线路等公共设施的改造修建，但由于地理位置偏远、居民分散，改造校舍、卫生院、电网、自来水等公共设施成本高，且规模效益不明显，这些项目成为资金的“黑洞”。当地农民在交通、用水、用电、教育、医疗、娱乐和通讯等方面仍然面临问题，未能得到有效解决。

峰门村位于泰顺县西北部山区，与文成县毗邻，属里光溪流域，飞云江水系。辖区总面积 17.7 平方公里，辖 12 个自然村，现有户籍人口 416 户、1376 人，常住人口 768 人，党员 76 人，已搬迁到司前畲族镇峰门新村。全村有林地面积 25445 亩，耕地面积 469.5 亩，常年雨量充沛，气候温和，适合动植物繁殖。竹子、杉树、茶叶、山草药等自然资源丰富。

2.“穷在山上，苦在路上，落后在分散上”的真实写照

“穷在山上，苦在路上，落后在分散上”是过去司前畲族镇峰门村山上村民的真实写照。村民大多是靠山吃山，以务农为主，收入来源少，只有田间地头微薄的收入，老房子也年久失修，存在着很多安全隐患。

韦爱琼是司前畲族镇峰门村的一位村民，原本她住在距离中心村 20 多公里的山上，每逢刮风下雨，她家木结构的房子总是漏水，而最让她头疼是交通问题，道路泥泞，下山一趟就要花一个多小时，想去镇上办个事就得花上大半天，家里老人看病就医、子女上学都十分不便。

山高地广人稀，地质灾害易发，村民收入少，抗灾抗风险能力弱，资金与资源无法支撑公共服务全覆盖。因此，早在 2003 年，司前畲族镇开始探索“生态大搬迁”。先是“低收入农户奔小康工程”，之后是扩展以生态大搬迁集聚人口，才能腾挪出更有张力的发展空间，才能实现绿色高质量发展。

“生态大搬迁”实现了避灾安置、生态保护和山区城镇化的统一，是山区“除险安居”的升级版，是补齐民生短板、放大生态优势的关键举措。

3.“下得来、稳得住、富得起”的重要指示

2003 年 12 月 14 日，时任浙江省委书记的习近平同志莅临泰顺县司前畲族镇考察，在充分肯定了“一镇带三乡”搬迁模式的同时指出：“下山脱贫是推进人口集聚，加快城镇化进程的有效途径，务必抓紧抓好；在实施过程中要切实解决好下山农民的出路问题，让他们‘下得来、稳得住、富得起’。”此后，司前畲

族镇以及泰顺县干部忠实践行九字方针，一以贯之抓实践、一任接着一任干，纵深推进搬迁富民安居工程。“生态大搬迁”共经历了 3 次迭代升级，发展至今进入 4.0 版“共富大搬迁”，先后经历了四个发展阶段：

第一个阶段：2003 年启动“一镇带三乡”搬迁工程。这是为实现“低收入农户奔小康工程”。司前畲族镇发挥中心城镇的辐射带动作用，率先打破乡镇行政区划、户籍、农房、土地的限制，依托司前畲族镇已有的公共资源、地理区位等优势，对峰门、黄桥、竹里等 3 个乡实施“整乡搬迁”工程，形成“一盘棋”建设，在全省范围内率先实施了整乡整村易地搬迁脱贫的新模式。

第二个阶段：2011 年实施“无区域生态移民”工程。泰顺县委、县政府将生态大搬迁作为统筹区域协调发展、脱贫攻坚的关键举措，在全县区域范围内实施，按照“三个三分之一”的区域协调发展思路（即约三分之一人口外出务工经商，三分之一集中到县城，三分之一集中在中心镇），在全县建立跨乡镇的统筹机制，创新实施“无区域生态移民工程”，实现全县群众可跨行政区域无障碍搬迁到县城。

第三个阶段：2017 年发力实施“生态大搬迁”工程。通过全面统筹下山脱贫、生态移民、危旧房改造、大规模拆迁重建以及灾后重建等政策，政府创新性地建立了“3 个 1.5 万”生态搬迁平台，包括无区域生态移民区、抗震安居小区和异地避灾小区（即县城无区域生态移民区搬迁 1.5 万人、15 个抗震安居安置点搬迁 1.5 万人、18 个乡镇台风避灾安置小区搬迁 1.5 万人，合计 4.5 万人左右），把搬迁的对象从原来的下山脱贫扩展到“八张清单”对象全面搬迁，对“下得来、稳得住、富得起”的发展路径进行了深入探索。

第四个阶段：2021 年，以入选浙江省高质量发展建设共同富裕示范区首批试点为契机，迭代升级生态大搬迁，正式进入 4.0 版“共富大搬迁”阶段，进一步做实“富得起”文章，实现搬迁群众“就近就业、共享社区、幸福生活”，持续擦亮共富底色。

（三）碰壁：搬迁工作中的困难

1. 不愿搬、不敢搬：村民搬迁意愿不强烈

在开展搬迁工程初期，说到下山搬迁，村民们想到的第一件事就是要盖房，

但是盖房的钱却是个大问题。

“如果要买山下的宅基地，每户优惠后还需要花 1 万元，盖房钱还得自己出，我大略估算过，买地盖楼起码两三万打底。”方大旺说道。

“家里的猪从年头养到年尾最多才能赚2000 元，我得养几年猪才能凑够买宅基地的钱啊。”林大哥说道。

对于那些依靠山区资源为生，年收入不足几千元的农户来说，这不是一个小数目。而大部分的村民也同方大旺、林大哥等人有一样的担忧，对于原有存款不多、收入较低的村民来说，搬迁所产生的购地、建房、装修等费用该如何解决是最大的现实问题。

当时做搬迁动员工作的峰门村老书记邓敏良回忆说，当时最常听到的问题就是“为什么要搬下去呢？”还有人问他：“靠山吃山，离开山后吃什么呢，难道要吃石头吗？”“想让我们搬下去，得先解决我们的就业问题吧？”

邓书记看到村民很反感搬迁这个事情，就组织了全村村民参加村民会议，结果有的村民嫌耽误时间种田，连会议都没有参加。邓书记看到村民搬迁意愿不大，就以身作则，第一个报名交了定金。

邓书记想到不能就我们家自己搬迁下去啊，搬迁是好事啊，村民都应该参与搬迁。他就脑筋一转，就想到用村里的喇叭外放，天天宣传搬迁，说搬迁是为了让我们过上好日子。本来以为会很顺利，村小老师来找到邓书记说，喇叭太吵了，学校的孩子们都不能正常上课了。邓书记听了老师的控诉之后，意识到孩子的教育是大事，耽误啥也不能耽误孩子的学习。所以，这个方法就行不通了。这时，邓书记意识到自己动员村民搬迁的力量太薄弱了，就想到了先动员村里的干部，让他们参加。

严立池坦言：“从出生就住在这里，太公的太公就在这里了，就住在那边，是我的老家，搬迁下去又没有田种，我们都是靠种田养活一家子的，所以我们家是不想(搬下)来的。”

邓书记说：“搬迁的好处你们不是不知道，你们想让你们的孩子和你一样，祖祖辈辈都在这里吗？孩子们天天去峰门乡上学都得走三四个小时，现在有‘一镇带三乡’这样的好政策，为了咱们以后孩子的教育也得搬。”

村干部被邓书记说动了，立即报名并交了定金。

邓书记就和村干部天天开会讨论，到底怎么样做才能转变农民的思维，让他们接受搬迁。

邓书记提议挨家挨户去动员村民，说动他们搬迁。村干部就说，咱们村的村民都离得这么远，路又不好走，拖拉机也上不去，咱们怎么去啊？

邓书记斩钉截铁地说：“咱们走着去，不就是耽误些时间吗？咱们早点起床早点去，我就不信说不动他们了。”

村干部表示没有更好的办法，只能这样了。

邓书记和村干部就开始早早起床，走路 2 ~ 3 个小时才到村民家中，苦口婆心地分析搬迁下山的政策。如果你搬下去的话，反正这里也是你自己的东西，山上的东西反正都是不变的。不光自己的生活变好了，孩子的教育也会变好。

2. 想搬迁、无金钱：看不到搬迁的希望

俗话说：“人心都是肉做的。”村民刘大哥被邓书记和村干部的行动感动了，但是自己想要买宅基地的话，钱根本不够的。邓书记一听，村民想参加，但是钱不够。不能打消村民的积极性，得想个办法解决这个问题。

刘大哥说道，我们家人口多，孩子还很小，每年基本上都是靠种田才得以维持家里的生活，并没有攒下任何的积蓄。想搬迁下去，但是钱不够。

邓书记听了刘大哥的话，就和村干部、党员开会讨论，像刘大哥这样的情况，咱们能不能一起把钱借给他，让他搬迁下去，搬迁后再还给我们就是了。刚开始有的村干部担心，借给他钱，一直还不上怎么办。

邓书记看出来了村干部他们的担心，信誓旦旦地说：“跑得了和尚，跑不了庙。到时候一直不还钱，我和你们一起去要钱。”村干部和党员看到邓书记的决心，他们一共凑了五千块给刘大哥家，刘大哥成功地报名并交了定金。

村里的其他人听说村干部自掏腰包帮助刘大哥他们一家，一传十、十传百，都觉得搬迁这个事情是好事。

吴阿姨坦言，如果搬迁不是好事，村干部怎么可能自掏腰包凑五千块给刘大哥家呢，也让他们搬下山呢。

刘大哥向村民宣传说道：“邓书记和村干部是全心全意为我们峰门村考虑

的，人家心眼这么好，怎么可能会害咱们呢？如果政策不像邓书记说的那样，那咱们搬迁下去还可以找峰门乡反映情况。”

邓书记和村干部通过刘大哥这个事情，解开了村民心结，克服了困难，村民们陆陆续续同意搬迁。

3. 组织好、找领导：多种矛盾爆发

眼看着报名户数破百，大家以为搬迁工作可以顺起来了，但村里一些不想搬迁的人开始散播谣言，说搬迁后，下面没产业、没地，自己都没法养活自己，许多人又打起了退堂鼓。

有几个人来到山下，说来司前没什么好处，到司前来你吃什么，这里又没钱、又没地、又没工作。

俗话说“好事不出门，坏事传千里”。没过几天，大部分人都退掉了，报名报过来的、押金押过来的全都退掉。原本交定金的 100 多户，退了之后只剩下 20 多户，搬迁的工作仿佛回到了原点。

面对如此困境，邓书记向峰门乡党支部书记反映情况，说峰门村的村干部天天挨家挨户地宣传搬迁政策和好处，成功动员了 100 多户，但是不愿意搬迁的人开始造谣，说山下啥也没有，没钱、没地还没工作，下山根本没有出路，一些人打起了退堂鼓，村民们商量好等邓书记他们来宣传动员的时候，一起把邓书记和村干部围起来要求退款，邓书记看到大家显然有备而来，就把交定金的钱都退掉了，只剩下二十几户了。

原峰门乡党委书记胡昌迎看到马上就要成功了，却偏偏“一颗老鼠屎坏了一锅粥”。胡书记坐不住了，他召集乡干部、峰门村村干部还有党员，开会讨论怎么解决这个事情。会议上村干部和党员众说纷纭，有说不用管的，村干部接着动员就行。还有说找出造谣的人，先动员他们让他们搬迁，其余村民知道了也就都搬迁了。

胡书记说道：“你们说得都很有道理，但是我认为咱们都去挨家挨户地做动员工作，乡里边出面了，动员工作也会好做一些。”村干部纷纷表示不同意，说：“我们天天去动员，全是山路都是走着去的，来回太奔波了。胡书记，我们去动员，您在这再等等看看。如果情况还不好转，您再出面去动员村民的搬迁工作。”

胡书记勃然大怒：“咱们所有人不是党员就是干部，谁不是从基层干起来的啊，我是峰门乡的党委书记，我更应该以身作则。”胡书记的话震撼人心，其他人纷纷认可胡书记说的话。他们都表示同意。

就这样，胡书记和峰门村的村干部、党员天天去给村民作思想工作，宣传政策的好处。

（四）破题：聚焦“搬、稳、富”，打通致富路

1. 创新搬迁方式，做好“搬”的文章

随着搬迁过程中出现的种种困难，峰门村村民前期工作确实存在着“等等看”的思想，才会出现了搬迁过程中的问题反映到峰门乡。峰门乡胡书记也以身作则，和峰门村村干部一起挨家挨户、苦口婆心地宣传政策。

当时胡书记、村干部和党员一家家一户户去宣传政策，苦口婆心地向大家分析下山的好处，消除村民疑虑。村民看到峰门乡胡书记都来宣传动员搬迁工作，心里的疑虑渐渐消失。经过这几个月的努力，村民们也渐渐地被这份诚意所感动，再加上当时出台的贷款贴息政策，搬迁户进行搬迁专项资金贷款，政府补贴利息等。省对扶持范围内的下山搬迁农户给予人均5600元补助。根据实际情况，各县（市、区）可实施差异化扶持政策，重点支持整体搬迁的农户和下山搬迁中的特困群众。峰门新村社区的基础设施全都由政府出资，搬迁下来的村民只需要自己盖好房子就可以了。

村干部说，邓书记这几个月下来鞋子都走破了好几双，有时候心里急得嘴巴都起泡了，那时候真的就是用一双双铁脚板把这条下山路一步步磨通了，最终在退掉数十户之后，一期223户还是凑齐了。2004年，峰门新村一期开始建设，2006年，这批村民如愿搬进了新家，成了首批峰门新村人。

第一批村民搬迁下山之后马上起到了良好的示范作用，人家一看像王春叶老奶奶这样的搬迁村民，一下山生活过得这么好，立马就心动了。

大家也渐渐发现，山下的房子一直在升值而山上的房子却是越来越没人要，谁家要是能拿到山下的地基，谁家就是赚到了。眼看着明白人越来越多，下山名额已经供不应求，大家都抢着搬迁，二期和三期开始采用抓阄和摇号的方

式来决定谁能抢到下山名额，抢到的一脸喜悦，没抢到的也在期待着下一批次的搬迁名额。

到如今，峰门村已经95%以上村民实现了下山安居，司前畲族镇的城镇化率也因此从原来的39%提高到85%。

一是整合政策，吸引群众“搬”。整合了中央和各省市县制定的易地搬迁、灾后重建、宅基地整治、农民住房建设、地质灾害避让搬迁、抗震安居等一系列搬迁安置政策，出台《深化生态搬迁机制改革若干政策意见》《泰顺县生态大搬迁暨人口集聚与农民增收致富试点改革工作实施细则》。司前畲族镇安置对象享受人口、原房拆除、宅基地复垦等系列差异化补助政策；加大金融配套生态搬迁机制改革力度，持续提供了贷款贴息政策，并且实施了水电、通信、电视等费用减免政策，给予搬迁户50%的贷款贴息补助，贴息期限最长达15年；出台购房补贴政策，在县城或中心镇购买新开发商品房，将获得相当于建筑面积房价款20%的补助，每平方米补助最高不得超过2500元。同时享受易地搬迁补助资金以及县统筹补助政策，进一步降低搬迁门槛，推动人口集聚。

二是整合清单，规范有序“搬”。司前畲族镇划分重点搬迁范围、鼓励搬迁和重点工程拆迁范围，建立69个省重点扶贫帮扶村整村搬迁农户、地质灾害隐患区搬迁户、自然保护区搬迁户、建档立卡的低收入农户、重大工程拆迁户、CD级危房户、2019年以来新发生自然灾害导致原房倒塌户[1]、2019年村级规模调整撤并村有意愿搬迁农户等“八张清单”；建立农村困难家庭危房、无房档案，实行一户一表一档并录入浙江省农村房屋信息管理系统，全程跟踪，销号管理，实行清单化管理。

三是整合模式，创新机制“搬”。为了让村民们能有迈出大山的底气，司前畲族镇峰门村根据搬迁对象意愿和经济条件，分类提供了自行购房、集中安置、廉租房等多种搬迁方式，并根据拆除危旧房的类型、建筑面积、拆除时间节点，实行梯度奖励办法。这些政策的推行在大大降低村民搬迁成本的同时，提升了集聚效率。出台各项激励政策，发挥政策导向作用，促进整乡搬迁和下山移民进程。在移民选址上，将司前镇优越地段、最具价值的地块，以最优惠的价格，提供给一镇三乡的下山移民，吸引他们抢着搬迁；在待遇享受上，下山农民的户口可迁入到司前畲族镇峰门村，并在子女入托入学、预防保健、就医看病等方面享受当地村民和居民的同等待遇，触动他们盼着早搬迁；在其他政策上，对迁移下山的村给予新村规划、建设用地、基础设施建设、资金补助等方面支持，对迁移下山农民给予危房改造、拆基还田、建房贷款、规费减免等方面扶持，使农民从“要我搬、等着搬”向“我要搬、急着搬”转变。

四是整合机构，专班运作“搬”。根据职能相近、部门合并和打破条条对口的原则，将原先涉及10多个部门的“农村人居环境”提升、“抗震安居工程”、“地质灾害避让搬迁”、“大拆大整”专项行动等八大重点工程整合。成立泰顺县生态搬迁建设工程指挥部，总指挥为县委书记，指挥为县长，副指挥为分管副县长。指挥部实行集中办公、实体运作，抽调相关单位人员，共同推进包括生态搬迁工程建设和农村人居环境整治提升等20项重点任务。旨在高规格、高力度推动“两山快转”和“生态大搬迁”，打破“政出多门”状况，实现政策一个部门定、资金一个口子出的目标。

2. 创新治理模式，做好“稳”的文章

一是就业促稳。司前畲族镇峰门村在推进群众下山集聚工作中，科学规划产业发展空间，配套建设发展小微创业园、竹木产业加工园、来料加工企业。围绕“农民能就业”，深入实施农民知识化工程，对下山移民实行政府买单，免费开展实用技术培训，且对获得技能证书的农民给予200～500元补助，着力培育一批竹木制品工人、创业能人、来料加工和农产品营销经纪人。围绕“农民走得出”，设立劳务信息平台，及时发布、提供就业信息，对外出农民积极提供“一站式”服务，推动农民“走出大山闯世界”。围绕“农民有工做”，大力发展来料加工业。

二是惠民促稳。通过农民夜校等形式，加强培训教育，转变农民的思想观念和生活方式，提高农民综合素质，促进农民转化为市民。完善社会保障制度，探索建立起与下山移民、转业农民、失地农民相配套的工伤、医疗、养老等社会保障体系，费用以个人为主、政府和集体支持为辅，解决他们的后顾之忧，促进农民转为市民。完善土地流转制度，探索以股份化形式，将下山移民后的土地予以流转。既保障下山移民后的土地收益，又促进规模经营，加快农业产业进程。深化改革户籍管理制度，努力破解制约农民转化为市民的体制障碍。同时，泰顺县已投入175万元在司前镇中心校新建一幢2100平方米的教学楼，接受峰门等周边乡镇迁移农户就地入学。通过优惠政策扶持，解决了下山群众的后顾之忧。

三是权益促稳。凡是购买县城内新开发的普通商品房、避灾移民小区或自行购房安置的居民，其原有的土地、山林承包经营权将保持不变。就医、就业、入学一律享受迁入地居民同等待遇。司前畲族镇峰门村致力于构建“农民下山、产业上山”“搬家不搬田”的可持续发展模式[2]，打消村民下山无田可种的后顾之忧。利用闲置农房发展乡村旅游、民宿、农家乐，恢复乡村市集，集聚乡村非遗民俗文化项目，为下山安居群众提供就业岗位，丰富收入来源。

四是党建促稳。司前畲族镇峰门村充分发挥基层党组织的核心引领作用，创新社会治理模式，探索“红色管家”、党建联盟、党员楼长、红色驿站等形式延伸党建服务触角。通过“支部联学、活动联办、社区联治”搭建党建联盟，开展各类文化活动促进搬迁后群众交流融合。推出“群众出题、党员解题、群众评题”的“点题服务”，在村级组织办公场所专门设立需求登记窗口，由无职党员定岗负责受理，定点定人接收群众需求申请。

3. 创新转化机制，做好“富”的文章

一是打开“产业+”通道致富。司前畲族镇峰门村大力发展特色产业，出台茶产业、杨梅、葡萄、蜂蜜等系列产业发展扶持政策，大力推进生态产业发展；在农民易地搬迁安置小区和扶贫重点村创建共富工坊，就近建设小微创业园、竹木产业加工园和来料加工点，以实现覆盖农民易地搬迁安置小区和扶贫重点村的目标，配套开展生产实用技能培训，促进搬迁群众“进城就业”和产业集聚发展。现在就单单在峰门新村小区就已经开了12家来料加工型共富工坊，有手艺的去做做衣服，一个月能有四五千元收入，没收益的做做布袋子或者一些零碎活，一个月也能有两三千元。比如工坊里69岁的夏松玉奶奶就对现在的工作很满意，她说想都没想到，现在就剪剪线头，一个月还能有两千元收入。而且在来料加工工坊做工的基本都是之前闲置在家里的妇女，现在有了这个就业渠道，家里完全就是多出了一份新增的收入，而且这些妇女还能同时兼顾好家务，真的就是妇女顶起了半边天。2022 年，峰门新村实现村集体经济收入 115. 28 万元。其中，经营性收入为 52. 15 万元。

二是打开“人才 + ”通道致富。司前畲族镇峰门村打造“产业 + 人才 + 服务”创新链，发挥院士专家工作站、科技特派员作用，把脉葡萄、蜂蜜、猕猴桃、茶叶等重点产业，引进农作物新品种 100 多个，还带出了陈正汉、蓝家恩、严立超、夏念斌等一大批乡土“秀才”。这些乡贤在司前畲族镇峰门村乃至整个泰顺推动共同富裕中起到了很大作用，在司前畲族镇他们就打造“农暄农产品公司”“甬泰竹业”“峰门新村共富工坊”等一批独具搬迁共富成果的乡贤助乡兴基地。

开共富工坊的夏念斌，他于 2019 年返乡创业，他就说：“一开始回家是为了方便照顾年迈的母亲，后来通过村里党员了解到现在大家赚钱的路子不多，我也想为家乡做点贡献，就动了在村里开厂的想法。镇上和村里的干部知道了也很支持，在找场地和招工人上给了我很大的帮助。”目前，他的大博共富工坊已经有了近 50 名固定员工，通过计件方式统计薪酬，全年累计发放工资两百多万元。现在，像大博这样的共富工坊在峰门新村已经有 12 家，带动了附近四个村社近 400 名农户就业，人均年增收 3 万元以上，有效带动广大农户特别是低收入农户就业增收。而弹性的工作时间更能让工坊工人既方便带小孩照顾家里，又能挣点钱贴补家用，当初的富余劳力已经成为现在的富足动力。

我们的养蜂大王严立超，他的养蜂基地就在山上，成立的百花蜂蜜合作社，不仅仅是在司前，在整个泰顺乃至周边的景宁、文成都带动了许多村民就业增收，推动低收入农户自主创业。招引乡贤人才回归创业，发挥乡土、乡情、乡愁的纽带作用，动员乡贤泰商返乡投身乡村振兴事业和基层社会治理，与搬迁群众抱团发展，积极为搬迁群众创造更多增收路径。

三是打开“帮扶 + ”通道致富。司前畲族镇峰门村着眼精准到户、帮扶到人，以镇干部为主、村干部为辅进行双挂钩帮扶。根据结对家庭的劳动能力状况、脱贫需求和发展意愿，结合自身的帮扶能力，确定切合实际的发展扶持项目和增收计划，确保人人有帮扶、户户有增收，全面激发农户自身脱贫增收的内生动力。峰门村采用削峰填谷的办法，对首批 46 间地基进行投标，在确保经济实力较强的村民得到位置较好地基的同时，将投标所得的资金用于其他地块的公共设施建设,减轻实力较弱村民的负担。在当地租赁50亩土地,带动20余户下山农户种植大棚蔬菜;依托当地竹木加工龙头企业,利用下山农户的竹木加工经验,兴办了20余家家庭作坊式竹木加工点;引导53户有裁缝技术的农民,走劳务输出路子,努力解决下山农户的就业问题。还与泰顺利众竹制品餐具厂达成100名用工协议,作为二期下山移民的产业支撑。

(五)成效:搬迁措施显成效,共享幸福生活圈

1.打造了“搬迁安居”集聚圈

司前畲族镇峰门村把“下得来、稳得住、富得起”当作山区经济社会发展最基本的指导方针来抓,久久为功,持续发力,坚持一张蓝图绘到底。一届接着一届干,始终把生态大搬迁作为第一民生工程。深入开展搬迁对象排查摸底,精准摸清69个省级重点帮扶村有意愿搬迁对象等“八张清单”。把增进民生福祉作为发展的根本目的,不断改革完善政策体系,激发群众搬迁集聚意愿。因地制宜落实8类搬迁对象在县城或中心城镇安居,优化人口、资源要素和生产力布局,把群众从地质灾害点等安全隐患区域中撤离出来,为应急排险、工程治理扫清障碍,稳步推进除险安居。构建“农民下山、产业上山”“搬家不搬田”的可持续发展模式,持续深化这一项解决基层民安、民生、民富问题的基层实践探索。引入宅基地复垦EPC模式,积极挖掘后备资源潜力土地整治进展迅速,变农村“榴式”建房为城镇套式建房,节约宅基地三分之二以上。20年间先后建成峰门新村、畲族风情园、黄桥小区等9个下山搬迁点,共搬迁下山农户1.5万人。位于司前畲族镇的峰门新村一期是第一批安置房,居住在此的村民们纷纷表示现在出行便捷、生活便利,政府补贴帮助减轻了很多压力,增强了获得感、幸福感、安全感。

2.打造了“家门口就业”共富圈

司前畲族镇峰门村通过人口搬迁集聚,腾挪出了更多发展空间,帮助搬迁群众“进城就业”“就近就业”。通过建立小微创业园、竹木产业加工园和来料加工点并提供相关生产实用技能培训,为搬迁群众提供了就业机会。实现了闲置劳动力的“就近就业”,推动了搬迁群众就业和产业发展,同时避免了低效、零散的产业发展,减少了留守儿童现象,有助于社会治理的稳定。积极鼓励引

导搬迁群众利用闲置农房发展乡村旅游、民宿、农家乐，有效带动搬迁群众增收致富。如司前畲族镇峰门村的下山移民们，以共富工坊产业发展为基点，依托周边良好的道路交通，形成集群产业链。此外，司前畲族镇峰门村有近200名下山村民在镇里的小微创业园、竹木产业加工园上班，其中位于司前畲族镇的浙江利众竹木有限公司不仅向下山群众敞开大门，还免费提供就业技能培训，真正实现了造福民众的目标。该公司让搬迁村民下山后有了就业机会，为他们提供了增收途径。据统计，浙江利众竹木有限公司目前共有385名员工，其中有173人是低收入农户、下山农民和水库移民。[3]司前畲族镇以“民宿+”为模式，将畲族文化、红色文化、休闲采摘等文旅、农旅多产融合，大力发展农家乐，打造民宿集聚村。

3. 打造了“15分钟”公共服务圈

司前畲族镇峰门村摒弃以往“摊大饼”式分配方式，集中财力补齐公共基础设施短板，提高扶贫资金使用效率，切实改善以往项目散小多、管理成本高、监管难度大等情况。虽然短期内需要投入大量资金进行基础设施建设和公共服务提升，但偏远乡村不需再投入大量水、电、路、学校、医院等建设。同时积极完善搬迁小区周边公共配套设施，创新“数字管家”“红色管家”和“乡贤管家”精准管理模式，让搬迁群众享受到高品质的公共服务，加快从村民向市民转变。在搬迁安置小区开展“共享社·幸福里”、未来社区共富基本单元建设，全力打造“15分钟”友好生活圈、就业共富圈、综合服务圈。

“让农民下得了山、住得起房，富得起、住得安，实际上是一种双赢结局。”泰顺县委书记张洪国说。2011年以来，全县通过农村宅基地空间置换复垦耕地911亩，城市化率从61.5%提高到2015年的68.5%，县城常住人口从8万人增加到10万人，“小县大城”战略得以稳步推进。珊溪水库区、乌岩岭国家自然保护区、重点地质隐患区、地震灾区的群众向县城集聚后，有效减轻了重点生态区域的生态压力。[4]

司前畲族镇峰门村相关负责人表示，司前畲族镇政府不断加强软建设，比如说文化礼堂、文化印象城、城市书房等建设。希望通过这些载体，让老百姓不仅感受到司前变得更好了，同时生活质量也大大提高了。

(六)结束语

雄关漫道真如铁，是峰门的昨天；人间正道是沧桑，是峰门的今天；长风破浪会有时，是峰门的明天！司前畲族镇峰门村作为浙江省“生态大搬迁”的萌芽之地，其发展模式有很多值得借鉴的地方。该村通过改革创新“搬迁方式、治理模式、产业转换机制”，推进“政策、清单、模式、机构”四项内容整合，充分发挥“党建引领、就业帮扶、惠民政策”等三个方面的驱动作用，全力打通“政策、产业、机制、帮扶”四条致富通道[5]，打造了更具辨识度的“生态大搬迁”硬核结果，初步形成了山区生态搬迁的新模式。下一步，司前畲族镇将围绕富得起这篇文章，在提升搬迁群众的生活品质上再下功夫，带领乡村居民实现共同富裕，迈向幸福生活。

二、案例分析报告

(一)问题提出

1. 现实背景与意义

生态搬迁是新时代的重要议题，从易地扶贫搬迁到生态搬迁都是针对生活在“一方水土养不好一方人”地区贫困人口实施的一项专项扶贫工程，目的是通过“挪穷窝”“换穷业”，实现“拔穷根”，从根本上解决搬迁群众的脱贫发展问题。[6]由生态搬迁引发的公共事件和各类纠纷、矛盾层出不穷。不仅困扰着政府正常工作的推进，也严重威胁着当地居民的正常生活。尽管全国各地纷纷出台措施，一些地方政府也试图来治理生态搬迁带来的种种问题，但始终难掩村民不想搬迁的想法。其根本原因在于搬迁后村民不确保自己有稳定的经济收入来源。

具体到本案例中，一镇带三乡—无区域生态移民—生态搬迁—共富大搬迁出现的各种治理难题不间断，20 年间，司前畲族镇峰门村搬迁过程中的问题是浙江省生态大搬迁的萌芽之地、先发之地。

2. 研究设计

(1)案例选择

本案例的目标村庄——浙江省温州市司前畲族镇峰门村在 2003 年启动

“一镇带三乡”搬迁工程，不断迭代升级至如今的“共富大搬迁”工程，司前畲族镇峰门村逐步走出一条生态效益、经济效益、社会效益兼顾的富村之路，获得“全国脱贫攻坚先进集体”称号。在生态搬迁的过程中，峰门村作为先行示范样板，具有发展模式的典型性、做法上的创新性、成果上的多元性，挖掘司前畲族镇峰门村可供借鉴推广的发展经验，是本案例选择的初心与使命。

（2）资料来源

本次案例的分析资料包括实地调查资料、访谈调查资料、网络报道资料、政策文本资料，通过线下调研和线上调查等多种形式搜集获得。其中，线下调研由专家带领团队成员前往司前畲族镇当地，积累了丰富的访谈、音频、图片等资料，涵盖村民、企业家、服务人员、村委负责同志各层次对象。通过与当地人员联系，获取到众多本地搬迁难题、发展状况、荣誉申报等各类内部资料。之后，以网络检索的方式，广泛搜集关于司前畲族镇峰门村的报道，从而进一步丰富资料。

（3）分析方法

本案例采用了文献研究法、实地调查法、访谈调查法和案例研究法。

首先，通过广泛的文献搜集关于搬迁及相关的政策文本，以文献的检索、分析和总结，形成研究框架和思路的初步设定，通过对政策执行的相关文献进行分析，寻找研究内容共性，构建分析司前畲族镇政策执行的理论研究框架。其次，走进峰门村进行实地考察。对峰门村的农业园区、共富工坊、村史馆、文化长廊等地进行观察和记录，了解峰门村的发展过程和落实情况，对峰门村的建设目标和实践成果作了深入评估。再次，采用半结构化和开放式访谈结合的方式，对相关群体进行深入访谈。团队访谈司前畲族镇峰门村村内相关人员和镇政府相关人员等30余人，访谈内容涉及搬迁过程、搬迁困境、解决办法、当下感受和未来规划等方面的内容。为案例撰写和分析带来丰富一手资料。最后，采用案例研究法，将司前畲族镇峰门村生态搬迁的成功作为典型案例进行深入透彻的研究，梳理其搬迁过程，分析搬迁过程中的困境，对搬迁的困难如何解决进行深入探寻，并总结生态搬迁模式提出同类乡村的发展对策。

(二)理论基础与分析框架

1.模糊—冲突理论模型

Matland 的模糊—冲突理论模型是政策执行领域中的经典模型[7]（如图1）。“模糊性”指对公共政策目标、配套的实际标准和程序、时限等缺乏明确规定;而“冲突性”是指各方因公共政策文件中的价值观和利益不同而参与实现公共政策目标的过程。当冲突性和模糊性都较低时,只要资源充足,政策的成功就可以得到保证;当政策模棱两可时,冲突程度较低,由于利益冲突、执行过程中的执行者和强制性“权力”,相应的“政治执行”是确保政策有效执行的关键因素。当政策冲突较低但模糊性较高时,相应的“试验性执行”是探索在特定情况下实施政策的方法。当政策的模糊性和冲突性较高时,政策的模糊度较高,无法解决主要机构之间相互排斥的问题,以换取其实施的象征意义[8]。

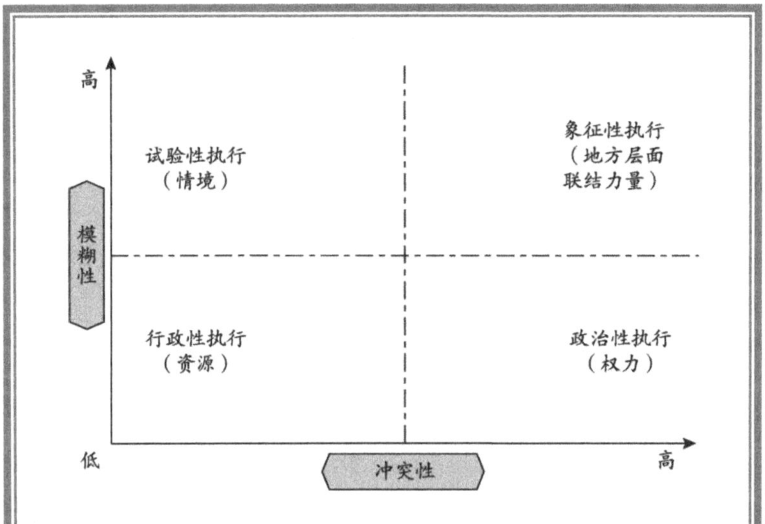

图1 “模糊—冲突”理论框架

模糊—冲突模型在以往的政策实施中,是自上而下或自下而上的单一路径[9],为从综合角度解释政策实施过程提供了新的框架[10]。本案例中,三个方面反映了典型的模糊—冲突模型的适用性。首先,中国的公共政策是在政府权力的监督和限制下实施的,受到环境、人民政府和公共执行等因素的影响。分析核心政策执行的转变模式需要一个与许多相关要素兼容的全面框架。其次,模糊性和冲突性是易地扶贫搬迁政策的特点,也是影响易地扶贫搬迁政策实施的两个主要方面。最后,目前研究学者主要使用"模糊—冲突"。通过分析城乡一体化[11]、教育[12]、老年人社会化[13]、定居政策[14]、养老金和新护理[15]等公共领域框架,贫困转移的容易程度也是一个公共问题,并使用合理的空间分析框架。

2. 复杂性理论

在一个重大变革的时代,公共管理研究在理论和方法上发生了深刻的范式转变,应该适应治理复杂性的需要。[16]目前,在公共行政领域,经济、政治和社会生活的网络与传统社会有很大不同。参与治理的主要机构不仅是倍数的增加,还是最高级别的异化,加之各类风险和危机事件经常发生,使得面对的宏观外部环境变成了充满复杂性的社会。随着实践的发展,复杂性理论逐渐进入学术领域[17],形成了公共管理领域的新范式。

现阶段,复杂性理论研究主要集中在以下几个方面:一是复杂系统思维,内部的非线性以及动态性是其典型特征。在现有研究中,治理主体是一个复杂的系统。系统思维通常需要管理层的适应逻辑,是指在反馈系统的框架内对外部刺激做出反应,调整其模型和规则,不断探索和调整,最终满足政策的实际需求。二是棘手的问题及其解决办法。与以前的工业社会不同,过去的行政环境是稳定和机械化的。当下,公共事务变得越来越不确定、复杂和模糊,不可避免地出现棘手的问题。

高模糊—高冲突的政策属性使得本案例成为治理实践中一项典型的"复杂政策"。因此,复杂性理论对本案例具有一定的解释力。一是复杂系统构成,为确保搬迁行动的顺利开展,浙江省温州市政府成立了由区县(市)政府为主体,住建局、扶贫办等部门参与的搬迁专项行动协调工作机构;与之相对应的是由村民—村主任—政府构成的利益相关者之间的复杂治理对象。二是搬迁过程中的适应性逻辑。生态搬迁专项行动是一项由上级政府推动的特殊任务。在政策逐级下达后,基层政府需要根据具体情况制定方案并开始执行,以解决个人和群众生活中存在的差异。三是治理的知识协同性。在本案例中,在生态搬迁过程中，政府和民众之间存在着不同的知识和理解，这可能导致一些难以解决的问题。为了应对这些问题，国家、社会和民众之间需要进行知识的协同与合作，以达成共识和解决方案。这意味着政府和民众需要相互交流、分享知识，并共同努力解决搬迁过程中的困难。

3.“模糊—冲突”模型下的适应性执行分析框架

在这种背景下，“模糊—冲突”模型为案例提供了一个基本的分析框架，但只有原始模型无法有效解释中国实施复杂政策的逻辑。因此，有必要基于复杂性理论重建原始模型，并纳入反映中国政策执行特点的元素。

首先，适应性执行的转变。Matland 认为当政策呈现“高模糊—高冲突”样态时，对应的是象征性执行模式。这种模式所隐藏的问题包括政策执行受阻和效果不佳，这无法有效解决我国在治理过程中所面临的政策困难和资源约束下的公共治理挑战。生态搬迁作为一项由上级政府强力推动的任务，受到政治压力和民众需求的影响，基层政府会根据当地情况主动调整措施，寻求政策执行的平衡状态。

其次，“非线性动力学”的嵌入。当下研究主要强调复杂政策的“执行模式”[18]，却往往忽视了“政策执行中的混乱性、模糊性和复杂性”[19]，没有将历史性因素与政策属性变化纳入考虑范围。在案例中，具体的政策背景和政策特点限制了基层政府执行政策的逻辑，导致生态搬迁项目在高压下启动，经历了一系列连续且曲折的阶段。

最后，多元主体的补位。既有研究基于模糊—冲突模型构建了中国场景下的政策执行框架，但是修正大多局限于对政府组织内部的分析[20]，而忽略了政策执行客体及外部系统对政策的影响。从峰门村生态搬迁的过程来看，这并不仅仅是一个简单的政府决策和执行的过程。实际上，村民的态度和行为以及基层政府的做法都对政策执行产生着至关重要的影响。因此，在进行案例分析时，我们需要综合考虑政府、村干部和村民等多个维度，以理解政策的模糊性和冲突性。

（三）案例分析：生态搬迁政策执行的逻辑

在生态搬迁的过程中，司前畲族镇峰门村政策执行其实是一个动态演进的过程，政策的模糊—冲突属性在不同阶段中呈现出不同特征，形塑出不同阶段的政府治理行为。

1.“高模糊—低冲突”试验性执行

本案例中政策的执行主要取决于省级发布的关于特定主题的公共政策文件(即政策来源)，因此相应的执行模式可以被视为省级执行政策的起点。此外，通过考察核心政策在实施过程中的模糊变化和冲突特征，我们可以确定不同阶段执行模式的转变形式和过程(如图2)。

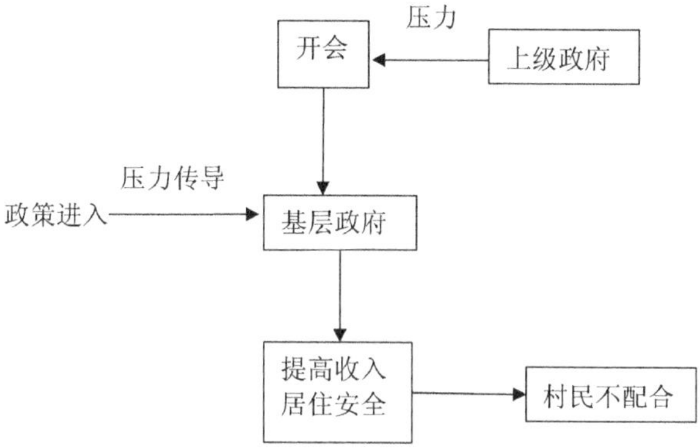

图2　高模糊—低冲突的执行逻辑

在浙江省长期的经济发展过程中，一些地区的生态环境遭到了严重破坏，同时也存在一定数量的贫困人口。为了解决这些问题，浙江省政府决定实施易地搬迁政策，将贫困人口和居民从生态脆弱地区转移出去，低收入农户奔向小康工程，合理配置资源，恢复生态环境。2003年，泰顺县司前畲族投资启动“一镇带三乡”搬迁工程，助力低收入农户奔小康。该镇打破行政区划、户籍、农房、土地限制，凭借公共资源和地理优势，对峰门、黄桥、竹里等3个乡实施整乡搬迁，在全省范围内率先实施了整乡整村易地搬迁脱贫的新模式。浙江省温州市泰顺县政府统筹考虑后决定实施集中安置。2014年底，泰顺县根据《关于下达2013年度欠发达地区易地搬迁项目实施计划的通知》(浙扶贫办〔2013〕44号)、《关于拨付2013年度农民易地搬迁项目省补助资金的通知》(浙财农〔2013〕430号)等多个文件，指导泰顺县司前畲族镇峰门村实施易地扶贫搬迁政策。司前畲族镇峰门村的生态搬迁实质上是通过政策的分解将任务压力传递下去的过程。为了完成政府下达的生态搬迁的目标，温州市政府会通过层层分解给到峰门村。除了确定主要利益和目标等指标外，还发现执行的初始阶段具有“高模糊—低冲突”的政策属性。

制定标准的主体是有一个统一的要求，以确保目标战略的正确选择。在政策实施的第一阶段，主要目标是峰门村整个村搬迁。村民平时居住得好好的，为什么要搬迁？所有村民都不理解并且不积极参与。

对于司前畲族镇峰门村而言，生态搬迁不仅面临着高强度的政策压力，还面临着资金与就业双重匮乏的困境。每一项目标的有效实现，都离不开国家自上而下密集的资源投入[21]，但峰门村大量的时间用在养家糊口上。一方面，地理位置偏远、居民分散，改造校舍、卫生院、电网、自来水等公共设施成本高，且规模效益不明显，导致这些项目成为资金的“黑洞”。当地农民在交通、用水、用电、教育、医疗、娱乐和通信等方面仍然面临问题，未能得到有效解决。另一方面，搬迁后如何解决温饱成为关键问题。目前，只有依靠种植这些田地才能勉强维持家庭开支。大部分村民的想法和方大旺、林大哥等人一样，都不愿意搬迁。

按照这个政策，泰顺县司前畲族镇峰门村其模糊性较大，于是峰门村邓书记就先自告奋勇，第一个报名并且交了定金，并成功动员村干部和党员。

刘大哥说道：“我们家人口多，孩子还很小，每年基本上都是靠种田才得以维持家里的生活，并没有攒下任何的积蓄。想搬迁下去，但是钱不够。”邓书记和村干部自掏腰包帮助刘大哥搬迁。

经过这个事情之后，村民的心结渐渐地被打开，报名的人数逐渐增加。

2.“高模糊—高冲突”象征性执行

政策执行的第二个阶段，这个政策在村里良好运行并且通过许多渠道进行传播（如图3）。眼瞅着马上就要动员一百户了，然而，“一颗老鼠屎坏了一锅粥”，不想搬迁的人开始造谣，说搬迁之后，下面没产业、没地，自己都没法养活自己。“好事不出门，坏事传千里”，许多人都打起了退堂鼓，纷纷找邓书记退定金。在这个阶段，政策冲突属性陡增，导致村民对政策的认识又回到了高度的模糊性。在资源有限的情况下，多个主体在相互依赖的基础上对同一目标感兴趣容易引发矛盾。

当主体之间的利益冲突无法通过谈判解决时，公共政策工具往往受到严重限制。峰门村邓书记把村里的情况反映到峰门乡胡书记那里。胡书记一听就坐不住了，胡书记和峰门村村干部以及党员开会讨论，最终决定胡书记和邓书记一起去村里挨家挨户宣传动员政策，也足以让村民意识到搬迁下去是有好处的。

因为村民往往都会从个人利益出发来考虑政策议题，一旦公共政策侵害其个人生活时，他们便会以一口回绝的做法来抵制政策，而不管政策是否有利于增进公共福祉。[22]

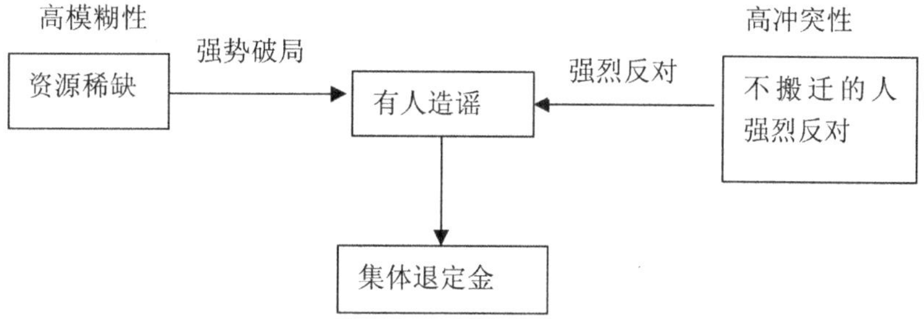

图 3　高模糊—高冲突的执行逻辑

3.“低模糊—高冲突”政治性执行

通过宣传和研究易地搬迁政策执行的影响，邓书记逐渐探索出这一政策中模糊节点，并提出了新的思路。然而，在一个激烈冲突的政策执行环境中，政策的明确性并不会自动出现，最终的方向取决于乡级政府的行为(如图 4)。

经过几个月动员，邓书记走破几双鞋，急得嘴起泡，最终说服村民、凑齐一期 223 户。2004 年，峰门新村一期开工，2006 年，这批村民搬入新家，成为首批峰门新村人。

首先，政策标准的模糊导致了一些村民的负面参与，只能村干部和党员带头报名搬迁。其次，村干部开始借钱给村民，帮助他们搬迁，村民意识到搬迁是好事，要不然村干部也不会这么设身处地地为咱们村民考虑。再次，政策越来越明晰，而有人造谣导致大部分村民纷纷退定金，政策的模糊和冲突达到最高值。最后，峰门乡政府党委书记和峰门村干部以及党员天天动员村民，经过几个月之后,一期如愿搬迁下来223户。

虽然政策的模糊属性在减少,但政策的冲突属性并没有减少,可以帮助乡级政府积极调整扭曲的政策,但严格限制执行政策仍然是冲突的最高特征。它提出了“低模糊、高冲突”,并实施了一种倾向于政治执行的模式。

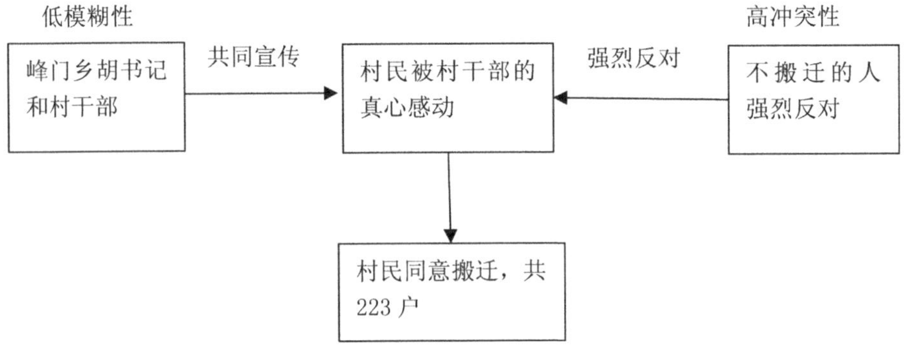

图4 低模糊—高冲突的执行逻辑

4.“软硬兼施”:降低冲突的行动逻辑

当冲突的根源不在政府内部,而是在政府和人民之间时,Matland的模糊冲突模型就无法解释。面对复杂的社会问题,基层人员在执行任务中,既会利用他们拥有的正式权力资源,也会通过一些非正式手段行使权力。这种行为是一个兼具约束和引导的调适过程,主要表现在以下两个方面(如图5)。

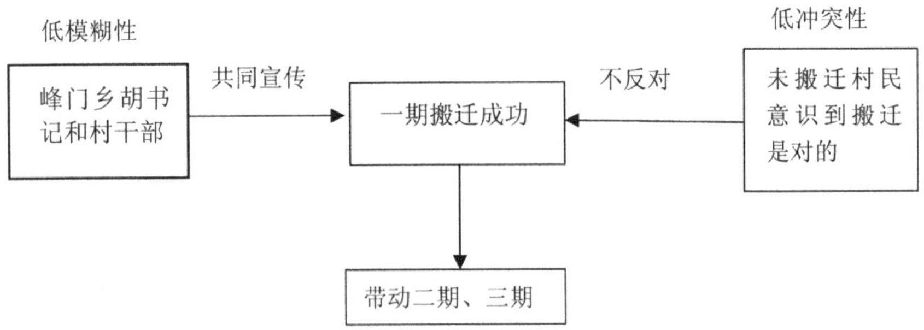

图5 低模糊—低冲突的执行逻辑

一是宣传示范。首先,改变对村民集体的住房安全认知离不开积极的思想动员。在宣传策略上,司前畲族镇发布简单直接的“下得来、稳得住、富得起”

口号。其次，与现代知识型城市社会的国家权力不同，农村社会拥有丰富的经验，个人在时间发展框架内遵循更高的生活计划，缺乏规划和治理项目，难以激励群体。目标群体是了解利益并分享热情，但“榜样”的成功是巨大的、可听的、模仿的，并刺激他们的参与。由于经验法则在乡土社会的存在，司前畲族镇高度重视典型示范引领，最常见的做法就是党员干部亲自带头搬迁，这在村落内形成搬迁行动的强烈氛围，画面具有较强的触动性和感染性，能够带动其他人共同参与到整治行动之中。[23]一位村委的工作人员提到：“刚开始为了打开搬迁的‘缺口’，我们党员牺牲是最大的，就我个人而言，买宅基地花了一万，然后现在也在盖房子装修，目前还都是借的钱盖房子，只有通过自我牺牲的方式，村民才愿意搞下去。”村干部、党员等具有公共性身份的群体本身就分散和高度嵌入于民众日常生活之中，通过身份引领与社会示范，能够将住房安全理念和行为融入村民日常生活之中。既为下山搬迁指明了方向、提供了思路，也易引起村民的效仿，提升村民对政策的认同感和遵从度。“政府引导—典型示范—民众效仿”的政策推进，是当地村民进行理性决策后的政策遵从和合作参与。[24]

二是利益协调。搬迁顺利推进的关键就在于如何平衡好政府、村主任、村民三者之间的利益冲突。政府和邓书记负责制定宣传政策，村民自己找人盖房子装修就可以了。除了购买住宅用地、建造装饰性房屋对下山搬迁的高投资成本外，大多数农民的工作都不稳定。如果他们的工作需求没有得到适当的安置，这将使政策得以实施再次面临障碍。简而言之，在福利刚性逻辑下，他们没有意识到局部的变化，不可能调和每个需要帮助的主体的利益，政策也不会实施。为了处理复杂的利益冲突，司前畲族镇主要由少数人带动大多数人，村干部和退伍军人带动农户的形式，按照人际关系、居住相近的社会性原则，对全村农户以柔性引导的方式开展民主协商，单方面协调不同利益相关方的需求。

由于一期的成功搬迁，村民看着这些搬迁户的日子越过越红火，还未搬迁的村民也是蠢蠢欲动。2009 年村民方广形，以 10 万元的价格，买下了峰门小区二期一套面积 114 平方米的房子；2016 年底，村民夏有红也加入下山搬迁的大队伍中来。从一期 223 户，到二期 200 多户 600 多人，到三期 220 多户 700

多人，再到后面的畲族风情园一、二、三期项目。20 年间，1100 多户 4500 多人陆陆续续搬进了峰门新村。

首先，“搬迁后，远离了地震带，房屋的品质、品相及安全系数大大提升，并且能够有效与街道外围绿化、硬化、美化整改工程相结合，实现人居环境的提质增效居住环境也变好了”。用短期利益折损换长期利益稳步增长的愿景描述方法，往往成为说服不服从者或不合作者的有效手段。其次，针对农户所需要花费的费用，按照“因户制宜”的原则，在政府扶贫的政策下，最大限度满足各方利益诉求，促进友好协商。一是司前畲族镇安置对象享受人口、原房拆除、宅基地复垦等系列差异化补助政策；二是加大金融配套生态搬迁机制改革力度，持续提供了贷款贴息政策，并且实施了水电、通信、电视等费用减免政策，给予搬迁户 50% 的贷款贴息补助，贴息期限最长达 15 年；三是出台购房补贴政策，在县城或中心镇购买新开发商品房安置的，按照应享受建筑面积房价款的 20% 予以补助，每平方米补助最高不得超过 2500 元。最后，同时享受易地搬迁补助资金以及县统筹补助政策。刚柔并济的利益协调机制，使村庄公共治理事务转化为村民内部事务，为政策顺利变现创造了共识条件。

简而言之，司前畲族镇峰门村是一个在正式体系基础上非正式运作的乡村，鼓励参与者在促进、展示和划分利益的框架内建立基于信任的互利关系，并引导生活方式的改变，有效地揭示了适应“搬迁”逻辑的可能性。

5. 渐进性调适：搬迁政策执行模式的动态转换

从逻辑上讲，每一种类型的政策实施模式都对应一套制度结构，并从激励机制中受益。然而，不同类型政策的实施之间有着密切的关系，并且可能存在动态变化。作为基于“模糊—冲突”的分析框架，考察司前畲族镇峰门村易地扶贫搬迁政策落实过程，发现不同类型的政策执行可以在同一公共政策周期内共存，并经历从试验性执行到象征性执行再到政治性执行的转变（如图 6）。

首先，试验性执行和象征性执行都采用高度模糊的政策执行模式，它们之间存在相互转化的可能性。在初始阶段，县级政府面临信息不完全的情况，为确保政策的适用性，采取了原则性的模糊规定。在政策资源有限的情况下，基层政策执行主体只能依靠面向高度模糊的政策说明来完成政策指标和任务。

为了有效执行政策并动员群众，他们不得不借助村庄的喇叭进行宣传。[25]同时，要结合政策分配和集体资产村的实践来判断政策的执行情况，使得部分政策客体因“不配合”的态度而被排斥在外，最终呈现出交定金的人数寥寥无几。

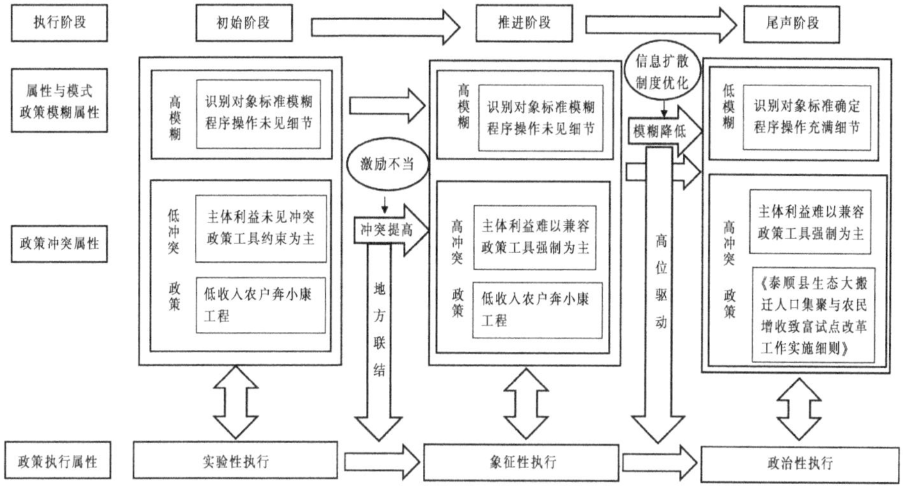

图6 政策执行模式转换逻辑

这种信息的传播是通过网络和村民来实现的，使得多元主体就再分配型政策达成认知统一。同时，前一阶段的消极参与的受众群体逐渐意识到“不配合”无法带来预期的结果，于是开始转向积极参与。这种转变同时带来了利益的激增，促使参与者更加投入。因此，早期参与者可能出于时间限制、追求管理责任、理性官僚想法中的“多一事不如少一事”或受利润政策影响而参与。这种早期参与形成一种凝聚力，有助于维持最初的决策并推动更积极的参与态度。这时，村里有人造谣说，搬迁下去不仅没地没收入还没产业，导致大部分村民退定金。许多主体都遇到了矛盾和新的冲突。因此，执行模式正在从基于情节而定的试验性执行转向将公共政策目标与公共政策实践分开的象征性执行。

其次，象征性执行和政策性执行都是在政策冲突较高时采用的执行模式，当存在高度冲突的政策时，这两种执行模式可以同时存在。在这种情况下，不同利益相关方之间会产生矛盾和冲突，最终的结果通常是一方妥协或多方僵持。换句话说，尽管人们在言辞上声称支持某个政策，但实际行动中可能并不积极地去执行这些政策。

象征性执行阶段的矛盾揭示了政策中的高冲突性，并且将政策目标转变为高模糊性。在最初的几个阶段，村干部和党员的带头参与让村民的模糊性降低，但随着有人造谣，使大量的村民找邓书记退定金，这个时候政策的模糊性到达最高值。通过乡镇政府与村干部相结合，天天宣传搬迁的好处，村民对政策的模糊性降低。

最后，由于峰门新村一期的成功搬迁，大家也渐渐发现，山下的房子持续升值，而山上的房子无人问津。如果能拿到山下的地基，那可是赚到了。随着越来越多的人意识到这一点，下山名额变得供不应求，大家都争着搬迁。在这个阶段呈现的是低模糊—低冲突的行政性执行模式。

（四）经验启示

1. 降低模糊，明晰政策意涵

政策意涵是执行者对上级政府出台的政策中模糊性较高的内容，通过政策学习、寻求上级授权，明晰政策的过程。其目的是阐明政策意图，提高政策主动性，捍卫公共政策精神，指导决策者有效实施政策。对执行政策而言，灵活的政策解决方案不仅是避免运营风险的战略选择，也是确保有效执行的手段。具体地说，需要上级解释的公共政策内容往往不明确，因此很容易出现执行偏差。政策意涵的重要性在于反映公共政策的具体化，并在理解上层阶级意愿的基础上结合基层的客观条件，适应性地执行相关政策。最重要的是，政策求解是政策宣传的必要条件。与群众事务有关的公共政策必须得到群众的认可才能有效执行，而政策宣传是获得群众同意的一种方式。只有在充分了解其意图，特别是其模棱两可的内容的情况下，才能在必要时执行公共政策。因此，负责实施公共政策的机关必须寻求以不同的方式解释政策，解释公共政策的意图，明确公共政策目标并明确执行的方案。

2. 参加培训，提高生活质量

首先，需要加大共富工坊的培训力度，健全农村劳动力职业技能培训体系，建立长效机制，促进农村劳动力人力资本的积累，充分发挥培训的持续增收效应。其次，农村培训应该坚持以需求为导向，以农民为中心，创新培训方式和方法。针对不同群体的农村居民，应该分级分类安排培训，符合群体特征，适应农业生产和非农就业的需求。建立健全涉农培训课程体系，确保培训质量提升，让所有农村居民共享培训成果和红利。再次，需要整合峰门村的共富工坊、千亩养蜂工坊、千亩葡萄园、千亩水稻等各类资源，重点推动各类技能培训和产业带头人的培育。要加强“高素质农民培训”和“农技推广现场培训”，引导农业科研单位和农技推广机构为高素质农民提供技术培训和跟踪指导，将培训班举办在田间地头、农业园区和示范基地，充分发挥农业培训对农民增收的促进作用。最后，要挖掘非农培训的增收潜力，建立多元化的培训主体、多层次的培训内容，有效覆盖各阶段的创业就业培训体系。加强农业农村、人力资源和社会保障、共青团、妇联、科协等组织的协作，完善培训后续跟踪服务制度，通过政府购买等方式鼓励社会广泛参与创业就业培训工作。[26]

3. 全域发展，未来发展方向

首先，更加突出城镇特色，打造畲族风情小镇。推进畲族风情园、峰门三期等区块开发及市政配套设施完善。加快云湖天地一期（养生养老服务中心）、司前大厦、司前加油站、供电大楼、民族体育中心等项目建设。坚持“三改一拆”力度不减，大力推进城镇入城口、文化广场、公园绿化等建设，让绿水青山充分显现。

其次，更加突出特色产业培育，打造旅游休闲城镇。围绕建设生态养生休闲旅游目的地，对接泰顺文成旅游一体化发展，启动“慢谷”森林旅游、旅游集散中心等项目前期，完成国立英士大学旧址等历史古迹修复工程；发展乡村民宿和农家乐，办好“三月三”畲族风情节等节庆活动；完成竹木产业园一期工程建设，打造竹木产业整合发展的主导区。加快葡萄、瓯柑、猕猴桃等“七大特色农业基地”的生产规模化、标准化，提升田园景观、水果采摘等乡村体验项目，发展农产品品牌之路。

最后，更加突出生态文明建设，打造美丽水乡示范镇。以创建国家级生态文明保护与建设示范乡镇为契机，加强生态保护工作，保持“五水共治”攻坚态势，突出“治污水”“保供水”两大重点，完成境内3条溪流的生态河道治理工程，启动三插溪留田洋段河道生态治理工程、城镇饮供水水源提升工程；建设滨水文化公园，在滨江地段建设5条拦水坝和碇步，实施溪流两岸美化绿化工程。开展环境综合整治，巩固库区规模畜禽养殖整治成果，全力保护库区生态环境和水源水质。

（五）结束语

司前畲族镇峰门村生态搬迁既是涉及住房安全的整治工作，也是一项涉及方方面面的系统工程。在行动过程中，这一复杂政策运行的基本格局是政策目标由上级政府给定、政策执行方式由执行者摸索、决策者对执行者提供弹性激励。将搬迁政策执行实践扩大到公共政策执行层面，可以发现中国场景下的公共政策执行模式具有较强的动态转换性。在同一政策执行周期内，即使政策的目标、执行地点和对象等方面保持不变，政策的执行方式也可能发生动态转变。这种转变的关键在于政策的模糊性和冲突性发生变化，而信息完全度和政策网络之间的关系是影响这两个特征的关键前提。通过研究政策固有的模糊性和冲突性，在特定领域内探索多元主体对政策的认知和策略选择的关键节点上，我们可以将研究重点从过去静态分类政策执行模式转移到不同模式之间的动态转换。立足于基层政策执行实践的样态和经验，拓展"模糊—冲突"框架的动态特性，有助于提高对中国政策执行模式转变的理论解释效力。

参考文献

[1] 泰顺新闻网. 一封关于泗溪镇生态大搬迁的告知书，请查收[EB/OL]. http://www.tsxw66.com/system/2020/05/18/013773906.shtml.

[2] 夏良锦. 打造"搬富通"数字化系统 加快实现共同富裕：浙江泰顺县通过生态大搬迁数字化系统，实现资源共享和社会服务均等化，提升群众幸福感[N]. 中国改革报，2021-11-29(07).

[3] 浙江日报. "下得来 稳得住 富得起"全力推进生态大搬迁 引领绿色高质量发展[EB/OL]. http://www.ts.gov.cn/art/2018/8/16/art_1300987_20452426.html.

[4] 搜狐网. 泰顺探索"无区域生态移民"搬得下 住得安 富得起[EB/OL]. https://www.sohu.com/a/80758714_114775.

[5] 包向东. 创新转化机制 做好"富"字文章[N]. 温州日报，2022-7-8(03).

[6]“十三五”易地搬迁建设任务全面完成[N]. 科技日报，2020－11－10(03).

[7] MATLAND R E. Synthesizing the Implementation Literature: The Ambiguity-Conflict Model of Policy Implementation[J]. Journal of Public Administration Research and Theory, 1995(02): 145－174.

[8] 袁方成，范静惠. 政策执行模式的转换及其逻辑：一个拓展的“模糊－冲突”框架[J]. 中国行政管理，2022(03): 13－21.

[9] 杨宏山. 情境与模式：中国政策执行的行动逻辑[J]. 学海，2016(03).

[10] 范静惠. 公共资源分配与乡镇政府权威形塑的实证研究：以豫西地区一起农户上访事件为例[D]. 武汉：华中师范大学硕士论文，2020.

[11] 胡业飞，崔杨杨. 模糊政策的政策执行研究：以中国社会化养老政策为例[J]. 公共管理学报，2015(02).

[12] 王洛忠，都梦蝶.“限塑令”执行因何遭遇阻滞？：基于修正后“模糊—冲突”框架的分析[J]. 行政论坛，2020(05).

[13] 王正惠. 模糊—冲突矩阵：城乡义务教育一体化政策执行模型构建探析[J]. 教育发展研究，2016(06).

[14] 袁方成，康红军.“张弛之间”：地方落户政策因何失效？：基于“模糊—冲突”模型的理解[J]. 中国行政管理，2018(01).

[15] GUO L, BA Y. Ambiguity and Conflict in Pension Policies Implementation: Evidence from China[J]. Journal of Chinese Governance, 2020: 1－20.

[16] 张贤明，张力伟. 复杂性：大变局时代的公共行政研究范式[J]. 学海，2022(02): 121－130.

[17] 范如国. 复杂性治理：工程学范型与多元化实现机制[J]. 中国社会科学，2015(10): 69－91＋205.

[18] 吴少微，杨忠. 中国情境下的政策执行问题研究[J]. 管理世界，2017(02): 85－96.

[19] SCHOFIELDJ. A model of learned implementation[J]. Public Administration, 2004, 82(02): 283－308.

[20] 张贵群，张旭. 乡村人才振兴政策执行因何遇阻？：基于修正后的模糊—冲突模型解释[J]. 重庆理工大学学报(社会科学)，2022, 36(12): 137－151.

[21] 王向阳. 国家如何引领私人生活的变革：基于近年来农民生活治理实践的考察

[J]. 上海行政学院学报,2021,22(05):14 - 23.

[22] 龚志文. 运动式政策参与:公民与政府的理性互动:基于广州番禺反焚运动的分析[J]. 吉首大学学报(社会科学版),2015,36(01):50 - 59.

[23] 冷波. 行政引领自治:农村人居环境治理的实践与机制[J]. 华南农业大学学报(社会科学版),2021,20(06):15 - 22.

[24] 夏志强,田代洪. 恰适性联结:政策认同如何促成政策变现:对“耿车绿色转型”政策执行过程的追踪分析[J]. 甘肃社会科学,2022(01):219 - 226.

[25] 颜海娜,王思宁. 基层河长的政策执行力:一项关于政令“最后一公里”的实证分析[J]. 广西师范大学学报(哲学社会科学版),2019(06).

[26] 翟世贤,彭超. 培训能增加农民收入吗:基于全国农村固定观察点数据的实证研究[J]. 华中农业大学学报(社会科学版).

附录：访谈提纲

一、访谈提纲：针对村委会或街道

（一）现在搬迁过来了多少人？

（二）前期为了行动的顺利开展，街道和政府都制定了哪些文件？

（三）刚开始提出要搬迁的时候，村民们是否配合？

（四）发布通知后，一般要求多久完成？当时的完成度怎么样？

（五）起初是几个人带头搬迁的吗？如果是的话，这几个人是怎么选出来的？

（六）党员同志是怎样带头的？具体做出了哪些让步？

（七）为了做通村民的思想工作，做了哪些工作和行动？

（八）搬迁下来后房子和就业是怎么解决的？政府提出了哪些具体的方案？

（九）山上的土地又是怎么分配的？

（十）村委会或街道协商方案是怎么制定的？

（十一）村委会或街道是如何与政府进行有效沟通的？

二、访谈提纲：针对政府

（一）为了搬迁工作的顺利开展，政府制定了哪些文件？

（二）您当时听到整村搬迁，您认为最大的困难在哪？

（三）当时交通不便和信息落后，您是如何与村委会进行有效沟通的？

（四）当时有哪些帮扶政策？实施过程中遇到哪些困难？

（五）如何解决村民不愿搬的情况？

（六）政府出台了哪些政策帮助村民解决房子问题和就业问题？

（七）政府协商方案是怎么制定的？

（八）对于后续的迭代升级生态搬迁，又出台了哪些政策？

三、访谈提纲：针对村民

（一）您在这里住多久了？您是什么时候搬迁下来的？

（二）当时听到要从山上搬到山下，您的想法是什么？是想搬还是不想搬？

（三）您为什么不想搬？您为什么想搬？

（四）起初您不想搬迁，为什么之后就同意搬迁了？

（五）有人因为搬迁这个事情和村委会或街道争执过吗？争执是如何化解的？

（六）您觉得村委会或街道在推动这个事情的过程中哪些方式你们是认可的，哪些方式你们是不认可的？

（七）当时搬迁政府出台了什么补贴政策吗？

（八）搬迁后您的房子和就业是怎么解决的？

（九）搬迁前后，村里变化大吗？您觉得生态搬迁是成功的吗？

案例四

从分歧走向合作：
公共资源最大化利用的实现之道

——基于武阳“民宿+”产业助推乡村全面振兴实践

摘　要：民族要复兴，乡村必振兴。实施乡村振兴战略是新时代做好“三农”工作的总抓手，能够有效促进农村经济发展与农民增收。作为一种能够整合乡村生态、文化与旅游资源的新业态，乡村民宿是践行乡村振兴战略的重要任务组成。但由于发展历程短、监管制度不健全等多因素制约，乡村民宿管理深陷多主体复杂利益场域分配“泥泞”。因此，本案例聚焦富有“全国乡村治理示范乡村”美名的浙江省温州市文成县武阳村，阐述武阳民宿建设主体在撰写乡村“治理经”过程中的利益冲突与相应解决措施，解锁武阳“政企村户”多方合力、协同共建乡村民宿的发展新模式，擘画武阳村从“偏远山村百废待兴”变“世外桃源乡村振兴”的梦想蓝图。基于浙江省温州市文成县武阳村实践，以多元主体协同治理理论与公共价值理论为基础，构建“政府—村两委—村民—民宿主—企业”适应性的动态分析模型，深入剖析武阳民宿建设的多方利益主体从分歧走向合作的内在机理，以期为“政企村户”共享共建美丽乡村、推动公共资源实现最大化利用提供决策参考。

关键词：乡村民宿；乡村全面振兴；公共资源最大化利用；多元主体协同治理理论；公共价值理论

一、案例正文

（一）引言

浙江省温州市文成县武阳村地处“天下第六福地”，人文气息浓厚，是明朝开国元勋刘伯温的出生地。受制于地缘环境偏远、基础设施落后，曾经的武阳道路泥泞，污水横流，鸡鸭遍地跑、小狗追人咬，乡村环境破败不堪。20 世纪八九十年代“出国潮”兴起，那些本以为会在乡野深耕一辈子的人们，为了生计不得不纷纷背上厚重的行囊，辞别父母妻儿、远泊他乡，进而导致管理失调、人丁稀少，武阳村一度成为空心村、失管村。

“野舍清溪曲，连茅接树荫。”绿荫夹道，流水潺潺，沿着崭新的水泥路一路往前，风景美不胜收，分类垃圾桶整齐摆放在道路两旁，陶渊明先生笔下的“世外桃源”映入眼帘。如今的武阳，绿树成荫，街巷整洁，民宿一房难求。跨入乡村民宿的刹那，浓郁的咖啡香扑鼻而来，陶缸陶罐零散地放在角落，吧台、酒吧椅、皮质沙发猝不及防地落在众人眼里。“混搭”的场景比比皆是：留声机旁配着石雕，书法作品与一整面博古架的红酒相互映衬，茅草屋顶下有人慢慢啜一杯浓缩咖啡……中西方空间交织错落，凝结成一段山野中的慢时光。风景优美的自然环境、源远流长的历史文化、中西合璧的民宿体验，吸引万千游客驻足观赏。乡村环境越来越美丽宜居，村民的腰包越来越鼓，笑脸越来越多，生活越来越幸福。武阳村如何克服种种艰难，从“百废俱兴的偏远山村”摇身一变为“令人神往的世外桃源”呢？

（二）破圈——武阳乡村民宿高质量发展的提出背景

1. 伯温故里享盛名，百亩荷塘千百愁

誉有“天下第六福地”的武阳村隶属于浙江省温州市文成县南田镇，正如北宋《太平寰宇记》记载的“天下七十二福地，南田居其一，万山深处，忽辟平畴，高旷绝尘，风景如画，桃源世外无多让焉”。武阳村位于浙江省南部山区，四面环山，独特的地理位置构成“左弓右箭，七星落垟，金龟把水口”的自然景

观。武阳生态资源丰富，春可观彩霞映水田，夏可看荷叶绿油油，秋可闻河谷稻飘香，冬可赏田野菜花黄，所谓一处看风景，四季不同样。武阳村不仅自然生态优质，还有深厚的文化底蕴。“三分天下诸葛亮、一统江山刘伯温”，明代开国元勋、第一谋士刘伯温出生于此，村内刘伯温文化遗存丰富，刘伯温故居、族谱和光辉过往一应俱全。因为有了刘伯温文化的浸润，南田福地变得更具人文魅力。村子山脉连绵，气候宜人，并享有“伯温故里”的金字招牌，是发展乡村旅游的“风水宝地”。

村党支部书记刘化焕说：“当时县里领导和镇里领导都很重视武阳村的乡村旅游产业发展，秉持着‘再添一块儿金字招牌’的理念，经过多次会议讨论与实地考察，镇政府引导武阳进行百亩荷塘改造。”根据实地调研了解，“百亩荷塘”项目是指种植 108 亩连片荷花池，在刘伯温故居门前即可看见“接天莲叶无穷碧，映日荷花别样红”的悠然宁静之景，给予游客别样的视觉盛宴。但是村集体的水田数量无法完全支撑百亩连片荷塘建设，这意味着得向村民们征收水田。下发通知后，村支书刘化焕组织召开村民代表大会，得到的反馈却不如人意。大多数农民以种地为生，土地对农民来说是最直接的经济来源，对农民来说，失去土地与丢饭碗没区别。即使政府承诺给予一个月 400 元的租金，村民心里还是没着落。有些村民则并不看好武阳乡村旅游后续发展，认为此举劳民伤财。“荷花哪里都有，建这个百亩荷塘既浪费钱又浪费土地。”村民黄老伯说。为了解决难题，村支书刘化焕和村主任刘万利带领村委委员兵分两路，挨家挨户给村民做思想工作，有些村民据理力争，有些村民甚至提前“回避”，让村委会工作人员吃了“闭门羹”。与此同时，镇政府下发“百亩荷塘”建设工作通知，并不断询问工作开展进度。双重压力的加持下，村支书刘化焕叹了口气，“一边是镇政府的催促，一边是村民的不配合，我们也焦头烂额的”。

2. 首家民宿“迷途”入驻，乱花渐欲迷人眼

武阳村凭借着优美靓丽的自然风光、独特的人文景观与丰富厚重的历史沉淀，成为游客络绎不绝的旅游打卡地，游客的吃、食、住、行成为武阳村乡村旅游最基本的要素与功能。因此，作为发展乡村旅游的切入点，乡村民宿大有可为。乡村民宿是指一种有效整合利用农村闲置住宅和土地资源的乡村旅游新业态。

2013年，武阳第一家乡村民宿——“迷途客栈”入驻武阳。村委会积极响应中央号召，为“迷途客栈”提供建设用地，并设置民宿补贴机制。在县级政府与村委会的引导下，星星点点的民宿点亮武阳村的旅行地图，但乡村民宿遍地开花的背后也存在诸多问题。

乡村民宿，顾名思义，是一种由村民自主发起的产业形态。发展初期的武阳民宿属于“无监管”状态，自建房消防设施配备不足，没有消毒器械，住房安全存在隐患。一些乡村民宿甚至建设在山边和小溪边，离地质灾害点距离很近。“刚开始大家都是抱着随大流的心态，大家看到‘迷途民宿’建立起来了，生意也蛮好的，所以都想去试试。在自建房简单装修了一下就开起来乡村民宿，主要也就是让游客在旅游的时候有个休息的地方。”村支书刘化焕解释道。没有针对性的法律法规监管，自立门户的民宿有时候会造成安全隐患，发生过几次偷窃事件后，旅客频频到村委会投诉，进而导致武阳民宿旅游口碑下滑，且武阳村乡村民宿如雨后春笋般不断涌现，快节奏的扩张模式使得民宿质量参差不齐、形式单一，缺乏地方特色、文化底蕴与传统乡村民宿的深度融合，大多数处于农家旅馆层面。作为一种非标准住宿业态，武阳村初期建设的乡村民宿普遍存在公共基础设施欠缺，服务缺位、游客旅游体验感差等问题。游客王女士说道：“我每年都会回来参加太公祭。之前大多数乡村民宿环境比较差，只能说有个屋子满足容身之所罢了，不会免费提供洗漱用品，需要几个租客共用洗手间，住宿很不方便，根本谈不上旅游体验感。”恶性竞争现象也经常出现在武阳乡村民宿之间。由于乡村民宿参与门槛较低，武阳大部分民宿价格的掌握权在民宿主手中，为了争取客源，友善和睦的同村人打起“价格战”，造成村庄社会关系不稳定。“当时总有邻里因彼此民宿价格出现争吵现象，本来和睦的村庄氛围被打破，我们村干部心里也不是滋味。”村支书刘化焕叹了口气。并且武阳村大多数乡村民宿的经营人员是当地村民，学历普遍偏低，缺乏服务常识与技能。“之前一般商量好价格之后就和游客没有交流，虽然知道很多游客去村委会投诉服务质量差，但是我们也不知道怎么提升。”民宿主王先生说道。而乡村旅游民宿产业发展离不开专业人才的引领。村委会聘请过专业人才来村里进行宣讲与普及，但是村民总有各种各样的理由拒绝参加活动，专业人才的积极性也明显下降,所以后续培训活动因为“没人听”“没人讲”而搁浅。

3. 脱嵌乡土与“三农”,利益分配惹争执

激活乡村旅游活力,探寻全域旅游的关键在于产业振兴。从首家武阳乡村民宿入驻以来,武阳旅游小范围内火爆出圈,以独特的集群吸引无数游客游览观光,短短一年之内武阳客流量从4万人增长到10万人,游客数量直接实现翻番。但是村民心中的“小火花”却在不经意间悄然生起。武阳村是距离文成县城30公里的小山村,地理位置偏僻,公共交通设施配备不全,游客前往武阳的交通方式以小汽车为主。伴随着游客数量越来越多,汽车尾气也不断涌入“天然氧吧”——武阳村。生活垃圾溢出垃圾箱,甚至在村民家门口与田垄中都能看见塑料袋、矿泉水瓶、香蕉皮,严重影响到武阳村原本宜居的自然环境甚至作物收成,村民多次向村委会反映情况,村支书和村主任亲自安抚村民情绪,并派村委会成员及时进行打扫,才逐渐平息村民们的怒火。但村民心中“小火花”的焰心却很难吹灭。据了解,社会资本参与投资的几家民宿受益于资金与人才的优势,生意基本达到垄断的效果,而本村村民经营的民宿却生意惨淡,因此村民产生强烈的落差感。同时,私人经营的民宿群规模小,社会效益低下,过度依赖民宿、餐饮类旅游产品,导致脱离农业产业的现象,而乡村产业振兴的核心领域重在“三农”。出于资金限制与服务质量的担忧,民宿经营人员基本是民宿主与家庭成员,农民无法参与到民宿集群建设中,造成“穷者越穷,富者越富”的马太效应,拉大收入差距。民宿主王先生解释道:“我们归国创业的初衷不仅仅是为了赚钱,更是想为家乡发展贡献力量。但是投资民宿需要不少费用,没有多余的资金聘请人家工作。说实在的,村里居民大多文化程度不高,自身也不太放心交给他们来做。”村民们因没有获得就业机会而对村委会产生“信任危机”,经常去村委会反映不满情绪。“刚开始村委会告诉我们,建设武阳民宿群能增加收入,修建好的民宿也会招很多人工作。但是实际上,钱都让他们开民宿的老板赚了,一分钱也没进我们口袋,这不是逗我们玩嘛?”村民老刘摇了摇头。

(三)出圈——解锁武阳乡村民宿高质量发展的新模式

1. 顶层设计推进快，添砖加瓦载舟行

自党的十九大报告指出农业农村农民问题是关系国计民生的根本性问题，必须始终把解决好“三农”问题作为全党工作的重中之重、实施乡村振兴战略以来，国务院连续发布重要指示文件，对新发展阶段优先发展农业农村、全面推进乡村振兴作出总体部署，为做好当前和今后一个时期“三农”工作指明方向。正如习近平总书记在河南考察时的讲话所言：“依托丰富的红色文化资源和绿色生态资源发展乡村旅游，搞活了农村经济，是振兴乡村的好做法。”乡村民宿在发展乡村旅游中发挥至关重要的作用。伴随着乡村振兴与共同富裕的号角吹响，浙江省积极响应党中央号召，依次出台相关意见为乡村民宿集群建立保驾护航（见表1）。

表1 政策意见一览表

政策名称	发布时间	发布单位
《浙江省公安厅关于贯彻执行〈浙江省人民政府办公厅关于确定民宿的范围和条件的指导意见〉》	2018年1月12日	浙江省公安厅
《文成县人民政府办公室关于印发文成县民宿管理办法的通知》	2018年5月28日	文成县人民政府办公室
《浙江省人民政府办公厅关于实施“两进两回”行动的意见》	2019年10月22日	浙江省人民政府办公厅
《文成县人民政府办公室关于印发文成县加快发展“侨家乐”民宿产业实施方案的通知》	2020年6月18日	文成县人民政府办公室
《浙江省农家乐等级认定办法（试行）》	2022年3月6日	浙江省农业农村厅
《浙江省乡村旅游促进办法》	2023年2月17日	浙江省人民政府

为破解民宿产业发展难题,南田镇以武阳民宿建设为核心,率先成立“三位一体”的侨家乐合作社,对民宿生产、销售、信用等三方面进行规范化提升,推动民宿服务质量整体跃升。据调研了解,民宿客房年平均入住率达到85%以上,并通过入股分红、本地招工等方式,实现村集体经济发展壮大和村民增收致富。武阳村坚持“乡村运营”理念,围绕“村庄景区化、民宿联合化、产业组织化、治理现代化、服务品牌化”发展目标,创办村集体公司——文成县明武旅游发展有限公司,明确限定资源企业准入条件,即引入武阳的资源企业需与明武公司签订股份合作协议,以期通过资源合作的模式增加村集体经营性收入,积极探索乡村民宿高质量发展的新模式。针对武阳乡村旅游发展衍生的环境污染、民宿安全隐患问题,镇政府牵头引进绿城咨询、绿城服务等运营团队,由绿城物业对武阳村域进行统一物业托管。绿城物业集团为村民、游客与民宿主提供高品质的物业管理服务,包括环境保护和交通疏导等,实现提升村民幸福感与游客吸引力双重目标,推进“政企村户”共建共享。同时,充分发挥党员示范带头作用,召集村党支部所有党员针对土地流转问题进行商讨,老党员亲自向村民解释建设百亩荷塘的重要性与推动乡村旅游发展的初衷,并以党员个人名义保证租金按时发放到位。村支书刘化焕说:“我们村有几个老党员在村委会工作过很多年,对村里的贡献村民们都看在眼里,所以村民对他们的信任程度较高。在老党员的帮助下,百亩荷塘项目得到顺利推进,为后续乡村旅游发展奠定坚实基础。”武阳村高度重视专业人才引进工作,依托《浙江省人民政府办公厅关于实施“两进两回”行动的意见》的政策优势,加速专业人才、技能与资金等要素流回武阳。武阳村在县人才办、镇党委的支持下,持续开展乡土人才、乡贤人才、大学生等人才排摸工作,深入挖掘华侨、民宿经营人才等各类社会精英,完善人才信息库,实现动态管理,促进人才发挥振兴乡村效用。在此基础上依托武阳刘基故居优势,打好“华侨”“乡情”“刘基名人后裔”三张牌,引导遍布世界各地的人才资源回乡创业。“每年过年回家,村委会都会召开‘新春恳谈会’‘乡贤联谊会’等活动,给我们介绍村里旅游情况与侨民回乡开办民宿的优惠政策,我们春节在家看到人来人往的游客,确实会萌发出回乡办民宿的想法。”此前一直在意大利生活的民宿主王先生说道。

2. 公司运转遇难题，基层工作练就“三头六臂”

随着我国农村经济的快速发展，村集体企业也逐渐成为推动农村经济发展的重要力量。武阳村委会作为农村自治组织的核心，充分利用现有的资源优势、政策优势与社会关系优势，创立文成县明武旅游发展有限公司，但是令人头疼的事情接连出现。创办企业需要大量的启动资金，对于许多村庄来说，这是一个巨大的挑战。如果没有足够的资金，村集体经济组织只能是一个“空壳”，无法达到推动乡村经济发展的核心目标。起初，镇政府承诺给予启动资金，但是政府资金审批程序复杂，启动资金一直没有发放到村集体手中，资金困扰导致武阳村集体公司无法正常运转。这无疑给武阳村村委会工作人员带来不少考验，基层村干部身负多职、往返多地，必须学会“弹钢琴”。“每周需要跑去镇里询问资金审理情况，同时做好两手准备——通过各种途径寻求外部资金。我们也是第一次经营村集体公司，企业管理相关的知识都得从零开始学习，同时还要准备政府的考核、处理村民的诉求。”刚入职武阳村村委会的小王无奈地说道。长此以往，基层工作人员积极性下降，年轻干部纷纷离职，不是通过考试被调离，就是被借调到上级单位。村支书刘化焕叹了口气，说道：“通常被借调的都是工作能力强的人，现在管理还是要看他们年轻人啊，我们一用不来电脑，二接受能力差，实在是力不从心。”基层人才缺失导致武阳村持续化发展的内生动力与创新活力不足。

3. 传统文化与海外文化在融合中的碰撞

作为明代开国元勋刘伯温故里，武阳村是一个极具人文特色的村落。作为一处集文化、历史、自然风光和艺术价值于一体的旅游胜地，武阳村不仅是中国历史文化的重要遗产，更是中国传统文化的瑰宝。2020 年初，文成县有机融合文化优势与传统民宿，打造乡村民宿的高级形态——“侨家乐”，为侨民回国发展提供新机遇。“百汇阳轩”民宿主王先生说道：“我们在意大利旅居了 7 年，国外的生活丰富了我的文化视野与生活经验，一直都想把国外学到的优秀经验带回家乡，为乡村振兴的推进贡献力量。而且国家特别支持侨民回乡创业，给予了很多优惠政策。”然而，海外文化，与中华传统文化碰撞出“火花”，成为武阳乡村民宿高质量发展的痛点问题之一。

传统文化承载着武阳村光辉的历史人物事迹,是历史长河中积淀和渗透下来的文化瑰宝,具有凝聚性与滞重性。而海外文化相对于中国传统文化来说,是一种具有多元性、交融性与创造性的新型文化形态。传统文化与海外文化本身特质的差异会造成审美意识与价值观念的碰撞。为保障乡村旅游稳步发展,需要大规模开发土地、改造与拆除相关建筑,且民宿建设需要在原址上进行重新修葺与改造,此举引发武阳村村民的不满情绪。究其原因,武阳部分村民存在传统观念,三天两头来村委会反映在历史遗址上修葺改造影响到风水问题,基层工作人员也跟村民解释不通。群众怨声载道,认为村委会"不作为",多次向村委会发表反对意见,均得不到有效回复。而且总体来说,乡村依旧是一个人情社会,村民甚至会拿亲戚或者长辈的身份来训斥基层工作人员。不仅如此,为宣泄不满,村民组队成为不同民宿的"常客",有时候一坐就是一整天,"侨家乐"民宿改造工作经常受到阻碍。"野舍武阳"民宿主黄女士透露,在民宿建设过程中发生过村民阻挡施工的纷争,"村里很多老人批评我们崇洋媚外,把外国乱七八糟的一套带回家乡"。同时,整齐划一的民宿门牌与摊位使得武阳村的人文魅力被浓厚的现代商业气息笼罩,这种过度迎合利益的现代文明浸染,对具有精神性文化意义的传统文化产生重大冲击。"感觉村里都不像家乡,更像是个商业街",摊主刘阿姨感叹道。"原真"是保护的核心。一味地守旧不变必将走向消亡,而盲目地创新改变也必将流失内在底蕴。因此,传统文化与现代文化在融合中必定存在碰撞。海外文化对传统文化而言,既是阻力也是推力,如何协调好阻力与推力的平衡统一是武阳乡村民宿建设的一大考验。

4. 集体分红火花现,多主体利益纠纷进入"白热化"

明武旅游发展公司不断开发生态停车场、新能源充电桩、游览观光车等景区收费服务项目,并委托绿城物业对公共服务设施实施收费管理,每月可通过停车费、充电费、摆渡费等增加村集体收入 2 万元。根据此前的会议讨论,镇政府只负责支付启动资金,后续工作与分成由村集体经济组织自由支配。武阳村集体公司初期的资金困难在后续发展中埋下"地雷",造成村集体公司"入不敷出"的问题,所得收入需要分配至银行贷款与村民分红两项支出,从而爆发新一轮资金困难。村民分红被拖欠，对村集体经济组织的信任度越来越低。同时，武阳村集体公司管理能力存在短板，未公开透明村集体公司的经营决策，村里不少人觉得集体资产"看得见"却"摸不着"。村民代表王先生说道："我们大伙儿都不知道赚的钱去哪里了，村委会总说用到乡村旅游项目中去，也没有给我们展示具体的流水。"信任危机不断蔓延，村民陆续向村委会咨询退股事宜。且绿城集团的介入需要向村集体收取物业费，每年物业服务费用为54万元，主要通过村集体、民宿等社会经营主体、村民按一定比例共同给付。物业管理费支付中：村民占20%、民宿等经营主体占50%、村集体占30%。费用收取又是一个大问题，很多村民明确表示不愿意缴纳费用，认为自身股份分红资金未及时发出是一种村集体的违约行为，那自己当然也可以不履行约定。村民黄老伯说道："发展乡村旅游并没有如开始大家说的那样天花乱坠，我们村民没有得到多少发展收益，这些钱基本都被民宿主与企业赚走了，也没有给乡村带来什么贡献。"对此，民宿主们表示非常委屈，"这么说未免太寒心了，我们不仅要承担全村一半的物业管理费用，还需支付'民宿反哺资金'，也提供了不少就业岗位给当地村民。民宿产业本来就需要大量资金投资，我们已经尽力在为乡村做贡献了"。村委会夹在中间也难以持续推进乡村旅游工作，多方利益主体的矛盾纠纷进入"白热化"阶段。

（四）融圈——构建武阳乡村民宿高质量发展的联合体

1. 党建引领，由"单打独斗"变"抱团取暖"

强化党委统一领导，各类组织落实党建共商、事务共管、资源共享、文明共创、难题共解等举措，实现资源联动融合、共同发力。镇党委牵头组建适应"政企村"联动发展的党建联盟，党建联盟架构为镇党委统领，管理武阳村党支部、"侨家乐"民宿党支部、物业公司两新党支部，协调南田镇卫生院党支部、农商银行党支部、志愿服务队党支部等服务型党组织，凝聚共同发展合力，激发乡村振兴活力。多个党支部与群团组织共同组建红色网格，参与环境评议、矛盾调解、志愿服务等公共事务，集思广益，为武阳乡村民宿高质量发展提供发展智囊。

武阳乡村民宿逐渐找到发展门路，通过党建引导民宿联盟，健全武阳民宿利益联结机制，抱团取暖式发展来满足游客的住宿需求。社会资本主动给当地居民提供服务，向游客推荐当地特色农产品，例如杨梅、玉米等，无偿给农民提供售卖场地，释放乡村民宿的社会价值。具体表现在：不断完善“侨家乐”合作社“三位一体”的运转机制，对民宿生产、销售、信用等三方面进行规范化提升，依托“侨家乐”民宿产业联盟，武阳村将全村23家民宿纳入统一管理，启动龙头民宿帮扶带动小民宿的联合体模式，通过客房共享、分流客源的方式，拉动小民宿营业额，每年增加营业额约50万元。推动“村+公司+民宿+农户”抱团发展，发挥合作社示范引领作用，通过统一管理，有效解决民宿行业资源内耗、局部恶性竞争等问题，并不断拓宽民宿助农渠道，通过民宿收购、代销农产品等方式带动农户增收。每个民宿开展助农展销区，帮助农民销售农家菜，村集体、民宿业主、村民三方互为支撑，创新多种增收模式。2022年，村集体经营收入增幅达20%，村民人均收入增加15%。同时，村企联合制定“惠民服务清单”，通过共享党群服务中心、养老驿站、武阳书院等阵地空间，整合现代南舍、农商行、卫生院等资源力量，让村民享受家门口的便民服务。[1] 当前，武阳村拥有23家民宿，2019年游客接待量达27万余人次，民宿产业总收入达1000多万元，年均开展志愿暖心活动和便民利民惠民服务80余场。村企联合将“以民为本”作为发展的根本目标，多个主体联结发挥“1+1>2”的协同效应，实现公共资源最大化利用，共建共享乡村振兴发展红利。村支书刘化焕笑呵呵地说：“村民的腰包鼓了，笑脸多了，大家的纷争和投诉也少了，我们基层工作人员肩上的担子也轻了。”

2. 共商共议，拓宽共赢合作领域

通过一次次走访调研与村民代表大会的开展，南田镇党委了解到村集体、民宿业主、村民的需求共同点是“增收入、提服务、强管理”。针对已引进的绿城公司，注重需求导向与问题导向，进而建立有效的机制保障。强化绿城房地产咨询集团有限公司的信息咨询作用，以村民、游客、民宿业主为主要对象，对武阳村文旅现状进行全面调研，并会同浙江科技学院、县农业农村局、镇政府进行分析，提出方向性建议。截至2023年，已经完成问卷122份，访谈72组。经过反复论证，武阳终于勾勒出理想企业的画像：致力服务、注重人文、资源丰富、创造价值。在反复调研与论证的基础上，绿城集团在为村民、游客、民宿提供高品质的物业管理服务的基础上，拓宽共赢合作领域，以“授人以鱼不如授人以渔”的思想，派遣专业经理人入驻武阳，提供专业服务素养与技能培训，从根本上弥合村民处于复杂利益场域中的“技能鸿沟”。通过优化服务联结的方式，提升村民的就业竞争力。建立“政企村户”定期会商机制。针对武阳乡村振兴过程中存在的困难，每周二定期开展政、企、村、户发展座谈会议，协商解决村民诉求。同时为增进村民对政策的了解程度，武阳村设立镇长办公日，实地解答疑惑、解释政策、解决问题。村支书刘化焕说：“截至目前，已经召开座谈会10余次，停车场、蓄水池等项目已落地实施。”同时，围绕乡村全面振兴这一核心主题，建立村集体增收协商机制。每月的农历十五，村两委召开村集体收入协调会，听取绿城物业工作月报，公开村集体收入月报表，针对经营性项目分析存在的问题进行解决方案的商讨，党员代表、村民代表、民宿业主代表进行月度总结，对村庄长远规划、长效发展、常态化管理提出各自的意见建议。根据调研，2022年以来，已解决环境整治、村集体资产流失、游客服务等问题70余个。

3. 筚路蓝缕，民宿“流量密码”何处寻？

(1)缺乏特色“侨基因”

武阳村乡村民宿突出问题是简单物化本土特色与侨元素的结合而成的“侨基因”，缺乏创新特色。一是民宿文化融合缺乏特色。将“中西混搭”简单理解为中式庭院中摆上几幅油画、一瓶红酒或是进行欧式装修，而忽视华侨故事与当地生态环境、人文景观、乡村风貌、景区布局的融合共生。只有以文成特色侨乡文化为主题，以文旅资源为依托，资源整合，连珠成链，才能凸显“侨”，获得“乐”。现存大部分旅游民宿缺乏对地域文化的深度挖掘，历史文化与侨乡文化融合度不高，文物活化利用不充分，非物质文化遗产生产性保护与开发欠缺，乡村民宿的文化内涵有待进一步提升。二是民宿产业链条缺乏特色。已建成的武阳乡村民宿尚未形成复杂多样化的“民宿＋”模式，主要体现在文创产品的开发水平参差不齐，主要产品是印有“文成武阳”logo的书签、帆布袋、食品等日常用品，未充分结合武阳村的特色产业进行设计。乡村旅游体验方式单一，大多数局限在“吃农家饭，干农家活，赏农家景，住农家屋”层面，与其他产业联合度不高,融合业态不充分。“百汇阳轩”民宿主王先生对武阳村乡村民宿的未来也曾表示过深深的担忧,“这里乡村旅游比较吸引游客的是百亩荷塘和刘伯温故里,荷塘不是武阳特有产物,大多数游客来体验过一次太公祭之后,可能也就失去了新鲜感,我们也担心过没有特色,留不住游客,可能会导致民宿产业缺乏持续的市场吸引力”。

(2)品牌知名度低

民宿品牌效应不足也对武阳乡村民宿产业高质量发展造成困扰。乡村民宿行业发展时间较短,自成立“侨家乐”品牌以来,文成县为进一步打响“侨家乐”品牌和文旅知名度付出过许多努力,政府引导举办以“侨家乐·YOUNG起来”为主题的“侨家乐”民宿直播产品售卖活动,借助网络宣传文成县的山水风光与特色民宿。经过一系列特色宣传活动,“侨家乐”民宿品牌在浙江省迅速出圈,吸引游客争相体验。但“侨家乐”民宿分布在文成县各个乡村,武阳村位于山区,地缘位置较偏远,旅游效益不佳。既浪费资源,也在无形之中对村民的积极性造成负面影响,进而阻碍乡村民宿产业可持续发展。同时,后续宣传任务下发到各个乡镇,乡镇对网络营销手段的运用技能较低,宣传形式单一,宣传推介品牌、联动互动能力有待加强,错失“趁热打铁”的良机,未充分发挥品牌的辐射效应。“侨家乐”品牌知名度较低与各地乡村旅游竞争激烈的叠加压力下,武阳乡村民宿市场定位与对接不足无疑是雪上加霜,从而导致武阳村乡村旅游产业疲软。

(五)建圈——走好武阳乡村民宿高质量发展的特色道路

1. 守根铸魂,提升民宿品牌辐射效应

如今,乡村民宿遍地可寻,如何留住游客是民宿发展的关键所在。以特色文化激活“产业振兴因子”。从宏观视角切入,武阳村致力于深挖伯温文化内涵,打造具有富有文化内涵的特色旅游小镇。借助“侨家乐”品牌效应,打造与伯温文化联名的衍生品,拓宽村民增收渠道。同时,深化结对帮扶新模式,积极引入社会力量,激发乡村全面振兴的社会合力。通过结对共建的帮扶模式,为侨胞们回报家乡的理想抱负提供实现契机,而对于结对村庄和村民来说,得到实实在在的收益,切实增进民生福祉。并且伴随着“侨助工坊”辐射范围不断

扩大，“侨家乐”民宿的品牌效应得以提升。

从微观视角分析，民宿主人不断挖掘自身特色，通过网络等多种方式探索符合自身气质的品牌定位。依托“侨家乐”品牌优势，用好“侨”的资源、“侨”的特色，结合当地独特的生态优势与人文魅力，以小切口带动大产业。“野舍武阳”民宿主黄女士感叹道：“如今旅客的需求越来越多样化与高端化，因此对我们民宿从业人员提出了更高的服务要求，不仅要保障旅客住得舒服、吃得安心，更要在乎旅客的精神需求，努力达到物质富裕与精神富裕的协调统一。”按照“一家一特色，一宿一风情”的要求，对民宿内部进行特色装修，充分展现侨特色和侨元素。实木沙发配以产自各国的红酒、啤酒以及咖啡豆，中西文化的混搭感吸引大量游客前来打卡拍照。与此同时，黄琳琴创新了一桌中西合璧的美食——伯温家宴。“我们店里一道特色菜是柠檬烤鸡。我们去年销售了将近 2000 只本地鸡，都是从本地村民那收购的。”武阳村特色民宿带动当地农产品销售，促进村集体与村民增收致富。

2. 蝶变升级，创新“民宿 +”产业形态

为满足游客个性化需求，武阳乡村民宿紧跟时代潮流，“如今生活在网络时代，信息获取都比较便利，我们会挑选合适的潮流作为民宿衍生产业”。2022 年起，大多数武阳乡村民宿将“围炉煮茶”引入民宿特色消费之一，与武阳村伯温故里悠久的文化底蕴十分契合。同时，兴办“民宿 + 研学”活动。每年寒暑假期间，武阳村迎来浩浩荡荡的“研学大军”，在武阳的各个民宿与武阳书院、刘伯温故居等地留下游学足迹。根据相关新闻报道，2021 年暑假期间每天都有 100 多人前往武阳村进行研学活动，订单已经排到八月份。目前，武阳村正不断开发“民宿 +”生态圈，例如小规模的“民宿 + 康养”“民宿 + 赏花”等新型业态，解决村民就业难题，带动杨梅、糯米山药等特色农产品溢价 30% 以上，持续推进武阳“民宿 +”产业振兴。

3. 数智赋能，改善民宿产业管理模式

迭代升级“大明通宝积分智治系统”，将环境整治、矛盾调解、垃圾分类等作为赋分依据，以“隐居武阳”微信小程序为载体，村民可使用积分在小程序上兑换生活用品，推动村庄“治理”向“智理”转换。通过积分获取和兑换，联动村民、游

客、民宿、村集体等主体共同参与乡村治理。基于各主体视角,村民可以通过邻里互助、垃圾分类、矛盾化解等方面获得相应积分,民宿业主可以通过助农销售、出谋划策、招商引资等获取积分,形成共同营造游客舒适旅游环境的强大合力。同时,联合文成农商银行对信用服务中心进行改造升级,构建"金融+积分"模式,将积分与个人信用制度相挂钩,推动积分成为银行授信的重要依据,打造积分获取、授权、评估的全过程闭环,积分越高则贷款额度越高、贷款利率越低、审批速度越快,并推出更符合民宿产业发展的金融产品,不仅为村民发展乡村民宿产业提供贷款路径,也为民宿业主扩大经营、升级服务、提升设施提供金融保障,还为周边村民提供更加方便快捷的金融服务。依托村企资源,深入挖掘村规民约和刘伯温家风家训内涵,并通过电子屏幕等形式营造共建共治的良好氛围,不断增强村民的文化认同感和主人翁意识,持续激发村民自治活力。2023年以来,"大明通宝积分智治系统"中各主体已兑换积分8000余分,发动村民参与环境整治、矛盾化解、项目推进等1200余人次,解决各类问题62个。

(六)结束语

近年来,武阳村不断挖掘村庄的自然资源与特色文化优势,吸引游客欣赏游玩,对乡村民宿产业产生积极贡献。通过捕捉契合点、找准结合点、聚焦关切点的方式,引入多元主体协同共治,武阳乡村民宿项目突破重重关卡,产业振兴已初见成效。因此,探索武阳村民宿产业"破圈—出圈—融圈—建圈"的背后逻辑机理对发挥案例实际效益至关重要。如何化解利益主体纠纷,以产业高质量发展推动公共资源最大化利用,进而实现乡村全面振兴是后续案例分析的重点问题。

二、案例分析报告

(一)问题提出:"民宿+"产业如何助推乡村全面振兴?

推进中国式现代化,必须全面推进乡村振兴。党的二十大报告中明确指出,"全面建设社会主义现代化国家,最艰巨最繁重的任务仍然在农村"。作为一种能够整合乡村生态、文化与旅游资源的新业态,乡村民宿是实施乡村振兴战略的重要抓手，有效激发乡村地区内生创新活力，进而促进文旅产业融合发展，拓宽村民就业渠道，带动村民创业增收。自习近平总书记作出实施“千村示范、万村整治”的战略决策后，各级政府政策利好驱动乡村民宿进入发展红利期。2024 年中央一号文件强调：“实施乡村文旅深度融合工程，推进乡村旅游集聚区（村）建设，培育生态旅游、森林康养、休闲露营等新业态，推进乡村民宿规范发展、提升品质。”

虽然拥有诸多政策优势，但乡村民宿仍存在不少发展困境。具体而言：第一，乡村民宿行业门槛低，大多规模较小，缺乏精准的法律法规进行全面监管，民宿行业“杂乱无章”地发展。经营企业过度追求利益，忽略品牌效应，引发虚假入住、价格陷阱等行业乱象频频发生。第二，乡村民宿同质化严重，服务质量低下，无法为游客提供个性化、特色化体验。如今的乡村民宿普遍存在同质化问题，未将乡村本土特色、自然资源与人文优势有机结合起来，缺乏不同空间要素的重组与提炼，亟待因地制宜解锁特色发展模式。第三，村民在经营主体和利益分配机制演变过程中基本处于弱势角色。由于乡村整合旅游资源的机制尚不健全，相对其他利益主体来说，村民对市场需求的了解渠道欠缺，可支配创业资金少，持续经营旅游业务的专业能力较弱，村民参与程度低，从而导致乡村民宿发展的内生动力不足，村民在利益分配上处于被动局面。

学术界主要围绕乡村民宿的发展意义、影响因素以及发展趋势进行研究。落实乡村全面振兴战略的关键在于发展产业，乡村民宿作为一种利用闲置农村宅基地盘活的共享经济新业态，有效整合乡村生态、文化和旅游资源，以住宿功能为主要载体满足游客全方位旅游需求。[2]通过发挥乡村资源价值、提升乡村建设与休闲度假质量、整合乡村文化资源的方式，推动农村地区的现代化进程，在乡村振兴中扮演着重要角色。乡村民宿发展的影响因素主要包括市场需求因素、政策环境因素、服务质量因素、网络营销因素等。乡村民宿助推乡村全面振兴目标的实现，而村民作为乡村振兴的主要微观受益主体，其对乡村民宿的建设态度也是重要的影响因素之一。着眼于乡村民宿的发展趋势，在政策利好与市场需求的推动下，未来民宿将趋向于品牌化、市场化与智能化发展，民宿发展可依托自然资源、地理位置或传统文化特色等方面。

乡村振兴不仅要激发主观能动性与创造性,更需要彰显公共性。2022 年,文化和旅游部等十部门联合印发了《关于促进乡村民宿高质量发展的指导意见》,明确指出“积极吸引农户、村集体经济组织、合作社、企业、能人创客等多元投资经营主体参与乡村民宿建设”[3]。可见,组织联结是乡村振兴主体性与公共性融合的重要载体,乡村民宿行业的繁荣发展离不开政府部门、企业、民宿主与当地村民等多主体进行协同治理。因此,本案例通过复盘武阳村乡村民宿产业从“破圈—出圈—融圈—建圈”的演化经历,分析武阳村化解利益冲突进而实现公共资源最大化利用的内在逻辑。基于武阳“民宿 +”产业发展实践,以多元主体协同理论与公共价值理论为指导,深入剖析复杂利益场域中多元主体协同共建公共价值的实现路径,以期为推动乡村全面振兴提供理性决策。

(二)研究设计

1. 案例选择

本案例选择武阳乡村民宿产业作为研究对象,主要有如下原因:一是乡村民宿是助推乡村全面振兴的重要力量。“民宿 +”作为一种新兴产业形态,起到整合乡村资源、促进乡村特色产业发展的核心作用。二是研究对象具有代表性。一方面,样本村乡村旅游资源丰富,文化底蕴深厚,乡村民宿项目小有成效。由此可见,研究对象具有良好的代表性。另一方面,武阳乡村民宿建设历程全面反映了典型的基层社会治理难题。乘着乡村振兴与全体人民共同富裕的东风,社会资本、人才等要素涌入武阳,武阳“民宿 +”产业雏形初现。但出于自身利益考虑,各主体之间存在既相互依存又相互矛盾的复杂关系,利益冲突贯穿整个乡村民宿发展历程,进而影响公共资源价值的合理分配。为此,本案例构建武阳乡村民宿多主体共促共享公共资源价值的分析框架,以期助推“民宿 +”业态高质量发展与乡村全面振兴。

2. 研究方法

本案例主要采用了文献研究法、实地调查法和案例研究法。

(1)文献调查法

通过中国知网、Science Online 数据库,进行文献筛选与整理,梳理乡村民宿发展背景、现状以及影响因素,借助已有研究全面了解研究对象,为后续案例分析提供理论基础。

(2)实地调查法

本次调查采用实地调查法。实地调研浙江省温州市南田镇武阳村,观察记录武阳乡村民宿发展历程与发展情况,以小规模座谈和深度访谈两种形式了解政府部门对于武阳乡村民宿的建设目标与发展困境,同时倾听民宿主、村民与游客多主体的诉求与建议,深入评估与分析武阳“民宿+”产业的发展实践。

(3)案例研究法

案例研究法是当前实证类研究的主流研究方法,它能够立足于微观细致的分析角度,加固不同社会要素之间的联系与机制,甚至反映某种制度环境或社会整体性变迁。将武阳乡村民宿建设实践作为典型案例进行深入剖析,梳理其“破圈—出圈—融圈—建圈”的发展历程,探索其实现多主体共建共享公共资源价值背后的逻辑机理,健全多主体协同共建公共价值的理论新范式。

(三)理论基础与分析框架

1. 多元主体协同治理理论

协同共治是现代社会推进社会治理改革的重要方式,也是实现国家治理现代化的关键途径。[4]2024年中央一号文件提出“推进乡村全面振兴‘路线图’”“以提升乡村产业发展水平、提升乡村建设水平、提升乡村治理水平为重点”,无疑为协同治理提供了良好发展契机。回顾多元主体协同治理理论的演变历史,20世纪70年代以来,西方国家掀起了一场以削减政府职能为方向的新公共管理运动浪潮,却以公共治理严重失效告终。因此,许多国家尝试将协同理论用于公共管理活动,“以协同治理机制对付市场或国家政府协调的失败”,从而形成了基于协同治理的公共治理理论。结合各国治理实践,逐渐形成系统的现代多元主体协同治理理论。多元主体协同治理理论并不是“协同理论”和“治理理论”的机械相加,该理论认为,各主体有机协同能够保证系统高质高效地运行。多元主体协同治理理论通过构建平等、互动、协商的公共治理框架,提升公众、企业、社会组织等多元主体在公共治理中的参与度,进而有效推进公共治理的长效化与规范化发展。

如今多元协同治理理论被广泛用于公共管理、经济管理等领域之中。多元协同治理理论与本案例乡村民宿产业发展具有较高的适配性,思想内涵始终贯穿武阳乡村民宿发展过程的每个阶段(见图1)。案例中武阳村乡村民宿发展初期完全依靠政府部门单方面治理,政府一元管理模式导致政府部门工作任务重,基层工作人员压力倍增,工作积极性大幅度降低,且受制于乡村民宿自身产权不明晰特质,政府无法对其进行全面监管,导致各主体利益纠纷不断,武阳乡村民宿业态发展严重失衡。可见,仅靠政府单方面治理是无法实现公共价值最大化利用,亟待引入社会资本、村民、村集体有限公司等多元主体进行协同治理,多元协同治理的思想在此萌芽。而在乡村治理的复杂利益场域中,治理主体出现"各自为政"的现象,主体之间存在的利益目标冲突进入"白热化"阶段,构建多元主体、多维互动的协同治理模式至关重要。"抱团取暖式"发展为多元协同治理实践奠定基础,多主体共商共议,不断创新管理模式,将多元协同治理理论扎根在武阳"民宿+"产业发展的实践应用中。

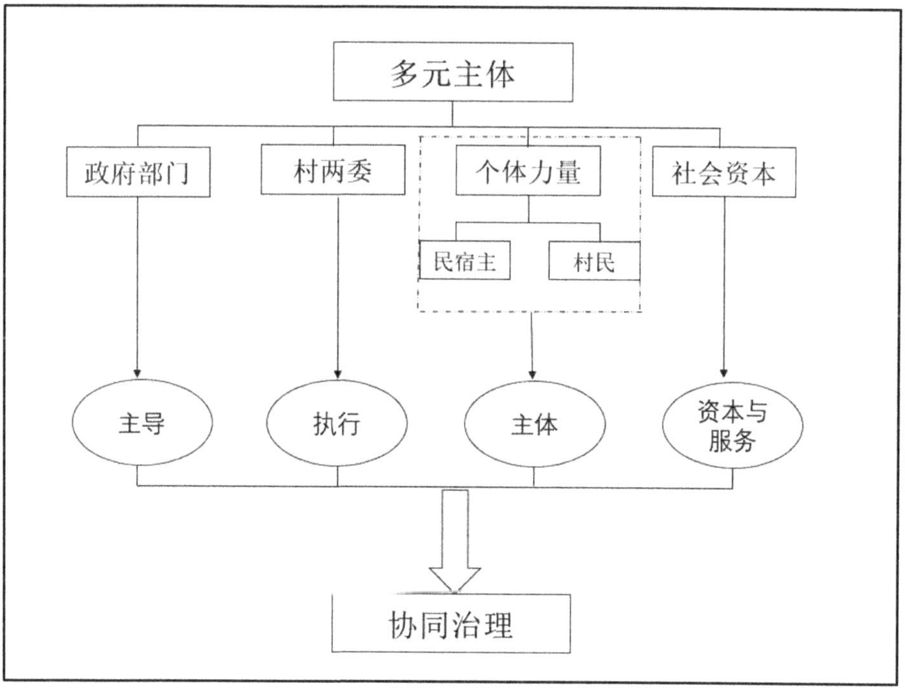

图1　多元主体协同治理框架图

2. 公共价值理论

20世纪80年代以来，西方国家掀起大规模的政府治理环境改革运动，传统的公共行政范式无法契合错综复杂的社会关系。因此，公共价值理论应运而生。“公共价值”最初由马克·穆尔教授提出。书中认为，创造社会公共价值是公共管理的终极目标。公共价值理论则是在“公共价值”概念基础上延伸的理论。相较于传统公共行政范式，公共价值理论注重外部环境与公众意志，通过整合多元价值，灵活调整组织框架，实现公共资源价值最大化利用。根据马克·穆尔的三角模型，政府战略管理以创造公共价值为核心目标，聚焦使命价值、运作能力、合法性与支持三个基本因素展开工作（见图2）。公共价值理论认为，政府管理者需精准定位组织的职能定位，整合内外部资源，构建社会公共价值创造体系，根据社会公众的期望与诉求，创新互动方式，从而实现组织公共价值最大化利用。公共价值创造过程也被视为投入—产出过程。作为公共价

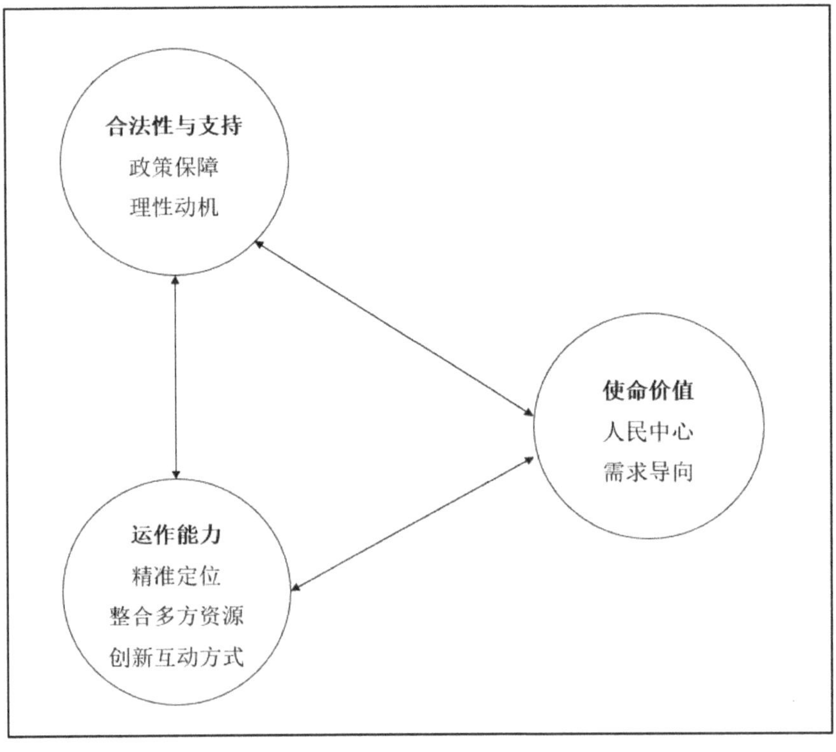

图2 马克·穆尔的三角模型

值的创造者之一,各类组织需要投入大量的时间精力等要素,并且需要承担一定的风险,产出则代表是否能够获得直接或间接收益。投入产出比表示利益主体付出与回报的比值,当其认为投入产出比符合预期时,才会愿意参与公共价值共创。简单来说,公共价值必须是由政府、企业、其他利益相关者等多方共同参与创造的产物。

民宿产业作为乡村旅游市场上的一种新兴业态,本质上是政府部门宏观引导、企业和个人自由经营、村民支持意愿和游客消费体验共同作用的结果。案例中武阳乡村民宿产业发展模式在政府部门、村委会、民宿主、村民与企业之间的磨合中不断优化,充分考虑到村民等社会公众的切实感受与市场动态。因此,与公共价值理论契合度较高。具体而言,武阳乡村民宿产业以旅客体验与村民对民宿的支持情感价值为导向,强调民宿主与游客、当地村民多维互动的参与行为,顾客可以将自己的需求、意见和建议反馈给民宿主。而民宿主还可以通过网络获取部分评价,同时政府部门根据掌握的宏观信息与村民的反馈建议进行引导。民宿主依靠这类重要信息结合村庄侨乡文化、历史文化与各类资源优势进行改进产品和服务,从而更好地提高客户满意度,向经济价值与社会价值兼具的民宿产业集群目标奋进。公共价值由共创意愿引发,较高的参与意愿催生共创行为。共创意愿与社会期望息息相关,例如村民感受到民宿主在有利所图的同时,也积极为村集体、村民们谋利益,村民对村庄民宿发展建设的支持力度会不断提升。案例中所体现的公共价值精髓是民宿主、村民、企业与村两委等多主体在参与“民宿＋”产业振兴的公共价值创造活动中,各方切实获得符合预期的利益价值。民宿主、绿城企业获得经济效益与社会效益双赢,村集体与村民实现增收致富。政府组织结合地方文化优势、政策优势与人才优势,从而推出特色型、创新型的产品与服务,推动乡村民宿产业与乡村全面振兴良性发展。

3. 多元主体协同治理模型下的公共价值最大化分析框架

多元主体协同治理模型为案例分析奠定框架基础,但是细究武阳村乡村民宿特色集群发展历程,服务主体与本质受益主体的参与程度和主观情感起到至关重要的作用,多元主体协同治理能够有效解决不同主体利益目标冲突、政府

“有心无力”、民宿行业因缺乏监管而乱象频发等现实困境。为推进乡村全面振兴发展的民主化进程，嵌入公共价值理论，在多元主体协同治理模型下的公共价值最大化分析框架中，分析武阳村“民宿＋”产业涉及的多元主体如何实现公共价值最大化利用，其中的关键影响因素是如何挖掘出来的，进而剖析武阳乡村民宿产业特色化发展赋能乡村治理效能的内在机理，加速迈向乡村全面振兴的坚定步伐（见图3）。

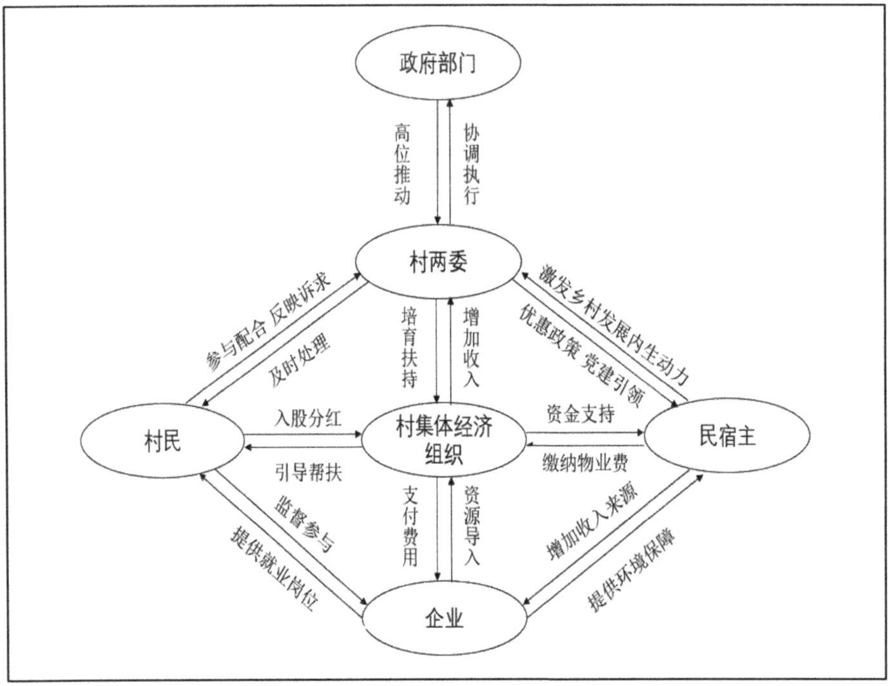

图3　多元主体协同治理模型下的公共价值最大化分析框架

（四）案例分析：武阳“民宿＋”产业振兴的多元行动逻辑

1. 多元复杂利益博弈中的启动逻辑：政治势能与理性动机

乡村民宿作为乡村旅游的重要业态，国家高度重视，将乡村民宿定位为带动乡村经济增长的重要动力和助力全面推进乡村振兴的重要抓手。[5]尽管行业发展具有诸多顶层政策支持，但地方政府在乡村民宿发展议题上的政策行动存在显著差异，因此，乡村民宿行业发展的政策执行机理颇具复杂性。聚焦本案例,自乡村振兴战略实施以来,南田镇政府依次出台相关政策性指导意见,扶持武阳乡村民宿集群发展。武阳村委会积极响应上级政府号召,但在上级政府的政治势能与社会公众理性动机的双重压力下,基层治理问题层出不穷。

(1)政治势能

政治势能是指为达到一定的政治目标,激励并维持主体参与管理活动的内在动力。在中国现行行政管理体制下,一般呈现的是中央政府树立政策大方向,地方政府积极响应,并结合现实考察,因地制宜地颁发衍生性政策文件的公共治理格局。由此可见,基层政府在公共治理格局中扮演着越来越重要的角色,但基层负担也在逐年加重。并且,各级政府间在政策制定和执行中互相影响。聚焦武阳乡村民宿建设具体政策实践,基于宏观发展和公共利益考虑,中央政府为建设和管理乡村民宿设定了整体政策目标和执行要求。[6]而地方政府工作积压已成常态,深究原因:一是政出多门、多头管理的现象直接加重基层政府的执行负担。当政策颁布后,要严格执行上级政府及职能部门制定或转发的政策文件,譬如出台《文成县人民政府办公室关于印发文成县民宿管理办法的通知》后,要求基层政府积极反馈,上报接收通知情况、关于民宿管理办法的意见与现实执行情况。而基层政府往往要对几十个上级领导部门汇报负责,加重基层工作人员工作负担。二是上级政府部门的各种检查活动频繁,无形之中加大基层政府业务工作量。三是考察模式繁杂。为实现武阳乡村民宿特色集群发展,县级以上职能部门采用"会议布置任务—签订责任书—检查考核"的工作机制,通过垂直管理下放责任到基层政府——武阳村村委会。[7]一段时间后,接踵而来的就是各级检查考核。检查中若任何问题或事故,基层政府会被立即追责,乡镇政府因此多次被通报批评,这无疑降低了武阳村村委会的工作热情。以上种种,导致基层政府工作人员身兼多职、往返多地,必须得学会"十根手指弹钢琴"。基层工作人员福利待遇差、心怀热血,却屈服于现实。年轻干部纷纷离职,通过考试或者借调到上级单位等方式"逃离"基层。由于人才缺乏,武阳村委会工作推进陷入恶性循环。

(2)理性动机

理性动机则是反映政策执行的根本受益主体——人民的直接诉求。从社会契约角度分析,人民是国家权力的受益者,但不可能所有群众都拥有管理具体公务的契机。因此,各级政府实际是依托群众的权力进行公共治理。地方政府在政策制定和执行中,应当倾听民意并及时反馈,高度重视人民意见,以人民利益为核心,保障群众利益。事实上,群众的理性动机贯穿在基层政府执行乡村民宿发展政策的全过程之中。武阳村委会结合当地特色,制定出本地的乡村民宿发展政策,但群众诉求依然此消彼长。一方面,村民对民宿未来运营的信心较弱,担心付出太多成本而得不到相应的收益。另一方面,相较于投资方而言,村民认为自己所得利益不符合自身期待,从而产生负面情绪,引发乡村治理难题。再一方面,大多数乡村仍属于熟人社会,武阳村也不例外。治理逻辑与乡土逻辑不适应,人情压力大。在村民维权或争取政策利益时,遇到问题习惯于“讲人情、讲关系”,甚至是“胡搅蛮缠”,给基层工作人员施加人情压力,严重阻碍乡村民宿高质量建设进程。

2. 多元主体协同的修正逻辑:提升参与效能感颇有成效

(1)聚焦“党建统领”,夯实组织基础

首先,村党支部牵头,积极回应民意诉求。在座谈会的基础上,巧用村庄人力资源,聘请威望较高的老党员参与政策宣传活动,由村委会委员组织政策解读培训活动,讲清民宿建设政策的来龙去脉。根据访谈记录所介绍的工作流程,依次确定各村小组成员的空闲时间,采取“老党员 + 村委会委员”的工作模式同步进行入户宣传,及时安抚村民情绪,讲明乡村旅游发展利害,记录村民诉求并及时处理,此举有效提升群众参与民宿建设的创造意愿。与此同时,积极反馈村民诉求,创新古屋古道修缮模式,推进“微改造、精提升”。围绕“村庄景区化”目标,积极盘活村内资源,以租赁、承包经营等多种形式对闲置场所和土地进行开发利用,盘活村里的闲置农房,引入工商社会资本,打造特色主题民宿群。2021 年,武阳村提出了“党建引领、乡村运营”理念,积极探索“政企村”治理新模式,逐步筑牢“三式服务体系”,着力打造人和、村强、民富的和美乡村。聚焦武阳村侨乡文化资源优势,开展以村党支部和“侨家乐”民宿联合党支部为核心的党建联建,在联建中统一村民、民宿业主思想,有效地把过去的“单打独斗”转变成“抱团发展”,形成资源共享、问题共商、事务共管、难题共解、矛盾联调的联合体,深化武阳乡村民宿建设的社会价值。

(2)聚焦“村企合作”,做强特色产业

武阳村通过生态保护和基础设施提升,吸引“绿能公司”等企业的优质项目入驻,打造出一个集百亩荷塘种植观光、农耕文化体验、户外拓展、休闲采摘等于一体的农业园区,让游客既能了解传统农耕文化内涵,又能感受现代农业的魅力,提升游客体验感。采取“村集体经济组织 + 民宿主 + 农户”模式,整合社会资本的技术、管理和市场资源,提高农村产业发展的效益。不断深化“村企联建”产业链条,为乡村振兴注入“云”动力,帮助村民增收致富。同时,武阳村深挖刘伯温文化内涵,开发特色文旅项目,全方位打造具有鲜明文化内容、地域特色的文旅小镇。聚焦刘伯温文化开发,重点培育文化产业,进而不断拓宽居民增收渠道,扩大伯温文化品牌影响力。同时发挥企业的创新才能,创新生态旅游产品。

与此同时,华侨回报桑梓的创业热情也逐渐升温,越来越多的武阳侨胞将资金和技术带回家乡,投资创业,为乡村振兴的推进贡献力量。侨胞们纷纷抓住政策红利与“侨家乐”品牌契机,投入到武阳乡村民宿集群建设的公共价值创造过程,为乡村民宿建设注入人才活力。民宿主在加入民宿建设项目之前进行充分调研,明确乡村旅游的主力旅客类型,细分市场客人的差异化需求。需要特别强调的是,民宿主人在借鉴优秀民宿案例的基础上形成自己的特色,实现差异化设计。依托“侨家乐”品牌优势,用好“侨”的资源、“侨”的特色,按照“一家一特色,一宿一风情”的要求,对民宿内部进行特色装修,充分展现侨特色和侨元素。将特色文化与优势有机融合,极大提升武阳“民宿 + ”产业振兴的内在潜力。

(3)多元主体利益矛盾演化博弈

多元主体在不断推进民宿建设的过程中互相博弈,从而激发矛盾纷争。作为复杂利益场域分配中的“弱势群体”,村民的负面情绪愈演愈烈。基于村民的公共价值共创意愿分析,具体而言:一是村民在武阳民宿建设中缺乏参与权。乡村旅游业的快速发展助推乡村经济增长，但也给村民带来了资源占用、居住环境破坏等负面影响。对于村民而言，经济利益与生态利益、文化利益均属于自身利益范畴，当村民感知到所获经济利益的增加值远低于生态利益与文化利益的缺失值，则认为自身利益受损，进而导致部分村民对乡村旅游产业抱有抵制情绪。二是企业、民宿主与村民之间存在利益纠纷。企业与民宿主作为乡村旅游建设项目的决策者，通常以经济利益为导向，致力于创造更多的经济价值，且企业具有明显的资金与技术优势，面临最大风险的同时也会收获最多经济报酬。民宿主则受益于优惠政策与自身丰富的从事经验，能够发挥优势，推动民宿产业顺利运营。而大多数村民缺乏服务技能，对民宿产业的了解程度低，处于利益分配的弱势地位。乡村旅游发展的核心在于实现村民利益最大化，基层政府需要及时回应村民诉求，这也就意味着基层政府工作负担逐步增加。站在基层政府工作人员视角，在相同薪资报酬的前提下需要做额外的工作，导致基层工作积极性严重下降，在一定程度上损耗了组织的办公效率。在缺乏政府监管的环境下，趋利性的社会组织利用“价格战”等手段进行大规模扩张，滋生民宿行业乱象，造成资源错配等问题，影响整个民宿行业发展失衡。在多元主体利益矛盾演化博弈中，各主体利益均受到损害，违背乡村民宿行业建设的发展初衷。

3. 多元主体公共价值的实现逻辑：发挥“1 + 1 > 2”的协同效应

实现公共价值最大化讲究的是“三全”，即全员参与、全方位、全过程，而多元主体协同治理理论与公共价值理论融合，有利于公共资源最大化利用的“三全”实现。

(1)完善利益联结机制，提升利益相关者的沟通效果

健全“侨家乐 + 农户 + 企业 + 村委会”利益联结，推动管理经营人才投身“侨家乐”民宿品牌建设，发挥人才引领作用，创造特色民宿产品。精准定位民宿产业发展，依托村内旅游景点，形成完整的民宿集群产业链条。在政府支持与市场机制的共同作用下，应用结对帮扶等方式，拓宽农户就业渠道，带动乡村旅游与民宿行业蓬勃发展。各方沟通不畅导致利益相关者之间的矛盾纠纷不断蔓延，而建立利益联结机制能够有效地找到各方的共同利益，助推多元主体共享更多利益，提升多元主体的公共价值创造意愿。通过党建引导多主体党组

织联盟,推动"村+公司+民宿+农户"抱团发展,不断拓宽民宿助农渠道,通过民宿收购、代销农产品等方式带动农户与村集体增收。每个民宿开展助农展销区,帮助农民销售农家菜,村集体、民宿业主、村民三方互为支撑。同时,为改进利益相关者的沟通效果,建立有效的多方沟通平台。组织政府部门、社会组织、村民等多主体参与共建共享会议[8],合力解决利益纠纷问题。

(2)优化管理体制,推进乡村善治

民宿行业的发展,离不开制度的规范、政策的引导和政府的监管,市场火热的背后更离不开政策的支持。优化管理体制,统筹做好民宿行业监管至关重要。第一,厘清各部门监管边界,明确各部门职责,加强对乡村民宿的社会治安、污水排放、消防安全、市场秩序等方面的综合管理。第二,发布优惠政策,凝聚社会力量。重点构建全域"侨家乐"民宿产业聚集区,出台产业导入、民宿开办、金融优惠等优惠政策,从地段选址、资源介绍、政府一揽着手,全方位、全链条护航每一个来到武阳村投资开办民宿的品牌及企业,为民宿品牌方提供全方位的政策服务与支持。政企双方签订合作协议,建立稳定的合作交流机制,充分发挥民宿行业协会对乡村民宿的推动作用。第三,创新经营理念及模式,留住专业人才。巧用专业人才力量,开展服务理念与技能培训大会,提升村民的就业潜力与专业素养,进而带动村庄发展与村民增收致富,打造共同富裕的"武阳样板"。与此同时,激发特色民宿产品创造的内生活力,精准定位民宿产业发展,依托村内旅游景点,形成完整的"民宿+"产业链条。

(3)搭建互联网平台,创新特色民宿的发展模式

随着人工智能、5G、物联网等科技领域的技术发展,科技赋能美好生活,人们已经从各个渠道、场景逐渐感受到智慧化生活的便捷。数字重塑消费场景,各行业的服务观念也转变为数字化、智慧化、定制化。对民宿行业来说,数字化、品牌化转型升级更是逐渐成为应对新形势下激烈市场竞争的重要一环。[9]新形势下,文旅民宿产业正在加速转型升级,数字技术既能从内部对传统乡村民宿产业进行提质增效,也能融合外部资源,进而打造文旅民宿融合的新业态,加大对武阳村文旅民宿产业的宣传力度,扩大品牌效应。[10]

一是通过互联网平台的服务,自动监测与预警村庄各类隐患事件。例如交

通拥堵、山体滑坡、火灾、用电安全等，确保村民日常生活安全可靠，同时对隐患事件处置过程进行全流程透明监督，让传统古村落得到有效保护。完善村庄数字基础设施，设置具有多功能、互动性的监控设备进行“数智监管”。实时监测村内环境污染、违法停车等现象，并进行智能化处置，赋能乡村数字化治理，实现乡村村务信息与服务的数字化，开启乡村治理新模式。二是依托网络平台，提升民宿 IP 影响力。[11] 数字网络为民宿业主和民宿投资人提供信息交流平台。利用互联网高效推广产品、吸引旅客，打造多样化竞争集群，推动民宿行业有序发展。例如大数据平台等数字技术，帮助民宿主优化民宿布局，并且实时获取消费者评价详情、流量价格等数据信息，为民宿制定个性化营销策略提供智能化建议。尤其是提高民宿预订的便捷性与安全性，游客可以通过手机软件提前了解民宿特色与卫生安全情况，并及时预订民宿。智能管理系统赋能品牌化运营升级，将系统智能定位与景区综合数据作为参考，依托当地特色侨乡文化、历史文化与自然资源优势进行品牌化运营升级，丰富特色化的消费场景。通过线上与线下相结合的方式进行宣传营销，形成品牌到流量的良性转化，以期增加客流量。三是搭建乡村旅游企业信息网络，构建紧密的产业关联网络体系，保证各企业间旅游产品与服务的互补性。[12] 旅游企业是乡村旅游市场的重要组成部分，是旅游产品的供给者，直接影响旅游者的旅游体验。而乡村旅游企业之间的利益冲突主要表现在各企业信息不对称，导致产品与服务的差异化不明显，进而产生同质性经营、跟风经营与恶性竞争。利用互联网高效推广产品、吸引旅客，打造多样化竞争集群，推动民宿行业有序发展。充分发挥互联网互通互联的作用，推进“民宿 +”产业深度融合发展的乡村多元经济，实现村集体和农民“双增收”。

（五）结束语

作为乡村旅游的重要业态，乡村民宿高质量发展是推进乡村全面振兴的重要抓手。乡村民宿高质量建设是一个系统工程，尽管行业发展呈明显的政府驱动特征，但地方政府在乡村民宿发展议题上的政策行动并非整齐划一，呈现出政府部门孤立无援、利益主体矛盾冲突等现实困囿。[13] 在政策执行过程中离不开政府部门、乡村民宿经营者、本村村民与企业多主体协同治理，更离不开多元主体共创公共价值的意愿与行为。因此,本案例引入多元主体协同共治理论与公共价值理论,通过保障多元主体利益共享,精准定义符合社会公众预期的公共价值,激发多元主体进行公共价值最大化利用的意愿,进而完善“民宿 +”产业振兴赋能公共价值最大化的实现逻辑,以期为同类乡村治理问题提供理性参考。[14]当然,本案例仍还存在一定的不足:一是本案例所构建的理论分析框架的严谨性与科学性还需要进一步研究验证;二是只从武阳乡村民宿建设一个特定的角度来描述问题,或将导致案例结果缺乏全面性。

参考文献

[1] 金朝丹. 瓯越“共富”,现实照见未来[N]. 温州日报,2022 – 05 – 24(004).

[2] 程芸燕,包兰凤,欧至睿,等. 龙胜县平安壮寨乡村民宿数字化发展研究[J]. 现代商贸工业,2023,4(05):36 – 39.

[3] 刘冰. 江苏淮安乡村民宿市场开发路径研究[J]. 西部旅游,2023,(02):94 – 96.

[4] 王利平,倪连晶. 多元协同治理理论视域下推进国家治理体系和治理能力现代化[J]. 党史博采(下),2022(07):53 – 55.

[5] 陈雪波,卢志坤. 乡村民宿迎快速增长,行业走向纵深发展[N]. 中国经营报,2022 – 08 – 08(B11).

[6] 王雨辰. 中国政策过程中的双链螺旋互动模式:以 PPP 领域中央政策与地方实践的发展为例[J]. 华中师范大学学报(人文社会科学版),2023,62(03):118 – 131.

[7] 周少来. 基层干部的无力感从何而来:如何从体制机制上促进基层治理现代化[J]. 人民论坛,2019(32):44 – 45.

[8] 付泳,刘春健,张慧雯,等. 基于利益相关者理论的旅游地利益相关者协调机制研究[J]. 当代经济,2019(09):152 – 154.

[9] 朱淑靖. 乡村振兴背景下赣州数字民宿发展研究[J]. 现代营销(下旬刊),2022(11):121 – 123.

[10] 吕佩,邓卫华,李鑫. 价值共创视角下的政策学习及其影响研究[J]. 公共管理学报,2022,19(02):60 – 71 + 168 – 169.

[11] 单菲菲,包国宪. 社会价值建构视角下的村庄治理绩效实现路径:广州市下围村“蝶变”的案例研究[J]. 公共管理学报,2018,15(04):139 – 148 + 156.

[12] 陈斌. 组织嵌入视角下新乡贤有效参与村庄治理的机理探究:基于 S 村的个案研

究[J]. 中国行政管理,2022(04):72 - 79.

[13] 郝文强,叶敏. 多重合法性的交织:农村环境治理的用工模式选择[J]. 公共管理评论,2023,5(02):74 - 94.

[14] 王学军,陈友倩. 数字政府的公共价值创造:路径与研究进路[J]. 公共管理评论,2022,4(03):5 - 23.

附录:访谈提纲

一、访谈提纲：针对武阳村委会工作人员

(一)武阳村从哪年开始发展乡村旅游的？请简述武阳乡村旅游的发展历程。

(二)没有发展乡村旅游之前,武阳村是怎样的？

(三)乡村民宿又是在什么契机下进行建设的？

(四)文成县或者镇政府发布过哪些关于乡村民宿建设的指导性建议或者文件？

(五)刚开始基层工作人员对民宿建设的态度怎样？

(六)咱们村发展乡村民宿有什么优势？

(七)武阳乡村民宿发展过程中遇到了哪些困难与阻碍？

(八)镇政府或者村委会又是通过哪些措施解决这些困难的？

(九)在整个民宿建设的过程中,有哪些主体参与进来？各主体做了啥工作？

(十)武阳未来乡村民宿存在怎样的发展趋势？

二、访谈提纲：针对民宿主

(一)您什么时候开始开办民宿？为什么选择武阳开办民宿？

(二)在整个民宿建设的过程中遇到了哪些困难与阻碍？

(三)您通过哪些措施解决相关困难？

(四)在武阳村建设民宿有没有得到相应的补贴？

(五)您家民宿属于“侨家乐”民宿吗？“侨家乐”民宿与其他民宿的不

同是?

(六)您未来还打算继续在武阳开办乡村民宿吗?原因是什么?

(七)请您预估一下未来武阳乡村民宿的发展趋势。

三、访谈提纲:针对武阳村民

(一)刚开始听说村里要建设乡村民宿,您觉得怎么样?

(二)乡村民宿在村里规模越来越壮大,您觉得生活有什么变化?

(三)乡村民宿有没有会在村里招聘村民去参加工作?

(四)您是否向政府或者村委会提出过对村里民宿发展的建议或者诉求?

(五)乡村民宿发展能给您的生活带来什么影响?

(六)以后您希望乡村民宿怎么发展?

案例五

老旧小区"真善美"寻新记：开启城市社区惠民治理新时代

摘　要：城市老旧小区改造是一项关乎民生福祉和经济发展的重点工程，对满足人民群众对美好生活的需求，推动惠民生、扩大内需以及促进经济高质量发展，具有极其重要的意义。社区作为基础性治理单元，其责任联结机制是推动协同治理共同体运转的关键。以浙江省温州市鹿城区广化街道集善社区真善美小区为例，运用多元主体协同治理理论和复杂适应性系统理论整合模型，基于政府、社会组织和居民等利益相关者视角构建老旧小区改造综合治理框架，深入分析老旧小区改造过程中协同治理的盲点、堵点和痛点，统筹整合存量资源的再利用、改造和可持续发展，以促进社区居民生活品质的提升。系统探讨改造过程中政策制定、改造方案、改造过程和改造资金等方面存在的治理问题。在此基础上，从治理主体能力和动态行动机制、数字化治理能力和"网格化"信息传导机制、文化建设和社区共识机制等方面提出建议措施，以期高质量推进城市老旧小区改造工作，提高城市社区居民幸福感，推动城市社区治理可持续发展。

关键词：老旧小区改造；多元主体协同治理；复杂适应性系统理论；城市治理

一、案例正文

(一)引言

这个时代总有一些声音回响耳畔,总有一些故事令人温暖,当"以人民为中心"成为行动自觉,便有无数美好悄然孕育,生长蝶变。浙江省温州市鹿城区广化街道集善社区真善美小区,在这里留存着参天的古树、斑驳的红墙,置身其中,恍如隔世,时光流转。曾几何时,这一度风光无限的小区,却与围墙外的世界渐行渐远。

地处浙江省东南部的温州市广化街道鹿城区在全区域铺开"大建大美",统筹"拆、改、建、美"一体化推进工作,但城市的快速发展所带来的一些棘手问题也随之出现。"旧城老龄化"俨然成为新型城市化进程中的巨大挑战之一,而老旧小区问题又是其中的典型。自《鹿城区老旧小区改造实施方案》公布以来,广化街道真善美小区被纳入旧改方案的第一批试点区域,居住在真善美小区居民平静的生活被打破。作为鹿城区 1990 年建设的老旧小区——真善美小区,呈现出诸多"高龄小区"的典型问题,如公共设施老化、道路拥堵、房屋外立面受损和潮湿、电线杂乱、居民停车困难、绿化受损等,这些问题与新时代居民对美好生活的需求形成鲜明的对比。然而,在众多老旧小区中,为何广化街道集善社区真善美小区成了典型代表?这个原本具有优越宜居环境的小区,是如何陷入"脏乱差"的困境?小区建设至今一直没有业委会、物业公司,且长期由社区接管,成为典型的"三无"住宅区,又是哪方面的关键因素使得该小区的"老年病"得以顺利解决?让我们一步步来揭开这个谜题。

(二)"出题"——矛盾风险相迸发,潜流激荡波澜起

真善美小区始建于 1990 年,是典型的"脏乱差"和"三无小区"(无业委会、无物业公司、无门禁)的代表。如果你住在一个 20 世纪建成的"老破小"住宅区,没有物业、无人管理、环境脏乱、秩序混乱、人员混杂,会给你一种怎样的感受呢?

1. 历史遗留成隐患，未来发展藏风险

集善社区位于新昌路23号，东至新昌路与瓯海交界西至广化桥路，占地面积0.16平方公里，下设6个网格，常住人口2648户、7468人。集善社区所辖小区3个，其中真、善、美组团坐落于新桥头集善社区，建于1990年，占地面积约0.16平方公里，覆盖楼栋63栋，居民2381户5107人。现辖集善楼栋党支部、集真楼栋党支部、集美楼栋党支部3个实体型党支部，党员106人。小区分为“真、善、美”三个组团，周边设有银行、公园和一楼商铺，提供便利的生活服务。

真善美小区始建于1990年，距今已有30余年历史。小区建造初期各建筑主体多样，楼栋间人员结构复杂。鹿城区广化街道集善社区党委书记、居委会主任陆林（化名）向我们说道：“原先真善美小区是由三个村的村民、事业编单位宿舍、干部楼、安置房、联建、国有企业宿舍等六个不同主体组成，建造时由六个不同建造公司承建，各建筑主体单独行动，小区虽然建起来了，但是没有一个完整的小区竣工图，这为小区后面的发展带来极大隐患。”由于小区完整范围无法确定，自建当初的建设图纸以及相关资料早已不知所踪，小区无法在住建部门备案成立小区业主委员会（以下简称“业委会”），为后期给社区工作带来很大的压力。“没有成立业委会，导致小区内许多公共事务都是由社区代管，小区内卫生清扫、公共服务费用的支出都没有政府补贴和街道拨款，小区内有2500多户，但是只有10名社区工作人员，这就导致每年收取卫生费都要耗费小区工作人员60%～70%的精力，这事情很难办呐！”陆林唉声叹气地说道。陈年积累的“问题清单”一张张摆在陆林的办公桌上，看着沉甸甸的“麻烦”，有时压得他喘不过气来。

“我也曾多次向上级部门反映过真善美小区的具体情况，每次都是由于建造初期手续和资料不齐全一直拖，久而久之就没后续了。”陆林叹气地说道。

广化街道曾多次尝试通过各种渠道途径想尽办法为真善美小区引进物业公司，要么是卫生费过低，要么是物业费收取不及时，导致企业无法盈利，联系的多家物业公司都不愿进驻小区，这使得真善美小区一直处于无人管理状态。对这种令人无奈的情况，不少小区居民唉声怨气，为未来发展埋下无限隐患，也使得社区的未来变得前途未卜。

2. 小区环境乱象频，邻居街坊吵不停

尽管真善美小区位于城市中心区域，地理位置优越且生活配套完善，但随着城市的发展和时间的推移，作为老旧小区的劣势逐渐显现，面临着建筑年限久远、设施规划滞后、人员流动混杂、物业管理不到位等多重困境。一切迹象表明，真善美小区到了真正要改变的时候，仿佛正在酝酿一场无硝烟的战争。

据居住在善组团的杨先生（化名）说道：“排污管道时常堵塞，像我居住在低层的话，经常要面临高层居民下水管道排污的压力，在交物业费的时候高层居民经常不交，没有物业费，加上没有正规的物业公司管理，不能及时解决像排污这类生活问题，我也去社区反映过好几次，但是迟迟没有回应。”

2018 年，集善社区真善美小区就曾因化粪池脏水外溢，造成小区臭气熏天，温州都市报曾报道过此事。

陆林向我们说道：“由于小区建筑年限已久。房屋外立面破损严重，远处看过去小区像是披了一层‘迷彩服’，严重影响了城市美观和小区的整体形象，有时外墙脱落砸到路过的行人，具有严重的安全隐患，居民抱怨很大。”

在小区里居民们饱受日常问题的困扰。家住美组团的杨阿姨（化名）忧愁地说：“一到下雨天，地面道路坑坑洼洼，骑个电瓶车出行都容易摔跟头。”寸步难行的景象在真善美小区表现得淋漓尽致。

居住在真善美小区的胡女士（化名）唉声怨气地说道：“每次稍微晚一点儿下班，就要在小区里面兜兜转转好几圈寻找停车位，停车问题真是个头痛的问题。”

陆林说道：“下班高峰期的时候，小区内经常发生拥堵现象。有些车主在堵车的时候态度不好，经常容易引发矛盾纠纷，有好几次都是我在吃晚饭的时候接到电话去处理纠纷，很头痛呐！”

现在的住户回忆道：“小区内绿化带经常被破坏，随意践踏草坪，车辆随意停放、垃圾随意堆放、违章搭建等，种种环境治理乱象层出不穷，都让居民苦不堪言、怨声载道。”除此之外，小区房屋漏水、“车位争夺战”、违法群租等问题引发的矛盾纠纷也时有发生。

3. 权益纷争错综杂，何处下手解“纠缠”

由于小区无法正常收取物业费，小区内许多公共事务无法得到正常解决。据了解，真善美小区曾多次对小区进行部分改造，但都因不符合部分群众的要求，改造工程被迫中止。陆林说：“化粪池满溢也是我们社区头疼的问题，一楼马桶冲不掉，二楼卫生间倒灌，住低层的、离窨井近的住户觉得味道很大，急着出钱维修，但住高层的、离得远的住户觉得对自己没有什么影响，不乐意交钱，左右推脱导致这事就搁置了。同样的事情发生了好几次，每次都是因为众口难调，导致改造工作被迫停止。”

小区路中间绿化带的问题又是一个棘手的问题，城管部门曾经三番五次地明令禁止公共空间部分不能种蔬菜，要求社区工作人员给社区居民做工作，但是社区居民不买账。

居住在真组团的严阿姨（化名）说道：“绿化带反正也是长野草，还不如给我们种种蔬菜，绿油油的更好看。”

面对小区居民的理由，陆林百口难辩，上面又要求居民“退菜还绿”，居民又以小区内绿化带没人管为由，就这样左右推诿，陆林的工作很是难做。

在真善美小区内，许多商铺和居民为了图方便，就将垃圾倾倒在社区周围或者马路边上，导致小区内蝇虫乱飞、恶臭扑鼻。对于该问题，陆林说道：“小区一直以来没有正规的物业公司对垃圾进行统一管理，小区里居住的居民越来越多，垃圾桶的数量太少，导致不少居民都将垃圾随处乱扔，身边的其他人也会模仿，久而久之，垃圾治理问题就成为一件头痛的事情了。”

“小区内居住的人员结构复杂，老旧小区改造工作所需要考虑的利益主体太多，不是简单的一两句话就能够说清楚的。旧改工作需要各部门和人员之间紧密协作才行，但是想要做到这样又谈何容易呢？哎！”陆林向我们说道。

同时，由于真善美小区周边有商场和学校，生活相对便利，许多外来人员在此租房，人员关系混杂，外来人员数量逐步增加，加之小区周围人员的流动性强，使得小区的治安压力日益攀升，治安环境面临严峻考验，给改造工作带来了不少难题。

早在 2013 年至 2014 年间，真善美小区曾尝试半封闭式改造，在真善美小区的临近道路上设置了隔离带，因隔离带会妨碍部分交通，部分业主私自找人拆掉了隔离带，并扔到附近河里。在拆掉隔离带时，另一部分支持改造的业主们前去阻拦，双方矛盾升级，甚至有人开始动手，直到社区工作者及公安民警到现场调解，冲突才有所缓解。

在改造停车场时也发生了同样的情况，家里没有车的老年居民认为应该在小区多增加活动设施和场所，家中有小车的认为要增加停车位，以便于停车。据陆林回忆：有好几次准备对停车场进行施工时都因有车的一方和无车的一方之间进行纠纷，互不退让。这些利益冲突经常导致工程陷入停工、停滞的状态，严重影响改造工作的进程。

陆林说：“由于真善美小区位于主城区，小区周围均是交通要道，周边住宅区较为集中，一旦进行改造，项目所牵涉的居民人数庞大，因此就造成了‘众口难调’现象。小区居民每个人的诉求都存在一定程度的不同，而每个人均想为己方争取最大利益，所以在进行改造时，如何进行协调，达到多方利益相对平衡，就成了亟须解决的问题。”

关于老旧小区改造资金筹措的问题，由于真善美小区住户存在大批量的老年人（超三成居民60岁以上）和租客，他们对小区改造后带来的环境提质和居住体验感的提升并没有很好的感知，造成他们对出资进行改造的意愿和积极性不高。如上面提到的处理化粪池问题，本来是物业公司管理的职责，而涉及的疏通费用一般是用物业维修资金进行支付，但由于老旧小区往往没有物业，由社区代管，每次遇到需要疏通时，只能“众筹”收缴这笔费用。

陆林说道：“有的居民不愿出钱，还需要社区垫付，次数多了，对社区也是一种经济负担，改造资金如何筹措是一大难题。”经费的不足使治理基础条件进一步恶化、矛盾纠纷加剧，致使恶性循环，甚至出现了部分业主损坏他人车辆以此来争抢车位的离谱情况，矛盾纠纷时有发生。真善美小区邻里矛盾日益尖锐，解决问题迫在眉睫！

（三）“续题”——政务无常法，先行探路怎破题

从鹿城区人民政府公开的信息可以看到，2021年是真善美小区迎来转折的一年，鹿城区发布了《鹿城区广化街道新桥头住宅区（真组团、善组团、美组

团）老旧小区改造工程项目征求意见》，规定自2020年起，鹿城区全面开展老旧小区改造工程，计划通过三年的艰辛努力，构建起老旧小区的滚动改造机制，这表明真善美小区在2021年已被政府列入改造范围。这一举措旨在逐步实现“草绿、灯亮、安全、路平、卫生和水畅”的宜居社区，从而切实提升广大居民的幸福感、获得感和安全感。

1. 无章乱序增忧愁，基层难题停心头

温州市鹿城区人民政府办公室所发布的《鹿城区老旧小区改造实施方案》（以下简称《方案》）通知，对老旧小区改造方案作了总体性规划和安排，但是《方案》中如何宣传、动员、传达至社区居民，社区居民需要通过哪些途径来了解国家政策以及《方案》中的具体内容，哪些需要改造，如何进行具体事项改造，怎么进行改造等一系列改造工作问题难以在文件中找到详细答案。

陆林现在关心的不是《方案》里面的内容，而是摆在陆林面前最大的一个需要解决的问题就是小区没有成立业委会。陆林说道：“业委会都没有成立，无法向上级政府进行老旧小区改造项目申报，更不要提老旧小区改造了，这是一个很头痛的事情呐。”

对于陆林来说可谓是“五味杂陈”，一方面是期盼了许久的老旧小区改造工作终于出台了相关实施方案；另外一方面则是关于《方案》的理解和细则如何与小区内具体事务进行有效结合，这些都需要进行探索。

陆林心中明白：“老旧小区改造项目统筹协调难度大，如水、电网、燃气、资金等问题需要集中统一领导。加之小区内公共产权界定困难，政府财政压力大，社会资本谨慎参与，居民对更新改造的保留等问题。”

简直是“剪不断理还乱是忧愁，别是一番滋味在心头”。拿到《方案》的陆林知晓这绝不是一件易事，要真正“伤筋动骨”了。

本应是物业的管理范围内停车、噪音、垃圾堆放等种种问题，只因真善美小区缺乏物业管理，陷入了“社区代管”的状态，社区工作人员精力有限使得小问题被放大，邻里之间矛盾重重。

陆林说：“要想改造工作顺利进行，必须把眼前的一些陈年旧事先解决，然后再带领社区居民团结一心进行彻底的小区改造，但是解决眼前的事情都让我们摸不清头绪，基层矛盾纠纷真不少啊！”

按照《方案》所规定的内容，6 月底之前要把前期准备工作做好，但是《方案》是 5 月底才发出来的，如何在一个月的时间内让小区居民参与到旧改工作中？如何对小区内改造内容进行有效区分和辨别？如何让社区居民懂得改造方案中具体内容？

“最头痛的事情是业委会的筹备难，申请、选人、审批等手续办下来最少需要三个月的时间，但是现在留给我们的只有一个月的时间了。”陆林向我们说道。想到这里陆林心中对老旧小区改造工作复杂程度有了更深的了解。“不简单呐！可谓是时间紧、任务重、阻力大、困难多呀！”

2. 落实排查难动员，多方阻力难动工

如何动员社区居民参与老旧小区改造，对所需要改造的内容如何有效界定为哪一类改造范围，如何让小区居民知道自己家改造属于哪一类……这些都是摆在陆林面前急须立刻马上解决的难题。想要解决这些问题首先要让小区居民对老旧小区改造方案有一定程度的了解。

真善美小区老年人比例约为 30%，对于老旧小区改造类的窗架和空调机架在提升类范围内，按照当时施工公司的计算，提升类改造需要居民出资 1000 元。陆林说道：“老旧小区改造需要居民出钱，而且是出资 1000 元的信息在社区居民内炸开了锅，居民反响很大。”

居住在美组团的杨阿姨（化名）说道：“你外墙刷就刷，不刷也可以，我家里住得舒服就好，空调机架和窗架好好的，可以不用换。”

居民反响特别大最主要的原因之一是与真善美小区仅有一街道之隔的“将军组团”，老旧小区改造居民不要出“一分钱”，都是社区出钱，居民又“炸开了锅”。仿佛一夜之间信息笼罩在真善美小区的上空，傍晚时分小区气氛显得尤为紧张，最后通过社区工作人员摸排调查，居民改造同意率不到 50%。

同时住建局刘局长（化名）说：“老旧小区改造居民出资资金没到位，不能开工。”就这样老旧小区改造工作停滞了两个星期。

对于入户调研也是一件头痛的事情，家住在 6 楼的杨大爷（化名），属于高层住户，在某种意义上认为可以拥有屋顶的“特殊使用权”，因此类似高层杨大爷居民在楼顶上搭设临时建房、饲养家禽和种植蔬菜等现象，不仅扰民，在一定程度上会增加楼层承受压力，严重威胁小区其他居民生命财产安全。习惯了房顶上“多余使用空间”，得知拆除楼顶违规建筑物是老旧小区改造工作的一项重点工作，杨大爷联合其他几栋楼的高层住户组成“联盟”，一致抵制入户调研。陆林等小区工作人员曾多次入户调研和电话访问都遭到拒绝，导致改造前对小区居民情况调查无法做到全覆盖。

陆林立即召开小区工作人员会议，希望可以听听大家对于老旧小区改造工作如何推进的建议。会议刚开始，小区工作人员就对发布的《方案》抱怨起来，小区工作人员小陈(化名)说道：“《方案》的内容总是说得含糊不清，具体政策内容也没有上级部门下来宣传和培训，《方案》上只写了关键时间节点，对于小区内工作的各项具体内容没有任何提及，这叫我们工作如何开展呢?”面对小陈的牢骚，陆林心中也是有同样的顾虑。

听小陈说完，坐在一旁负责妇联工作的于大姐(化名)，紧接着说道：“我们街道社区办只是基层组织，老旧小区改造这项系统性的工作需要区政府、区公安局、区城管局、区建设局、区规划局、区发展改革委、区交通运输局等各部门协调统一行动，我们没有权力和能力去要求各部门统一协调行动，上级只是印发了《方案》，各责任主体对于这一件事的执行力怎么样我们也不知道，给我们社区一线工作者开展社区居民动员工作一种没有底气的感觉，我们给社区居民宣传政策也显得没有底气。”此时，会议室内的气氛显得尤为紧张，鸦雀无声，仿佛每个人的呼吸声都听得一清二楚。

见此现状，陆林说道：“大家回去各自再把《方案》好好研究一下，和我们真善美小区的实际情况结合起来，过两天我们再开一次集体会议，拿出一份符合真善美小区的具体动员和实施方案来。”说罢，陆林身心疲惫，带着沉重的心情回到办公室，真是“上面千条线，下面一根针”呐!

3. 整改政策已下达，居民心中意难平

次日，陆林在办公室打印了《方案》内容，组织社区工作人员，在小区门口、公共活动区域、街道办事处等人流量较多的地方向小区居民发放《真善美小区改造项目居民意见征求书》并详细讲解具体内容。

上午十点许，居住在真组团的张大爷（化名）给陆林打来电话说道：“老旧小区改造怎么还需要我们居民出资呢？隔壁的‘将军组团’居民一分钱都没出，为什么我们需要出钱呢？你们爱怎么弄就怎么弄，我反正是不会出钱的。”说罢，把电话挂了。

陆林听到此话更是心中“意难平”，说道：“居民对老旧小区改造工作本来就不是很支持，现在改造还需要他们出资，更不可能了。”资金没到位根本不能开工，资金这一大缺口是急需补齐的，不然后面麻烦更多。

同时，《方案》规定，改造意愿经专有部分占建筑总面积三分之二以上的业主且占总户数三分之二以上的业主同意后才可以制订下一步改造初步方案，如何使三分之二以上的业主同意改造方案，又成为陆林面前一道急需解决的难题。

“工作很难开展，不容易呀！”陆林喝了口水说道。

“前期没有大部分业主的支持，后期工作根本无法开展。”小区工作人员小陈说道。

小区工作人员小李（化名）说道：“要想把每一份《真善美小区改造项目居民意见征求书》发放至每一位社区居民手中是一件难事，想想后期还要发放《真善美小区改造方案居民意见签字表》又是一件棘手的事情，不好办呐！”

李大姐（化名）说道：“还没进行正式的改造工作，就遇到了那么多困难，后期工作咋搞嘞！”

上级政府部门虽然下发了改造方案，但是对于居住在真善美小区十几年的居民来说，小区改造工作势必会拆掉自家违规搭建的部分自建房。

居住在真组团小区的肖大爷（化名）说道：“门口的小院子已经建了十几年了，我们几个老人经常在院子里面下下棋、喝喝茶、唠唠家常生活过得挺悠闲的，当得知这个院子要拆除时，我们几个老头坚决不同意，这院子又没有碍着别人什么事情，和院子有了几十年的感情，为什么要拆除呢？”

就这样，与肖大爷相似的住户，特别是私自搭建自建房的居民，拒绝在《真善美小区改造方案居民意见签字表》上签字，而且态度很强硬，出现了抱团现象，导致拆迁工作很难取得进展。

对于习惯了社区周围环境的居民来说，改造工作的实施没标准、没资金、没管理，会改成什么样子一概都不知，导致不少居民在日常聊天中都会谈论这个话题，对于老旧小区改造工作不少居民心中总是持观望、谨慎的态度，心中很是意难平！

（四）“破题”——铆足力气齐动心，政策人心共破题

1.“三组鼎力”破天窗，四面风起心涌动

随着改造工作前期遇到的种种困难，面对上级政府明令规定的时间节点即将到来的政治压力，陆林知晓必须转化工作思维，积极主动出击去化解困难、创造条件。

想到这里，陆林决定再开一次小区集体会议，说道：“大家先各自把这两天所看到《方案》内容的具体问题进行汇总，以及社区居民反映的问题进行总结，小陈和金大姐汇总好后给我。留给我们完成工作的时间不多了，我总结好之后去找白区长（化名）谈谈，商量改造工作的具体事宜。同时，我们也不能闲着，要把楼栋号与具体负责人联系起来，把小区分为几个片区，每个人负责自己片区的居民改造意见收集和反馈，特别是片区内有商铺和私自搭建自建房的情况，有问题及时反馈。切记不要与居民发生矛盾和冲突。”

会议结束后，陆林心想：“上级政府好不容易把老旧小区改造指标给我们，不能因为眼前的困难就耽搁不改了。”想到这里，陆林拿起手机给白区长打了电话，把目前小区改造工作遇到的一些棘手难以解决的问题和白区长进行了细说。听完陆林的汇报，白区长觉得这是一件具有重要意义的惠民政策项目，治理难度大，决定亲自跟进。随即白区长拨通区住建局刘局长（化名）和区旧改办李局长（化名）的电话，详细了解真善美小区改造工作的细节和工作进展。同时白区长对陆林所描述的社区居民的共性问题，决定举办一场“‘请你来协商’走进社区·老旧小区综合改造大家谈”活动。

不久后阳光明媚的一天上午，象征着希望与美好在这片光明小区之中，所有人都感受到了未来生活的无限可能。白区长与相关部门领导、专家学者、政协委员以及群众代表，齐聚小区内小广场的大榕树下，就“老旧小区综合改造大家谈”这一议题展开深入讨论，听取多方意见，达成共识。

小区居民代表是今天活动的“主角”，居住在真组团的杨阿姨说道：“小区业委会至今一直不能成立，历史原因当初建设图纸和资料早已不见，也多次向住建部门反映了，但迟迟没有回应，希望有关领导和部门能够把小区业委会成立这件事解决，也为后期老旧小区改造工作打下基础。”

听了杨阿姨反映的问题，住建局的刘局长当即表示：“杨阿姨，由于小区确实没有竣工图，所以无法在住建部门备案成立委员会，社区与我们沟通协商成立‘集善社区自管小组’，以这个组织的名义来进行老旧小区改造的申报工作，等老旧小区改造工作结束后有竣工图，再申请成立业委会。”未能成立小区业委会一直以来是街道办工作中的“顽疾”，如今住建局领导当场表态，给真善美小区改造工作带来了极大的支持。

坐在一旁的金大姐说道：“我们小区工作人员在前期对小区内居民改造意见收集，主要集中在老旧小区怎么改、如何改、改造资金从哪里来，老旧小区改造政策如何与小区内具体情况结合，道路、排污、停车位、垃圾处理等问题如何长期有效解决。希望领导和有关部门可以帮忙解答一下。”

听完金大姐介绍小区居民对老旧小区改造工作所存在的疑惑，区旧改办李局长表示：“区旧改办后期会组织相关部门和人员到各社区去宣传和讲解《鹿城区老旧小区改造实施方案》的具体内容，里面包括改造总体思想、改造主要内容、改造程序、项目审批和工作举措和资金保障等方面，保证让每位小区居民都懂得国家、鹿城区改造的相关政策。”

在轻松愉快的氛围中，众人纷纷畅所欲言，为老旧小区的改造升级贡献自己的智慧和力量。听了大家诸多问题后，白区长说：“来自真组团、善组团和美组团等社区的居民代表在此次‘请你来协商’活动中畅所欲言，既提困难，也出主意。但是老旧小区改造工作要从长计议、系统梳理、分片治理、统筹协调、共同推进。”说完现场响起了热烈的掌声，掌声中仿佛夹杂着政府、社区和居民对真善美小区未来“交响乐”。一场两个多小时的专题协商活动，白区长在笔记本上写下满满好几页纸，将与会人员反映的痛点难点问题和提出的真知灼见都一一记录下来。

有了区政府和街道办的大力支持，陆林发动 75 岁及以下党员、楼栋长开会，对63栋居民楼进行摸排，白天上班就晚上去入户调研，以“党员认领”方式收取老旧小区改造费，对小区的整体情况有了详细的了解，同时咨询相关工程公司对老旧小区改造项目进行预估。尽管向居民收取了近70万元改造费，但还是有50万元的缺口。

社区工作人员小程（化名）说：“社区内房屋统计，如果仅靠政府力量进行摸排工作，如此大体量建筑数目无法在规定时间内完成。因此社区特意邀请专业社会机构，对小区内8名志愿者进行简易的房屋鉴定技术培训，通过定期定量方式，摸排小区房屋状态，对改造分类有了更为详细的了解，同时社区将联系相关部门协商解决办法。”

有了区政府在社区举行面谈交流活动，解决实实在在的问题，不仅给社区开展下一步工作有了更为坚定的政治领导，也给社区居民注入“强心针”。社区在上传下达的过程中起了关键性作用，企业和社会公众在了解基层实际情况中发挥着重要作用。三者之间密切配合，这无疑给真善美小区改造工作有序、顺利推进打下坚实基础。

2. 保障基础要素全，良方针对化困境

小区改造资金从哪些渠道筹措、资金筹措机制如何保障、社区内闲置资源能否有效利用起来，等等。这些问题都是老旧小区改造中需要考虑的基本问题。针对这些问题与困境，相关部门、街道办和社区给了明确回答。

首先是落实财政资金政策和资金筹措方面。区财政局张局长（化名）表示：老旧小区改造资金主要由居民自筹资金和财政补助资金构成。居民自筹资金按照改造内容的分类标准分为必选类、基础类、完善类、提升类四类，居民出资比例分别为0%、10%、30%和100%。财政补贴基数为总投资额减去居民自筹资金后的金额，补助标准为400元每平方米，超出部分由居民自理。同时，小区车辆管理公司拿出一部分收益用于反馈社区。最后部分资金在陆林的争取下，与当时的中投标公司商量，先拿出来一部分资金用于启动资金，让项目顺利开工。就这样以“三方合力”的形式解决了改造资金筹措难度问题。

其次是加快成立“集善社区自管小组”组织和“业委会”。通过与住建局和街道办商量，社区动员五名居民代表成立“集善社区自管小组”，就这样以“临时组织"的形式推动老旧小区审批程序。老旧小区改造完成后社区借助市组织部发布的"双覆盖"为契机积极主动推动业委会的成立,一方面是减轻社区工作压力,另一方面向上级政府申请业委会的成立。小区业委会的成立是在以陆林为主的社区工作人员排除"居民对业委会没有概念、成立业委会引进物业增加物业费、没人愿意参加业委会成员选举、业委会成员年龄普遍偏大"等"四大压力"下进行的。陆林说道:"社区居民只知道看表面现象,不知道我们工作困难在哪里。"

再次,还有一部分居民对老旧小区改造路面开挖问题头痛,路面开挖之后,原本需要 600 多个停车位的社区,只留有 100 多个,还有大概 500 个停车位的缺口如何进行补充,想到这里,陆林说道:"改造期间不解决停车位问题,很难开工。"万般无奈下,只能向毗邻的"天都大酒店"借停车位,同时以 30 元每月每辆车的租金租下了 300 个停车位。还有 200 个停车位的缺口,陆林想到小区周围路边的空间,他急忙联系交管部门,能不能在路边进行停车,但是周围是 BRT 站台和高中门口,都是交通要道,根本没有多余的停车位供给小区车辆停放。万般无奈下,陆林向街道办反映,把不远处拆迁空地临时借租过来,容纳最后的 200 个停车位,就这样通过"三方合力"使停车位的问题得以解决。

原真善美小区业委会主任金阿姨(化名)说:"虽然旧改投入资金有数千万元,但是对于有着 63 栋住宅楼的庞大小区来说,每一分钱都要花在刀刃上才能看到旧改成效。为此,真善美小区全面建立了问题清单、需求清单、资源清单、项目清单等'四张清单',每张清单都有专门负责人进行持续跟进,推进旧改落实落地,小区面貌大幅提升,全领域实行关键小事,集中征集实施。"

3. 党建、文化暖人心,"双措"并举促改进

真善美小区充分发挥社区党建优势,以党建"红色领航"贯穿老旧小区改造全过程。同时,热情邀请金大姐等老党员作为老旧小区改造的社区居民代表,担任"群众监督员",确保居民与街道、设计及施工等单位沟通畅通,起到联系纽带的作用。建立以社区党组织为领导核心的体系,实现社区居委会、业委会、物业服务企业的协同合作,同时辖区职能站所、"两新"组织等也共同参与其中的基层党建治理模式。在积极为业主解答疑惑的同时,让基层干部党员了

解社区居民的实际困难,进一步发挥民意和民智。

陆林说道:“通过党建引领的方式,充分发挥社区党员的力量,积极带动家人和身边的人参与老旧小区改造,向他们宣传老旧小区改造政策,不仅效果更好了,也减轻社区的工作压力。”

陆林向我们介绍:在走访入户中,发现社区低保户小谷(化名)有一手补鞋的技能,在社区干部帮助下,他被安排看管小区免费公厕,有一定的收入,还答应每周一为居民免费补鞋。同时,在真善美小区精心策划推出“幸福币”、每月一次“邻里集市”、长者“共享生日会”等“软环境”。其中,居民每参与一次楼道清扫、绿地认养、纠纷调解、文明劝导、治安巡逻等小区公共事务,均可获得一定数量的“幸福币”。正是通过反馈机制,越来越多的居民逐渐参与到社区服务。社区凝聚力逐渐加强,老旧小区改造工作越来越顺利。打造文化社区,寻的是千年的文脉,筑的是人文精神,传的是优秀美德,树的是时代新风。同时,通过“文化强社”提高社区凝聚力的关键力量,文化讲述社区的过去,文化丰富社区的现在,文化赋能社区的未来。

(五)“结题”——绵绵发力终见效,久久为功正当其时

真善美小区依托浙江省“共享社 · 幸福里”理念,将“看得见”变为“看不见”,“硬设施 + 软环境”一体化推进。一方面是通过停车位、管网等基础设施改造来补齐民生短板;另一方面,盘活小区原有的非机动车库、物业管理用房、闲置用房等空间,进一步健全小区的服务功能,让小区有“面子”也有“里子”。通过政府、业委会和小区居民的“绵绵发力”,真善美小区面貌换新终见效。

1.“硬设施 + 软环境”齐步走,打造“真善美”模式

陆林说道:“真善美小区建于 1990 年,由于建筑年限已久,外立面存在诸多问题,如墙体脱落、表面附着大量雨水污渍,外窗样式、颜色各异,建筑整体感较弱等问题。这不仅影响社区美观,还有安全隐患,是老旧小区改造工作的重点。”综合考虑改造内容,将“看得见”的楼栋外立面重塑,为了与周边“将军组团”建筑外观保持统一,颜色统一为橙黄色。

对于“空中飞线”,由于“文明城市创建”的压力和社区居民的诉求,陆林和与四大运营商(中国电信、中国联通、中国移动和中国广电)就小区内实际情况

进行充分沟通，有关公司鉴定后认为真善美小区具备空中管线下埋的条件，把所有管线下埋，楼栋内部统一配备配电箱，将“空中飞线”问题进行彻底解决，进行“看不见”的改造。

与此同时，真善美小区充分听取小区内居民意见，统筹协调利用小区闲置用房、社区服务中心、原有活动空地等总面积近1000平方米的场地资源，打造邻里食堂、睦邻客厅、集善亭、共享集市、儿童乐园、残疾人之家、城市书房等一体化设施的共建、共享、共乐阵地。

真善美小区通过“硬设施+软环境”齐步走的模式，向以政府统一规划、社区服务工作、居民全程参与共同一体化推进，打造“真善美”模式。

2. 初改效果达民意，改造经验可传递

通过真善美小区长达一年的艰苦努力，小区最终变成了“草绿、灯亮、安全、路平、卫生和水畅”的宜居社区。居住在善组团的黄阿姨（化名）说：“现在小区道路又整洁又宽敞，晚上散步时路灯很明亮，改造完成后居住在小区的生活指数提高了很多。”

首先，陆林通过对小区公共服务进行整体安排，楼道清扫、水电费管理由物业公司提供服务，卫生垃圾清理与区环卫所沟通，通过“分块购买服务”的方式使“捉襟见肘”资金难的问题得到有效解决，从原先规定的90万元的物业费缩减至12万元左右的物业费。其次，陆林提出“停车次卡模式”。该模式规定车辆进入小区30分钟内免费，超过30分钟按24小时计算，24小时内进入次数不限，超过一天后再次循环。同时针对临时看望父母或走亲访友的车辆设置“亲情停车位”，3小时内免费停放。再次是物业费的管理。居民交了物业费之后关心费用使用情况，因此社区采取“业财代理模式”进行财务管理，业委会的财务交给银行的会计做账，业委会对财务使用由社区纪委监督，业委会需要经过社区上报给上级，才可以进行资金使用。

此次改造真善美小区涉及真组团、善组团以及美组团等3个老旧小区改造提升建设工程，涉及房屋63栋共计2274户，总建筑面积197600平方米，已全部完成改造。其中外立面整治、道路白改黑、线路基础梳理、交通微循环优化、监控系统检修、垃圾分类和环卫设施建设、绿化修复、优化车位布局、人行安全保障和地面停车位增设等项目为此次改造的重点。

在改造中真善美小区更是通过盘活闲置用房建立了“邻里食堂”，得到了社会的广泛关注。《央视新闻》详细报道社区“邻里食堂”的运转模式、资源分配情况以及取得的良好社会效应。真善美小区以“一老一小一特”（老年、幼儿和特殊群体）为特色打造“邻里食堂”，关注全年龄段的社区居民。

通过对真善美小区改造，“真善美”模式是以政府主导，为没有物业管理能力的老旧小区提供改造规划以及老旧小区管理建议，发挥多元主体作用，降低老旧小区改造成本。通过对小区内现存资源利用取得收益，反哺给社区治理，提升小区舒适度，实现可持续性发展。同时以小区居民自治的方式，解决老旧小区改造难的困境，为破解老旧小区治理难问题提供新的解决路径。

3. 蜕变重生展新姿，未来共话新篇章

正如陆林说道：“民之所盼、政之所向、不忘初心、牢记使命。”通过对真善美小区进行改造，如今小区内形成以契约化形式共同建设打造小区事务共办、党群阵地共用、基层多元共治、居民资源共享的“幸福共同体”。这无疑是给真善美小区社区治理吃下一颗“定心丸”！

随着温州市真善美小区改造的实施，这里已然华丽变身，成为人们引以为傲的网红打卡地。真善美小区是温州市老旧小区变形记的一个缩影。涅槃重生的背后，真善美小区也和许多地方一度面临着资金筹措难、多主体利益协调难、多层面执行落实难的窘境。面对这个大家唯恐且避之而不及的民生与发展难题，真善美小区积极探索、创新老旧小区改造工作理念和方法，已然成为浙江省老旧小区改造工作一张靓丽的名片。对于小区未来的发展，陆林说道：“有了前期老旧小区改造的经验，社区将以‘政府＋社会＋公众’治理理念为基础，以政策为指引，充分调动物业公司、业主委员会、小区居民和志愿者等多方力量，共同谱写集善社区真善美小区新篇章！”

（六）结语：“路漫漫其修远兮，‘真善美’还将上下而求索”

随着我国经济的快速发展和转型，公共管理领域出现了许多新形势和新情况。在当前全球化背景下，推动国家治理能力现代化面临诸多挑战和问题。在真善美老旧小区改造过程中，小区面临多主体不协调、复杂的外部环境和利益关系等困境,当前大环境的“复杂性”使得基层社会治理不确定性逐渐增加。

“真善美模式”仅仅是通过真善美小区改造总结出来的,那么这对于其他老旧小区来说,是否适用,有没有推广价值?从当前的结果上看,真善美小区的改造工作似乎已经完成,但实际上是如此吗?诸如此类问题有待深究。集善社区在面对上级政府的政治高位推动、资源利益协调难和居民需求难等情况下,以陆林为主的基层政府管理人员,主动出击寻找解决办法。通过向上级政府反映小区内真实状况、召开协商活动、政策宣传和调整、资金保障等方式和措施反映多元主体的需求,取得了良好的改造效果,提升了真善美小区居民居住环境和生活质量,成为较为成功的改造项目代表,其成功背后深层次的治理机理值得探究,也是本案例分析和讨论的重点问题。

二、案例分析报告

真善美小区在改造过程中各种治理乱象历经艰难险阻终于在一定意义上完成了改造,但这是真正意义上的结束吗?城市中的基层治理和城市内“老年病”问题要通过什么方式才可能得到长期有效的解决呢?老旧小区改造所涉及的问题具有“多、难、杂”等特点,而且事关每个参与主体的切身利益。在复杂性背景下,本案例分析报告结合当代城市发展的现状和特点,分析老旧小区改造所面临的困境,并在此基础上进行讨论如何更好地制定和实施适合于基层社区治理和自治的公共政策,以期解决城市各类“老年病”问题,打破城市发展的瓶颈,促进城市和谐高质量发展,开启城市社区惠民治理新时代。

(一)案例回顾与问题提出

城市老旧小区改造作为提升城镇社区居民生活的重点工程,是改善人居环境使广大人民群众共享改革发展成果的需要,是补齐城市短板着力提升城市整体形象的需要,是提升城市品质推进城市建设全域未来社区进程打造城市示范社区样板的需要,正受到越来越多人的关注。小区日常管理缺位、基础设施老化、人员关系复杂和环境治理能力弱等问题是全国城镇老旧小区的“通病”。由老旧小区改造工作引发的群体性事件和各类矛盾、纠纷的报道“屡见不鲜”。

在国家由“管理”向“治理”理念的转变进程中，基层治理不单单是政府职能部门所独有的，而且是多元主体共同协同参与的过程。老旧小区改造中涉及多主体、多过程、多举措并行等复杂性背景下，如何使各参与改造的多元主体在改造中统一协调配合与目标一致成为急需关注和解决的难题。

1. 案例回顾

自 2019 年浙江省被选为全国城镇老旧小区改造试点省份，各级部门积极探索、大胆实践，为城镇老旧小区改造工作积累了许多经验，试点工作取得一系列阶段性成果，并得到住建部门和城乡建设部的充分肯定。2020 年 7 月 20 日，国务院办公厅印发《关于全面推进城镇老旧小区改造工作的指导意见》（以下简称《意见》），指出加大对城镇老旧小区的改造提升力度，优化人居环境，促进构建“上下联动、左右协同、共建共治共享”的社区治理格局。为贯彻落实《意见》的指示精神，2020 年 3 月 7 日，浙江省住房和城乡建设厅、省发展和改革委员会、省财政厅印发《关于加快推进全省城镇老旧小区改造工作的指导意见》，指出进行全面规划、突破重点、系统推动，勇于尝试城镇老旧小区的改造模式和运营管理机制，全方位优化城镇老旧小区的居住环境和功能品质，大幅提升基层治理能力，将城镇老旧小区改造项目打造成为“民众满意、社会和谐、政府规划”的民生和发展工程，为全国城镇老旧小区改造提供“浙江方案”。2020 年 4 月 1 日，温州市住建局印发《温州市城镇老旧小区改造三年行动方案（2020—2022 年）》，指出紧密围绕市委、市政府建设“五美”新温州的决策部署，坚持以人民为核心的发展理念，以城镇老旧小区改造为关键，逐步实现“住房安全、设施完备、环境优美、治理有效”的改造目标，切实提升居民的幸福感、获得感和安全感。2020 年 6 月 1 日，温州市鹿城区人民政府印发《鹿城区老旧小区改造实施方案》（以下简称《方案》），拉开了鹿城区老旧小区改造工作的帷幕。

近年来，城市老旧小区改造工作得到中央、省、市和区政府的高度重视，但是对于具体组织落实老旧小区改造工作的真善美小区而言，老旧小区改造工作的复杂程度远超基层政府组织的想象。一是面对复杂的系统性工程，中央、省、市和区政府政策文件的发布，除了改造原则和完成相关任务的关键时间节点外，政策文件中对改造资源在参与改造主体间如何利用、参与老旧小区改造的各主体之间如何协同配合、改造信息如何传递和改造手段如何全然未提及。二是由于真善美小区所处的地理位置复杂，加之小区发展历史化、居民需求多元化、小区人员细碎化等，当来自中央等上层政策的愿景试图通过基层党组织进入小区区位内居民的"私人生活领域"时，由于政策的宏观性和基层的微观性在一定程度上不匹配，稍有不慎就会引发政民矛盾，严重时甚至造成冲突。三是以陆林为主的基层管理者在复杂情形下在政策理解、了解民意和资金筹措等方面如何通过自身"桥梁"起到上传下达的作用，结合我国当前行政科层体制，探讨基层治理如何有效做到信息、资源共享。

2. 问题提出

面对老旧小区改造规模化、居民改造需求多样化、参与改造主体多元化的复杂情形，多元主体关系界定不清与职责错位、资金筹措难、统筹协调难以及长效机制建立难等问题，给老旧小区改造增加些许不确定性因素，影响老旧小区改造的整体效能，各参与主体未能充分发挥出各自优势。随着现代社会的日益开放和城市居民构成的多样化，仅依靠政府管理社会以实现长治久安的时代已一去不复返，基层社区自治和多元主体共治相结合将成为未来社会发展的必然趋势。真善美小区在实际改造过程中关系协调、资金统筹、社会参与、多部门协同等众多困境是改造工作的盲点、堵点和痛点。政策文件通过各级单位下达，而政策的宏观性与居民生活的微观性在一定程度上难以匹配，容易造成"政策冲突"。

因此，如何把政策文件精神贯彻到小区居民生活实践中，各参与主体在老旧小区改造中如何界定权力等是亟须回应的问题。为有效回应上述问题，本案例分析报告将以政府为主导的行政执行主体置于多元主体分析框架中，以多元主体协同治理和复杂性理论为基础，将政府、社会力量、社会公众三方面统合融入该框架中，深度描述和分析在老旧小区改造中多元主体之间的复杂关系，从中找到促进多元主体协调的解决路径，进一步提升基层社会治理能力寻求自上而下的政策和自下而上的生活之间的耦合机制，进而为其他区域老旧小区改造提供施策建议。

（二）理论基础与理论分析框架

1. 多元主体协同治理理论

现代社会不断开放、城市居民结构的复杂化和基层治理的综合性呈现日渐复杂的趋势，单纯依靠政府进行社会治理以实现长治久安的时代一去不复返，基层社会自治和多重主体共治将是未来国家基层治理的必然趋势。协同治理理论最早由赫尔曼·哈肯提出，该理论认为“协同”是各参与主体组成的组织结构从无序到有序的演变过程，后逐渐推广和渗透到公共管理领域，运用到政府施政和城市规划建设中，主要解决众多利益主体关注的焦点问题。在众多公共事务治理中，伴有政府、市场和社区等公共价值失灵现象，未能充分发挥各参与治理主体的应有作用，因此选择政府、市场和社区三者作为多元主体协同治理模式成为城市公共管理事务治理的成为历史必然和现实需要（见图1）。

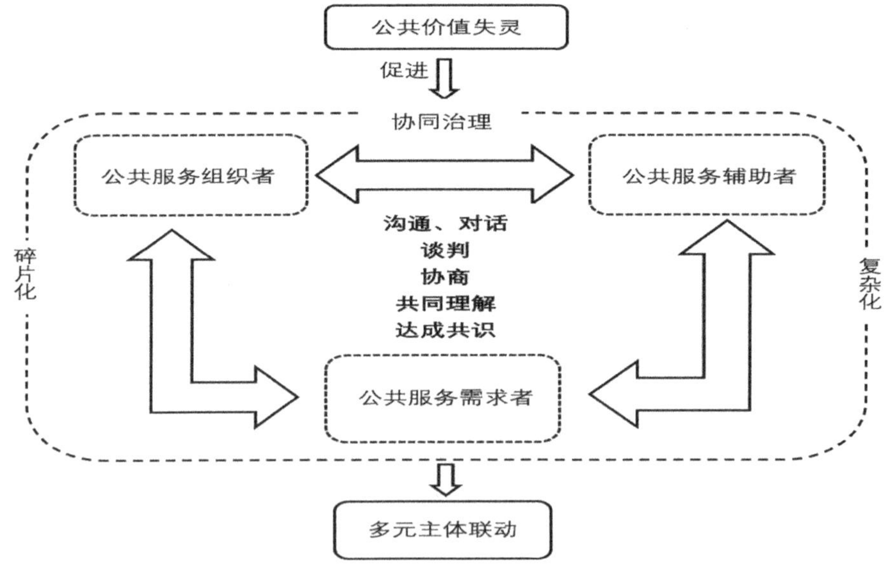

图1　多元主体协同过程

协同治理理论强调各多元主体参与协同配合，共同参与到处理公共事务中，建立有序的治理结构，形成完成目标的内置能力。其内涵主要有两个方面：一是协同治理。协同治理的核心是以同一目标为指引，各主体间通过“沟通、对话、谈判、协商、共同理解"等过程实现目标。在协同治理中,各主体间没有主、次层次之分,但需遵循"党政领导、政府负责、社会协同、公众参与和法治保障"的社会治理格局的逻辑。[1] 其中协同治理应包括沟通对话、谈判、协商、共同理解和达成共识等五个过程,强调系统中各相关主体相互促进产生协同效应。[2] 其中协同治理的关键在于通过沟通对话的方式实现多元主体的共识,主体间对话是多元主体合作的前提条件,自由、平等和多渠道的沟通对话方式能够有效促进多元主体间的协同,各多元主体参与者在一定范围内拥有选择权和决策权,从而实现自身利益和公共利益最大化。主体间相互理解,对目标和执行过程的理解能够促进目标达成一致,形成解决问题的合力,使各参与方得到比较满意的结果。二是多元主体联动。协同治理是多元主体联动的基础和前提,具体到国家基层社区公共治理,充分发挥基层社区自治组织的重要作用和基层政府的核心地位,鼓励社会、企业力量协同配合,调动社区居民参与到治理过程中的积极性,形成多元主体联动、互通的协同机制。在社会治理相应的过程中,以政府为主导的职能部门处于治理过程中的主导地位,在发挥其主要作用的同时,与其他主体相互配合,形成动态控制和有序控制。多元主体之间行动和目标需要具有一致性,从而形成积极稳定的配合局面,有效整合各种资源,达到共赢的效果。但是在实际老旧小区改造过程中复杂情形是客观存在的,如何协调多元主体在复杂情形下保持行动一致性值得探讨。

针对老旧小区改造中协同治理模式,学者在探索老旧小区改造和治理主体中发现,当前社区治理困境主要来自协同不足,表现为治理主体单一、非政府主体参与度低、主体间权限界定不清等[3],城市治理中参与主体利益分化在社区"微治理"中进行利益博弈[4],往往缺乏多元主体协同,导致形成单向的、线性的规划和发展。作为历史选择和现实需要,协同治理需要多元主体参与、双向的和非线性的规划和发展,在实际操作中造成脱离居民的实际需求,致使旧改过程举步维艰,旧改实施的效果和理想相差甚远的情形时有发生。针对上述问题,学者提出老旧小区改造中的多元主体协同理念,由政府作为枢纽方,实现各利益相关主体相互配合,达成改造共识[5],实现惠民需求。但是在众多社会治理问题当中,政府职能过于扩张,造成"件件都要管,事事都要批"的局面,加剧了政府管理的复杂程度，甚至困住了政府的“手脚”，导致政府“做或者不做都错”的窘境局面。

社区治理已从政府单一主导模式转变为多元主体共同参与的模式，通过运用协同治理理论，明确多元治理主体间的工作机制，并探索如何增强各主体之间的互动关系。[6]在对农村社区治理研究中协同治理理念具有重要的指导意义，农村社区治理应从“软件和硬件”两方面进行加强和完善。[7]还有学者将韧性评估理论引进协同治理理论当中，从多维度分析城市建设过程中存在的问题，并且为城市基层治理和防灾减灾工作提供策略建议。[8]社区治理共同体是社会治理共同体的基础单元，承载着满足人民群众“利益—情感—文化”多重价值诉求。党政力量依托“高位推动”，通过建构社区治理共同体，整合社会层面的非正式治理资源转移治理压力，以应对自身治理资源不足。中国共产党也应当展现其所具有的领导功能，为协同治理的开展和秩序的构建发挥强有力的引领和支撑作用。[9]可以看出，多元主体协同治理理论的应用范围广、领域深，运用该理论进行老旧小区改造的研究也多次在实践中得到验证，在一定程度上为本案例使用多元主体协同治理打下理论基础。

2. 复杂适应性系统理论

“百年未有之大变局”的突出特征之一是“变”。不论传统时代还是现代思维，普遍把“变”视为人类社会发展的基本规律。面对全球化进程的加快，“复杂适应性系统理论”正逐渐进入公众的视野。正如思想家莫兰所说：“复杂性是这个世界的本质。”整个世界处于一个动态的系统内，各要素、结构之间相互作用，社会发展的不确定性、社会关系、结构和制度的日趋复杂性、多元性加剧了复杂适应性系统理论的推广。复杂适应性系统理论是一种用于分析事物从出现到演化发展全过程、整体系统性的理论（见图2）。该理论认为，多元主体的适应性会增加系统的复杂性，而主体缺乏适应性则可能导致整体系统的混乱和复杂化。它以事物自身综合动力系统的网络化、协同化结构为基础，解释事物的整体存在性、动态平衡性和非线性发展等属性，这一理论旨在一定的环境中各多元主体具有环境适应能力，能够发挥主观能动性，依据外界环境以及政策、制度变化来调整自身状态，通过不断学习、调适与系统内部其他组成部分交互作用，从而更好地顺应非线性和动态性变化的复杂过程,推进自身与整体系统向更高一级形态发展。

复杂适应性系统理论通过多样性、非线性、流和聚集等四个方面来反映主体特性。一是多样性。多样性在复杂适应性理论中有两个方面的体现。一方面表现在各个主体的独特特质上,即每个主体都具有自身的独立性和差异性。另一方面体现在主体对外界变化的主动适应方式上,即主体在面对外部环境变化时呈现出不同的行为方式。二是非线性。非线性是指个体本身特性以及与外界环境之间互动方向和途径沿着适宜外部环境发展的方向发生变化,并且这种改变呈现出"非线性"或"不规则"等特点,也体现出治理行为的极端化。三是流。流体现出复杂适应性系统内各治理主体的参与能力,包括信息流、能量流、资源流等方面。四是聚集。聚集指各参与个体在一定作用下通过"黏性"形成更大、更多个体的多元聚集体,该多元聚集体又会被视为一个新的个体,在遵循一定规则情况下与其他个体相互作用,涌现出更为复杂的新的个体,如此循环往复使各行为主体不断衍生出与其他多个体产生联系和相互作用的个体。

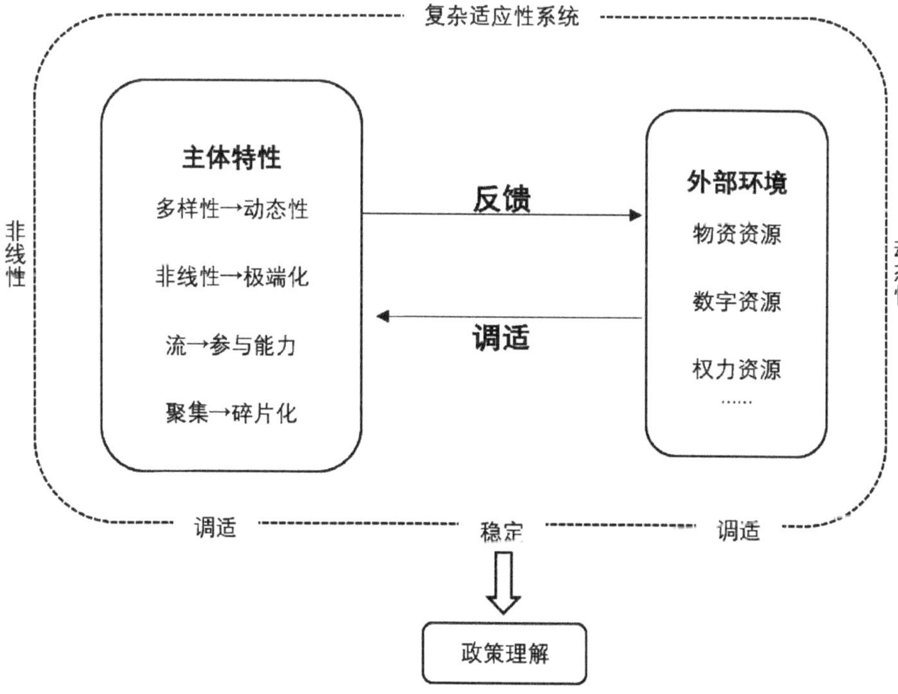

图2　复杂适应性系统理论研究框架

社区治理的复杂外部环境由物质资源、数字资源和权力资源等三部分组成，主体与外部环境通过相互之间的反馈和调适，来达到相对稳定状态，从而使政策内容变现成多元主体相互理解的知识。事物发展过程是一个从线性向复杂化演变过程，受到内部要素活跃程度和与外部环境互动作用程度的影响，表现出不同程度的过程复杂性。当外部环境的影响强烈或内部要素之间的相互作用达到一定程度时，内部各要素将会产生与活跃度成正比的协同反应。因此，复杂系统理论有助于揭示事物在产生、演变、发展和自适应过程中的复杂关系，将事物中的各要素与网络结构、静态和动态特性、确定性和不确定性有机地统一起来。通过发展非线性、复杂网络和协同交叉等方法，该理论为事物自身面临的复杂问题提供了解决思路和方法，使各个主体能够共同受益。

复杂性是社会过程的基本特征之一。社区作为一个微观领域，涵盖广泛的领域，如分配、消费和生产，具有整体性、系统性和自组织性等特征。社区不仅具备系统复杂性，还表现出高度的开放性、个体性和情境性，这些特征与复杂适应性观念相互关联。随着社会生活复杂性的不断增加，迫切需要适当修正社会科学的理论和方法，而复杂性科学可以提供这种修正所需的知识工具和结构框架。学者普遍认为，复杂适应性系统理论对多主体参与问题具有较强的解释力。基于复杂适应性系统理论的社区治理研究已经取得了许多成果，学者针对社区公共服务价值共创[10]、韧性社区建设[11]、社区安全治理[12]、社区现代化改革[13]等问题，构建了基于复杂适应性系统的分析框架和提升策略。一些学者将复杂性思维与数字化社会系统进程相结合，提出了以复杂性应对社会系统风险的治理新思路，强调加强政府对社会协同和公众参与的协同治理模式。[14]

基于上文所述，社区系统的复杂性具有自适应性、非线性和多样性等特征。社区治理问题的复杂性来源于多元主体适应性，社区是由居民、企业、社会组织、政府及其派出机构所构成的场域[15]，主体间差异性与复杂互动结构造就了社区治理问题的复杂特性，明确社区治理问题的解决需要多元主体协调和复杂性体系建设。复杂性因素在推动多元主体协同治理方面发挥着重要作用。治理任务和公民需求的高度复杂性可以激发多元主体协同治理的积极性。因此，我们应该从复杂性理论的角度出发，构建多元主体协同治理模式，确立目标协同、动态协调和复杂性决策治理机制。[16]

3.复杂系统视角下多元主体协调治理框架分析

多元主体协同治理理论为老旧小区改造工作提供了基本分析框架和逻辑，但是仅仅依靠多元协同治理理论无法有效诠释复杂性社会背景下老旧小区改造工作的逻辑。需要基于复杂适应性系统理论视角，融入多元主体协同治理理论构建案例分析框架，从而形成符合中国国情的、具有本土特色的理论分析框架(见图3)。

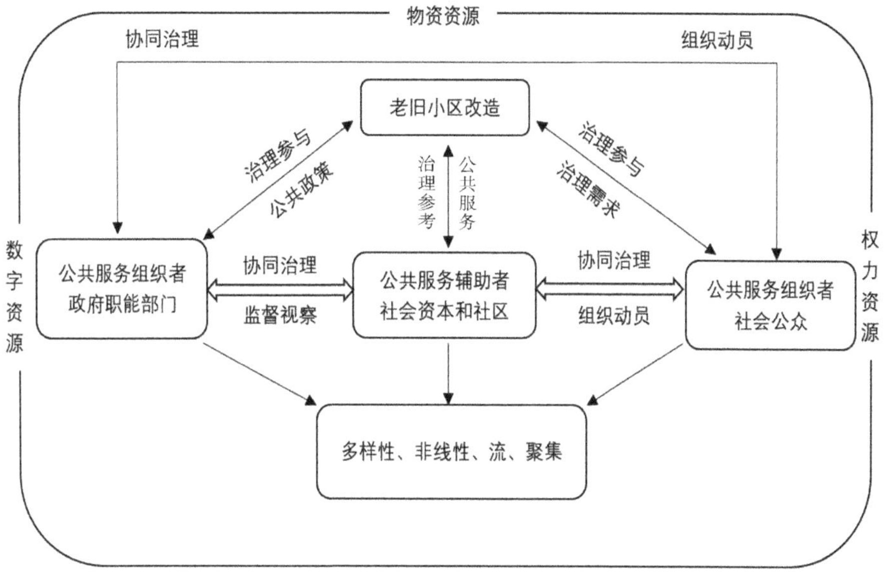

图3 多元主体协同治理

通过"老旧小区改造工程"将政府职能部门作为公共服务组织者，社会力量(社会资本和社区)作为公共服务辅导者，社会公众作为公共服务需求者聚集起来，参与主体依据目标任务进行筛选确定，最后形成多元主体组成的"临时组织"，具有该组织特定结构性质的治理框架，各多元主体在该治理框架中所起的作用和表现各异。

一是政府职能部门方面。作为多元主体协同治理的主导和政策主体，政府职能部门所涵盖的纵向等级众多，包括中央、省政府、市政府和街道办等众多职能部门，各级政府在中央政府的领导和指挥下制定相应政策。但是受限于各级政府部门所处的位置不同，在制定政策时所考虑或偏向的侧重点不同，通过在执行过程中的“政策冲突”表现出来，是一种机械的和线性的，在老旧小区改造中提供公共政策和治理参与。

二是社会力量方面。社会资本和社区作为基层治理的桥梁或枢纽，在老旧小区改造中发挥“政策辅助”作用，受限于地位和科层制影响，所拥有的权力或功能大多来自上级部门赋予，具有一定的局限性。在老旧小区改造中提供公共服务，参与到老旧小区改造中，如经济服务、社会服务和基础服务，在一定程度上削减了政策的复杂性，起到积极的政策辅助作用。

三是社会公众方面。在老旧小区改造中，社会公众作为政策对象，一方面监督政策和政策执行的合理性，另一方面合理表达自身的改造需求。与政府职能部门和社会力量之间相互协同，同时也是政策组织动员对象。

由政府职能部门、社会力量和社会公众所组成的复杂系统，这种开放系统内各要素之间的共同参与，是系统在宏观层次上出现新的协同的结构、功能、模式、行为、性质及价值的条件。复杂性系统有序结构的出现，不一定要通过系统突变的方式重新获得平衡，而通过系统内部各要素与外部环境的物资资源、数字资源和权力资源的变化协同配合来实现。其中物资资源是治理开展的基础，信息资源是治理主体的规划动力，权力资源是协同治理的关键，三者共同构成社区协同治理的外部复杂环境，同时作用于协同治理的决策过程，导致新的稳定态有序结构的出现，进而形成一种“环境适应性”的状况。将多元主体协同治理理论运用于公共管理领域，有助于将那些看似混乱无序、远离平衡状态的公共问题转化为人们期望的新稳定有序结构。复杂适应性系统理论为多元主体在复杂环境中的适应提供了一种解决方案，将这两种理论结合起来形成的新结构和系统依赖于复杂社会系统中多元主体的协同合作。

（三）案例选择与研究方法

1. 案例选择

本案例选择真善美小区作为案例分析对象主要有以下三点原因：一是真善美小区所处的独特地理位置。该小区在城市中处于核心地段，周围学校、商场和社区聚集，外来人口偏多，人员结构复杂，各种社会矛盾、多元主体利益冲突聚集，导致社区内秩序混乱、治理结构复杂、多元利益诉求多，改造难度大。二是真善美小区是典型的“老破小”社区。该小区具有“粗放型”的特点，是老旧小区的典型特例，居住品质和环境水平不高、小区无物业管理或物业服务效率与新时代城市发展要求不能相适应，这些老旧小区改造过程中的难点之一就是居民的参与意识不强，没有树立共同体意识。并且，真善美小区人口结构以老年人为主，邻里之间也存在熟人社会和生人社会并存的现象，各主体之间的协调工作难以开展，增加小区治理难度。同时，小区内存在小区居民、租户、商户等多元主体之间的利益协调困难，加之没有成立业委会，使得业主和居民游离于公共管理之外，缺乏完善的内部决策机制。三是数据资料取得的便捷性和全面性。在对真善美小区的调研过程中，社区工作人员向我们提供了有利于案例分析的各种数据和资料，同时对调研工作也是积极配合，确保案例分析中对老旧小区改造实践真实而深入的了解。

2. 研究方法

（1）个案研究法

个案研究法是当前一种案例分析研究方法，旨在深入了解和分析特定个体、组织、事件和现象的详细情况。在个案研究中，研究者通常会通过收集和分析大量相关数据资料，以揭示个案的独特性、发展轨迹、问题和解决方案，从而为理论构建和实践提供有力支持。真善美老旧小区改造的成功实践为国内相关其他区域老旧小区改造工作提供借鉴，具有一定的典型性。本案例中复杂情形下多元主体协同治理的公共管理实践使得案例具有代表性，背后的逻辑和机理值得深入分析。

（2）文献研究法

文献研究法是一种旨在通过系统地收集、整理、分析和综合相关文献资料，来探讨某一特定主题或问题。文献研究法依赖于现有的书籍、期刊文章、报告、论文和其他学术资料，以获取对研究主题的深入理解和洞察，超越了时间、空间限制。

（四）案例分析：老旧小区改造多元主体协调治理逻辑分析

在真善美小区改造过程中，复杂的任务和外部环境下多元主体协同治理是一个动态演进的过程,在不同阶段呈现出不同特征。

1. 多元主体任务阻滞阶段:无所适从与利益冲突

自印发《鹿城区老旧小区改造实施方案》以来,老旧小区改造工作一时成了集善社区真善美小区基层部门的重点工作。具体到案例中,一方面在中央、省、市、区等相关部门的科层压力下,面对"高位推动"和政策内容的语焉不详,真善美小区改造前期工作压力极大。政府在改造资源方面比其他主体所掌握得多,但是信息资源如何与基层公共管理模式相匹配、资源如何在多元主体间协调等问题缺少"具象化",造成一种"上面下不来、下面上不去"的局面。同时,所公布的政策内容对具体老旧小区改造工作只规定时间节点,怎么改、改什么、改造资金如何来等问题在文件中无处提及,改造方案的宣传与理解不能做到及时同步,导致政策的宏观性与基层社区居民生活的微观性在一定程度上相冲突(见图4)。

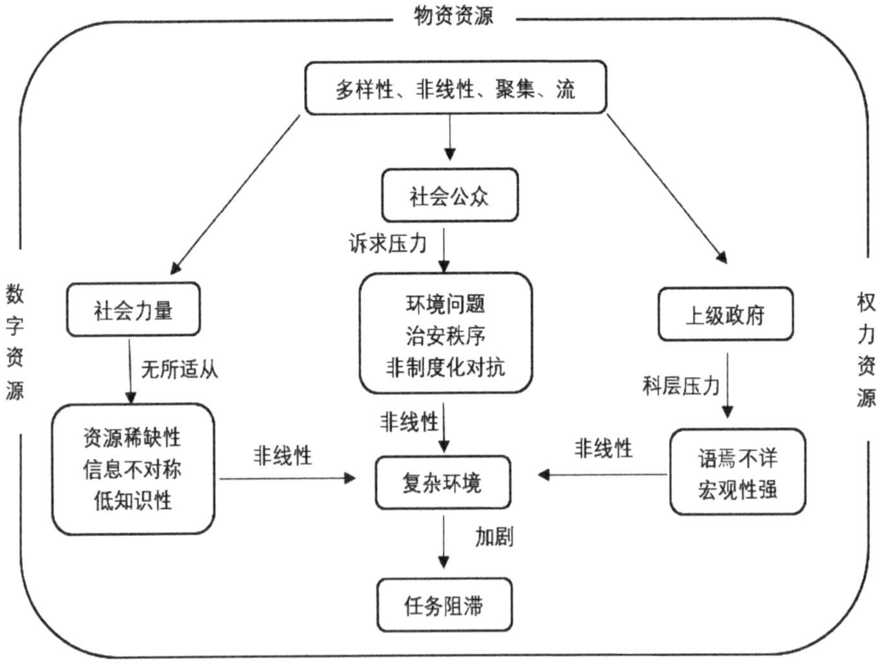

图4　改造任务阻滞逻辑

一方面,在改造工作中,社区面对政策的无所适从状态和社会资本对资源配置缺少协调易造成公共价值失灵。具体到案例中,真善美小区成立以来一直没有业委会,老旧小区改造项目也是第一次实施,加之社会资本介入的不彻底性,面对《方案》的发布,社区居民、社区工作者和社会资本对政策内容的低知识性加剧了治理的极端化和非线性。具体表现为,居民对改造资金出资的不满意、召开会议时的特殊的情景和政治任务高位推动与倒逼基层干部去完成任务目标和社会企业对在基层工作人员心中植入无条件服从和增强积极性的心理,缺乏灵活性,增加非线性。在会议过程中,资源的稀缺性、信息不对称和政策内容抽象会导致在工作实践中出现无所适从的处境。陆林在组织召开社区会议,小陈和金大姐对政策内容复杂性和多元主体协同配合的难度在会议上的表现是基层工作人员在面对上级政府政治压力时的普遍现象,有时出现"用脚投票"的现象。居民对《方案》的无所谓态度,是由政策的宏观性和居民生活的微观性不协调所致。

另一方面,真善美小区居民自身对小区的"低满意度"加剧了"非线性"的产生,如卫生环境、排污、停车位和改造资金等问题,该问题的产生一定程度上来自社区内部自身。一是历史原因小区内至今没有成立业委会,致使无法在住建部门备案和引进物业管理公司,随之而来的是小区内公共管理缺乏。二是小区内人员结构复杂、环境问题突出,具体表现为小区内租户较多、老龄化问题严重、无门禁和垃圾乱扔乱放。三是小区内多元利益主体的存在,小区曾多次尝试进行微改造,但因无法满足利益相关方的各种需求,改造工作多次停止,严重时导致群体冲突事件的爆发。冲突事件的爆发加剧改造工作难度和外部环境的复杂性与不确定性。这些问题严重影响真善美小区内居民正常生活,使得小区居民的人居生活质量直线下降,居民对于改造工作的诉求压力日益增多,非制度化对抗增加。四是仅一街之隔的"将军组团"老旧小区改造不需要居民出一分钱,为什么相差那么大?这加剧了居民心中的不平衡和急需满足的诉求,同时对"如何对改造资金进行有效监督"产生怀疑。

案例中,一是政府、社会力量和社会公众三方面主体缺乏沟通和对话平台,社区作为国家政策落实组织的枢纽部门,在前期改造中缺乏主动性,没有积极发挥和调动相应主体完成前期政策准备工作。二是参与老旧小区改造的各主体在中国科层政策制度下，以政策规则和制度作为约束多元主体的“命令”，这种机械式的“聚集”在现代社会理念中早已不适应，缺少以情感为纽带建立信任感。三是老旧小区改造工作作为治理实践，是多元主体为完成某一任务目标的共同使命，在一定程度上具有“非机械式聚集”的作用，增加系统内复杂性。

通过对老旧小区改造任务阻滞阶段的分析，多元主体在面对同一任务目标时，各主体所处的位置和性质不同。通过“政策式机械”的聚集以及“高位推动”加剧主体间非线性的复杂关系，主体间物质资源、数字资源和权力资源缺乏统一协调。各主体诉求不同，即使政策规定了各主体职责，但功能细碎化和主体多元化增加了任务阻滞的概率，信息资源无法及时流动，使政策在某些阶段属于“灰色时段”，即“有政策内容，无执行力”。这一现象发生的主要原因是各多元主体间没有实现有效的对话交流，各主体与外部环境之间没有形成良性互动，从而各多元主体不能形成稳定的内置能力。

老旧小区改造作为一项系统性工程，存在多主体参与、问题解决路径复杂、信息资源协调难、各参与主体性质各异等问题，多元主体内部形成的稳定内置能力运行机制与外部复杂环境间缺乏相互反馈和调适，从而难以达到复杂系统内部稳定状态，难以实现多元主体共同目标。

2. 多元主体达成共识阶段：政府主导与利益协调

在形成多元主体协同治理系统过程中，政府职能部门协同是协同共治的抓手，以社区街道办为中心枢纽的政府间协同成了实现公共利益的关键，实现社区居民需求是协同的目标。以政府为主导的协同共治有两个方面的协同：其一是纵向协同治理，随着行政管理力量的下沉至基层是推进和促进国家治理体系和治理能力现代化的重要组成部分[17]，政府职能部门内通过自身变革，在治理体系和治理能力上重新分配条块行政管理和执法力量，克服公共管理过程中的体制障碍，改变行政力量分散、多头交叉管理的状况。其二是通过共同目标任务凝聚各职能部门横向协同，需要各职能部门之间协同配合，构成有机统一整体，使整体系统大于各个子系统运转之和的协同效应，包括四个方面的协同：政策执行的协同、机构运转的协同、目标管理的协同和资源使用的协同（见图5）。

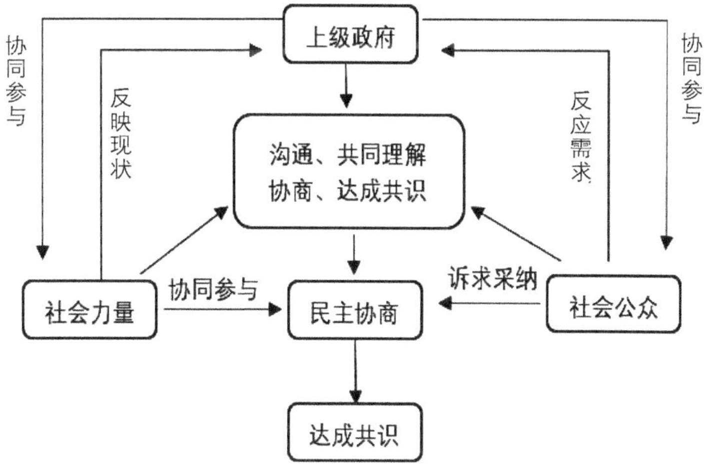

图5　政策达成共识逻辑

在复杂情形下政策内容不会通过科层体制自动变现，最终的走向取决于基层政府对政策内容的理解和其所表现的作为。真善美小区处于基层治理需求多元主体聚集与治理资源匮乏的处境中，在“高位推动”压力和多元利益目标的驱使下，基层政府不得不主动出击寻找解决问题的路径，试图通过政策内容来反映现状和与上级政府进行方案沟通。本案例中，以陆林为代表的基层政府组织是国家基层治理的纽带和桥梁，在面对改造资源匮乏、上级政府要求的时间节点即将到来和居民利益多样化的情况下主动出击，一是在社区内部进行沟通和政策理解。通过召开社区工作会议的方式对政策内容和居民需求进行细化和了解，将最真实信息资源反馈给上级政府，得到有关领导的重视，为后续开展旧改工作注入权力资源和物质资源。二是社区通过“党员认领”、“业财代理”、成立“集善社区自管小组”、社区志愿者参与、“党建引领”、“文化”等措施积极了解社区居民的实际需求和推动旧改工作的顺利实施，通过引入多个参与主体，降低问题的复杂程度，从而达到旧改工作外部复杂环境的清晰化。三是以政府组织为主导的职能部门，通过社区的反馈信息，召开“请你来协商”活动，社会公众的需求不需要通过科层体制下中间各职能部门的传送，一定程度上保证社会公众诉求的真实性。同时，迫于政治和需求压力，政府职能部门对多元主体的参与以“协商式”回应复杂性问题，积极协调多方参与主体，为旧改工作注入“势能”，居民需求的满足更加全面，减弱了旧改工作的复杂性。

以民主协商形式，不仅有效整合了行政资源、物质资源和数字资源，确立了治理思路和公共管理精神“人民为主”，各级政府通过“协商”平台相互协同配合，充分利用各类社会资源，一定程度上缓解了以前“政府”单一部门难以解决诸多问题的局面。民主协商的核心在于共同的政治理念和共享的发展目标，各方协商参与，通过沟通、共同理解、执行监督等方式，将协商纳入决策过程中，以达成最广泛的共识和团结力量，为共同体的一致行动和有效发展奠定基础，上级政府的协同参与给老旧小区改造工作带来了强大的“定心丸”。

在达成共识过程中，集善社区工作人员经历了身份和角色的转变，从之前的主导者和命令者，演变为后来的组织者和协调者。通过深入理解政策内容和促进多元主体协作，最终成功将政策内容转化为广泛认可的政策方案，显著提升了社区居民的满意度和多元主体协作的灵活性。

3. 政策目标实现阶段：内容变现与目标完成

上级政府应积极主动参与到政治求解和协同治理过程中，为政策执行和目标完成奠定基础。政府在制定政策和协调冲突事件中扮演关键角色，需要协调社区不同群体、社会组织和企业组织之间的利益诉求，同时也是构建城市社区公共空间治理多元主体协同机制的主导者。社区作为社区居民参与公共空间冲突事件治理的代表，承担着群众性利益代表的责任，是构建公共事务多元主体协同治理的核心实体，而社区居民则是公共空间活动的参与者和享有者。随着多元主体协同治理和复杂外部环境的引入，参与主体逐渐增多，外部环境也呈现出日益复杂的形势（见图 6）。

面对烦琐和复杂的旧改任务时，基层政府组织对权力、物资和数字的使用是兼具刚性和柔性的动态匹配过程。本案例中主要体现五个方面：一是改造资金缺乏的情况下，以“非正式”的形式吸收社会资本的介入。案例中在旧改资金缺乏 50 万元的情况下，陆林通过与小区车辆管理公司和中投标单位积极主

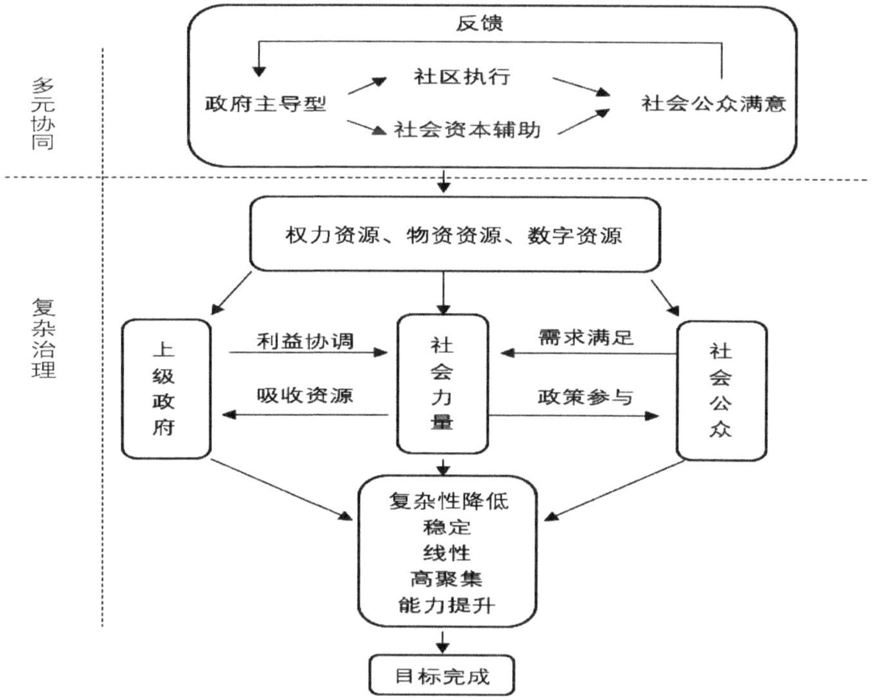

图6　目标完成逻辑

动沟通,填补改造资金缺口。二是针对改造过程中居民对停车位的需求,通过与"天都大酒店"和街道办沟通协同来弥补旧改中"停车难"的问题。改造完成后,以陆林为代表的社区工作人员结合小区实际情况首次提出"停车次卡模式"和"亲情停车位"。三是党建文化引领,热诚邀请以金大姐为小区老党员居民代表作为老旧小区改造的"群众监督员",确保居民与街道、设计及施工等单位沟通畅通,起到联系纽带的作用。四是对于业委会资金的使用采取"业财代理模式"进行资金管理。五是社区文化建设,利用小区现有资源和文化特色盘活社区公共资源,如推出"幸福币"、每月一次"邻里集市"、长者"共享生日会"和"一老一小一特"理念的实施增强社区"软实力"。这些举措推动越来越多的社区居民开始参与社区服务,在很大程度上缓解了社区综合治理难的问题,社区凝聚力逐渐加强,减弱旧改工作的复杂性,老旧小区改造工作越来越顺利。

当基层事务的复杂性和政策的制度性在某一点达到平衡时,治理主体完成政治任务目标复杂性减弱，形成稳定、“线性”、“高聚集”和治理能力提升的多元主体“共同体”，聚集多元主体的内生系统各要素流之间的堵点被打通，信息流、作用流、关系流、资源流得到充分利用，复杂适应性系统的稳定性得以长期保持。同时，上级政府层面的政策动员坚持各方协调、共同缔造。实行各单位联动机制，强化联审作用，落实区级牵头组织、各街道发动实施、各级监督的责任分工。充分发挥社区与居民协调机制，调动社会力量和小区关联单位积极参与，形成各方力量共同推动城镇老旧小区改造的良好条件和氛围，全面改善小区环境，减小政府治安压力。同时，通过增加社区营收反哺社区，为下一步工作打下基础，以合作的方式达到相互依存的关系满足各方需求，达到多方共赢，形成小区可持续性发展局面，开启城市社区惠民治理新时代。

（五）对策建议：多元主体何以协调合作共赢

真善美小区从一开始的“脏乱差”到如今的环境整洁，车辆有序停放，“真善美模式”的实施，解决了小区“脏乱差”和无人管理的现象，也给小区提供了更好的居住环境，提升了居民的幸福感和获得感。真善美小区的成功，离不开“政府、社会、居民”的三方协作。政府的监管、社会的力量、居民的配合，是此次治理的良方。真善美模式的成功也给当前大批量的老旧小区如何进行改造提供一种新路径、新模式。为此，从提升治理主体能力，构建动态主体行动机制、提升数字化治理能力，构建“网格化”信息传导机制和助力文化强社，促进共融发展，构建社区共识机制等方面提出对应的改进建议。

1. 提升治理主体能力，构建动态主体行动机制

正确认识治理主体间差异性，增强协同治理韧性。不同区域治理能力受到区域发展水平和管理理念的影响，正确认识社区内部治理主体在治理动机、治理资源和治理理念等方面存在较大差异，建立动态治理主体协调机制，提升治理主体协同韧性。完善居委会、业委会和物业三者之间的监管体制，使协同治理“有制可依”。健全各类治理主体激励机制，激发治理主体活力。构建政府、第三方和公众参与的协同监管模式，使该模式下的各方都是监管者，政府、第三方和公众既拥有监管的权力同时也赋予监管的义务。

2. 提升数字化治理能力，构建“网格化”信息传导机制

社区管理部门积极推动大数据技术运用与建设“智慧社区”的构想，为提升数字化治理能力提供信息化和智能化强有力支撑。利用数字化平台建立合理反映社区实际情况的指标体系，通过大数据监测社区实时情况。加强网格员管理，把“条线”和网格分开，社区居民通过条线平台将信息反馈给网格员，网格员利用数字化平台知晓居民的具体情况，及时提供帮助，避免出现“上面千条线、下面一根针”的局面。细化政务服务平台 APP 功能，通过虚拟平台增强社区居民与政府、企业的联动效率，增加政、民、企之间的互动，使之进行即时对话和联动，达到信息共享状态。

3. 助力文化强社：促进共融发展，构建社区共识机制

文化是社区的灵魂和基因，通过社区文化的传承和发展，可以促进社区居民的凝聚力和认同感，构建共同体意识，提升社区公共空间价值认识，实现社区和谐发展。重视文化的多样性，鼓励居民分享不同文化背景和传统，增进相互理解和尊重。组织丰富多彩的文化活动，如邻里集市、长者“共享生日会”、“一老一小一特”理念等，不仅为社区居民提供交流互动的平台，还继承传统美德。重视社区治理，建立有效的参与机制，让居民参与决策和管理，共同打造和谐宜居的社区环境。建立社区共识机制，通过民主协商、公开透明的方式，形成居民共同遵守的规范和价值观，促进社区成员之间的互助和合作。鼓励社区组织开展文化创意活动，激发居民的创造力和参与热情，共同建设文化丰富、和谐共融的社区。让文化成为连接社区居民、促进社区发展的纽带，让每个社区成为文明之花绽放的地方。

（六）结束语

城市老旧小区改造既是提升社区居民生活质量和城市形象的一项系统性工程，也是涉及多元主体协同治理的复杂性项目。在改造过程中，政策目标由上级政府制定，政策环境由多元主体构成，政策手段由基层政府探索，政策实效由社区居民评判。在面对束手无策的复杂问题面前，以陆林为代表的社区工作者，主动出击化解难题，转变工作思想，协调多元主体共同治理、减弱政策执行环境的复杂性和协调各方利益。本案例以老旧小区改造为契机，立足复杂性情

景，从“非线性”角度分析我国基层政府治理模式，聚焦多元主体内部运转方式，将“迷彩服”外表转化为“可持续性发展”内生动力，开启城市社区惠民治理新时代。但需要指出的是真善美小区改造是发生在单一区域的“政策示范区”内，是浙江省在老旧小区改造中的一个案例，因而容易产生片面化、偶然性等问题。如何在特定情境下有效推动老旧小区政策变现，既是当前公共管理迫切需要解决和值得深入探讨的议题之一，也是推动国家治理体系和治理能力现代化的现实需要。

参考文献

[1] 王清河．城市社区公共空间治理的多元主体协同机制研究：以 B 广场发生的多主体冲突事件为例[J]．云南行政学院学报，2019，21(04)：117－120.

[2] 熊光清，熊健坤．多中心协同治理模式：一种具备可操作性的方案[J]．领导科学，2018(19)：20.

[3] 张智新，孙严．公共危机中多元主体协同治理机制探究：以北京市“11·18”火灾为例[J]．行政管理改革，2019(04)：77－83.

[4] 王洌瑄，王昆声，黄华津．系统论视野下城市治理的复杂性分析[J]．计算机仿真，2022(03)：1－6，45.

[5] 陈磊．“共建共治共享”社会治理多元参与的体系构建：以北京市“未诉先办”改革为例[J]．河南社会科学，2023，31(05)：95－106.

[6] 陈旭．协同治理视阈下城市社区多元主体间关系研究[D]．吉林大学，2016.

[7] 司林波，王伟伟．跨行政区生态环境协同治理绩效问责机制构建与应用：基于目标管理过程的分析框架 [J]．长白学刊，2021(01)：73－81.

[8] 陈玉梅，黄颖欣．协同治理视角下城市韧性评估理论模型及实践研究[J]．风险灾害危机研究，2020(02)：89－111.

[9] 张艳，曹海林．社区治理共同体建设的内在机理及其实践路径[J]．中州学刊，2021(11)：64－69.

[10] 徐龙顺，蒋硕亮，陈贤胜．“制度－资本－行动”：基层社会治理共同体何以构建?：基于鲁西南 S 镇的案例研究[J]．西北农林科技大学学报(社会科学版)，2023，23(01)：38－47.

[11] 定明捷，曾祯．复杂适应系统视角下的社区公共服务价值共创：一个分析框架

[J]. 公共管理与政策评论,2021(06):124－138.

[12] 周霞,毕添宇,丁锐,等. 雄安新区韧性社区建设策略:基于复杂适应系统理论的研究[J]. 城市发展研究,2019(03):108－115.

[13] 樊志宏,胡玉桃. 基于复杂适应系统理论的超大城市发展和安全治理研究[J]. 城市发展研究,2022(07):81－85,96.

[14] 王芳,郭雷. 数字化社会的系统复杂性研究[J]. 管理世界,2022(09):208－221.

[15] 靳玉茜,唐军. 复杂适应系统视角下的城市社区协同治理困境与应对策略研究[J]. 北京工业大学学报(社会科学版),2023,23(02):38－47.

[16] 王清河. 城市社区公共空间治理的多元主体协同机制研究:以 B 广场发生的多主体冲突事件为例 [J]. 云南行政学院学报,2019,21(04):117－120.

[17] 邢华,黄祖良. 老旧小区改造如何“以人为本”?:北京劲松北社区改造中的党建引领与社会资本重塑 [J]. 上海城市管理,2021,30(05):23－28.

附录:访谈提纲

一、访谈提纲:针对社区居民

(一)您在真善美小区这里居住多久了?有几套房子?

(二)社区内有没有什么乱象?如环境、治安等问题。

(三)您是否参与过老旧小区改造工作?您对改造工作怎么看?

(四)您家房屋是不是改造对象?是改造内容中的哪一类?

(五)您家是否出资过老旧小区改造工作资金?

(六)您是否看过争执的场面?最后是如何化解的?

(七)您觉得小区内哪一类现象最需要改变?

(八)你对改造需求如何向街道办或政府反映?

(九)你对改造工作是否满意?还有哪些方面需要加强?

(十)上级政府举行的协商活动你是否参与了?当时最主要的诉求是什么?

二、访谈提纲:针对社区工作人员

(一)老旧小区改造政策下来时,街道办工作人员对政策态度怎么样?

（二）前期为了改造工作的顺利开展，社区是否采取措施？

（三）对社区内居民房屋情况调研时，居民是否配合调研工作？

（四）社区居民的问题需求通过哪些途径反馈？

（五）街道办是否把社区居民诉求及时向上级反映？

（六）老旧小区改造工作通知刚开始提出时，社区居民们是否积极配合？

（七）改造通知发布后，一般要求多久完成？当时的完成度如何？

（八）社区党员同志在老旧小区改造工作中做了哪些贡献？具体有哪些？

（九）为做通社区居民的思想工作，社区做了哪些努力？

（十）目前还要注意哪些问题？

（十一）社区与上级政府沟通，协商方案是如何制定的？

（十二）如何解决改造工作资金问题？

（十三）老旧小区改造后续管理是否配套方案？

三、访谈提纲：针对政府

（一）老旧小区改造政策通过哪些途径下发至基层？

（二）是否组织相关部门和人员去社区进行政策宣传和解读？效果怎么样？

（三）为了老旧小区改造工作的顺利推行，政府部门制定了哪些政策？政策效果如何？

（四）老旧小区改造工作中最大困难是什么？如何解决的？

（五）政策协商方案如何制定的？社区居民是否参与其中？

（六）政府在老旧小区改造过程中如何统筹协调多元主体？

（七）政府如何统筹利用信息资源、物资资源和权力资源？各种资源流如何在多元主体间进行流动？

（八）政府对老旧小区改造工作后是否建立长期有效机制？

（九）是否对老旧小区改造工作中遇到的困难和经验进行总结归纳？

案例六

“要我改”是如何向“我要改”转变的？

——基于江西余江滩头村“宅改”的剖析

摘　要：宅基地制度改革是社会公认的农村土地制度改革最难的一项内容。宅基地制度关系着千千万万村民的切身利益，特别是“户有所居”的民生根本保障，坚持村民主体是开展宅基地改革的一项基本原则，只有激发了广大村民“宅改”的主动性和创新性，才能形成“宅改”的内生动力。经历了二次“宅改”失败的江西余江滩头村，在党建引领下，坚持村民主体，“蓝图自己绘，村庄自己建，家园自己管”，实现了“要我改”向“我要改”的转变，短短的半年时间完成了任务，彻底改变了“脏乱差”的村庄面貌，由远近闻名的“‘宅改’刺头村”华丽蜕变成为“宅改”示范村，被评为“全国乡村治理示范村”。村民是“宅改”的关键主体，深入剖析滩头村“宅改”中“要我改”向“我要改”的转变历程，掌握村民从抵触，到观望、配合，最后主动融入、积极投工投劳的变化，有利于探寻激发村民改革热情，发现农村土地制度改革的内生动力之源。滩头村“宅改”的成功在于遵循村民主体原则，坚持“五共”（共商、共识、共建、共担、共享）推进改革。实践表明：只要充分发挥基层党组织在改革中凝心聚力的关键作用，急村民之所急、解村民之所忧，焕发村民的改革主人翁精神，重塑乡村文明新风尚，营造良好改革氛围，就能实现“要我改”向“我要改”的转变，形成改革内生动力之源，推进改革的深入。

关键词：改革内生动力；宅基地制度改革；“要我改”与“我要改”；江西余江滩头村

一、案例正文

（一）引言

2015—2019年，我国在33个县（市、区）开展了第一轮宅基地制度改革试点，改革成果为《中华人民共和国土地管理法》的修改提供了直接依据。为了进一步掌握宅基地制度的深层次矛盾与问题，2020年，国家在104个县（市、区）和3个地级市启动了新一轮深化宅基地制度改革试点。由于宅基地和住房是农民最重要的财产，也是农民安身立命之本，“宅改”事关2亿多户近6亿名农民的利益，宅基地制度改革又面临着融“公权”“私权”于一体的复杂产权关系，以及宅基地的供需现实矛盾日益尖锐、历史遗留问题与现实矛盾交织叠加等现实问题。因此，农村宅基地制度改革被称作农村土地制度改革中最难啃的“硬骨头”。

江西省余江区被列为第一轮宅基地制度改革试点，2020年又被选为新一轮深化宅基地制度改革试点，余江“宅改”取得了明显的成效，形成的余江“宅改经验”成为一个向全省推广学习的模式，有诸多成功“宅改”案例值得剖析，其中滩头村具有很典型的代表性。为此，本课题组对余江滩头村“宅改”进行深入调研，以期通过滩头村“宅改”解析，探寻农村土地制度改革的内生动力之源。

（二）“化茧成蝶”的华丽蜕变

1.“宅改”后的滩头

2020年春节，一群在上海打工的年轻人回到滩头村过年，一片惊喜、激动和感叹。“现在回家都找不到家了，家里变化实在是太大了，做梦都想不到家里能变得这么漂亮！”确实，就连长期居住在滩头村的村民自己都不敢相信，滩头村能发生如此惊人的变化。

滩头自然村位于余江区中部春涛镇,距城区 17 公里。滩头村是一个具有 1100 多年历史的老村,同一祖先衍生出了十八房族,是余江区“吴”姓最多的自然村,现有 7 个村小组,435 户,1639 人,现有耕地 700 亩、林地 1000 亩,人均水田约 4 分,无村集体收入,是典型的“空壳村”。

2019 年底完成“宅改”后的滩头村,以“脱胎换骨”的面貌展现在人们面前。当地群众总结为“宅改”收获了“五个起来”,即支部强起来了、民风社风好起来了、村容村貌靓起来了、集体经济和农民收入富起来了、干群关系密起来了。

一是良好的人居环境。通过“宅改”,共退出房屋 113 宗,附属房、猪牛栏 276 间,院落 117 处,共计退出 36130 平方米,腾出了村庄内近一半的宅基地,加固改造房屋 30 栋,硬化道路 11.9 公里,改沟 4.5 公里,铺设雨污管网 11.8 公里,改厕 442 户,新建了新时代文明实践广场、互助养老中心、留守儿童之家、旅游公厕、污水处理中心、游步道。每家每户严格落实门前“三包”,保持房前屋后、庭院的干净整洁,定期开展“清洁家庭”“美丽庭院”“五星五美”评比活动,调动了村民维护美丽家园的积极性,避免了集中整治环境、突击提升面貌的运动式行动,村庄随时随地保持干净整洁。

二是密切的干群关系。通过对党员实行“三亮”(亮身份、亮形象、亮承诺)考核办法,激发了党员的先锋模范意识,每一位党员都在对群众的热情服务中找到获得感,形成了滩头村热情服务、敢于担当的特色党建文化,增强了党员干部为群众服务的意识与能力。建立了民事村办 45 条任务清单,党员干部把服务送到村民家门口,实现村民办事不出村,重新建立起群众对党员干部的信任,干群关系更加紧密。

三是和睦的邻里氛围。村头村尾处处洋溢着“邻帮邻、亲帮亲”“人人有责、人人奉献”的文明新风。针对“一老一小”的突出问题,通过“三个一点”(政府补一点、村民出一点、乡贤捐一点)建立的村级互助养老中心和留守儿童之家,惠及 70 岁以上老人 20 余名和留守儿童 30 余名,为老人提供三餐有热饭、精神有慰藉、生活有娱乐等一体化服务,实现了老有所养和幼有所育,切实解决了外出务工村民的后顾之忧,稳定了在外务工经商人员的心。村里还成立文明评判团，由村干部代表、理事会代表、党员代表、巾帼志愿者代表、村民代表五位代表组成，每月底逐家上户，根据村规民约相关内容对在家的农户进行综合打分，设置红黑榜，并在广场张榜公示，每季度兑换生活用品，正向激励村民，引导村民向好向善。

2.“宅改”前的滩头

“宅改”之前的滩头，以“脏、乱、差”而著称，是远近闻名的“刺头村”“后进村”，也是多年以来的信访大村。2019 年初，村干部做过一次统计，村内有 59 个单身汉，前几年好不容易有个隔壁乡镇的女孩愿意嫁到滩头来，女方家里走到滩头的路上就堵了一个小时，好不容易走到村庄，发现脚根本下不了地。女方家里人转头就走，男方母亲问原因，女方父亲就说，“你们这里的路是给牛过的，不是人走的”。

一是生活环境恶劣。上千年的村庄却难得看到上百年的老房，村庄四周被农田围绕，在国家严格保护耕地的政策下，居民点难以向外扩张，只能是在原宅基地上拆了再建、建了再拆。宅基地管理的无序造成“房挤房、墙挨墙，有的房屋还缺个角”，村庄被危旧房、猪牛栏、露天厕包围。村内没有一条水泥路，没有一个三格式化粪池，汽车进不了村、摩托车要挑路走，村民建房只能用独轮车推材料进村，出现了出殡要用楼梯拖棺材、房屋开不了正大门、三角形五角形奇形怪状房屋等“奇葩”现象。村内环境污水横流、臭气熏天，基础设施极度落后，基本是“垃圾靠风刮，污水靠蒸发”。

二是村内纠纷不断。村内十八房族之间矛盾重重，村民宅基地问题导致的邻里吵架、矛盾纠纷是家常便饭。由于村庄管理失序，歪风邪气盛行，民风社风野蛮生长，有史以来，滩头村与周边大小村庄发生纠纷械斗不计其数，村庄内十八房族关系错综复杂、矛盾重重。村庄十八房族，在政府从严管理划龙舟的情况下，2018 年端午节划龙舟时，与河对岸的村庄发生群体械斗，造成了极其恶劣的社会影响。而吴标有和吴江有是堂兄弟关系。吴江有家新建的楼房多占了 0.3 平方米的宅基地，吴标有要求他拆除，由于楼房已经做好，只能局部切割，吴江有便把房子的一角从楼顶向下切除，好好的房子成了缺角房。为此，两家一直因为宅基地闹纠纷，打架争吵时常发生。

三是干群关系堪忧。该村党支部被列为软弱涣散村级党组织,既没凝聚力,也没战斗力,毫无威信可言,“党员干部不为群众办事,群众不信任党员干部”。下乡干部停在村边的车子时常被村民扎胎,甚至出现村干部因劝导村民不要在桥洞下面搭建铁皮棚居住,而被村民跑到村委会拍桌子指责。为此,滩头村先后两任党支部书记被免职。村民担心自身利益受损,使各项工作无法在本村开展。

(三)二次“宅改”二次失败

2015 年 9 月,余江被列为全国 15 个宅基地制度改革试点县之一,在第一批酝酿的试点村中,就包括了滩头,但不论是村干部还是群众,都无动于衷,对“宅改”明显抵触。一些村民明确表示:“这些是我祖宗好不容易留下来的祖宅,怎么可能让集体收回去,自己的东西就是要占在这里。”工作根本无法开展,随着一次群众大会的结束,第一次的滩头“宅改”就这样无声无息失败了。

2017 年,经过一年的“宅改”探索,余江已形成了一定的改革经验,提出的“一改促‘六化’”(即以“宅改”为抓手,促进农业发展现代化、基础设施标准化、公共服务均等化、村庄面貌靓丽化、转移人口市民化和农村治理规范化)的“宅改”做法也取得了明显成效。特别是同镇的高坊黄家村通过“宅改”,把退出的 5619 平方米宅基地用于基础设施建设,形成了“八横五纵”的村庄格局,大大改善了村庄的人居环境,村民的改革获得感满满。

“谁不想改善生活环境?”一直生活在村里的村民 A 告诉我们,“村民很羡慕周边‘宅改’带来的变化,但当初党群关系不好,群众对村党支部缺乏基本的信任,村干部也毫无威信可言,村民会直接与村干部拍桌子对骂,几乎没人相信滩头能推进‘宅改’。”

周边村庄有目共睹的“宅改”示范效应也在逐渐形成,春涛镇政府认为再次启动滩头“宅改”的时机成熟了,把滩头村列入“宅改”村。2017 年 2 月,参照兄弟村的做法,滩头村成立了由 18 房族头首组成的村民理事会。为了表示“宅改”的决心,村干部带头拆除了一栋 200 平方米左右无人居住闲置的老房子。然而由于缺乏统筹,也没有形成大家认可的改革方案,群众只是看热闹。结果这个村干部成为被大家嘲笑的对象,风凉话四起,背地里都说“那个人就是个傻子，把自家的房子拆掉了，别人又不跟着拆，明摆着吃亏了”，家里人也不理解、骂他，使他陷入舆论的困境。当时，有很多村民认为，“宅改”是“政府要我搞”的，这种“要我改”的改革往往只是一时的，坚持不了多久，村干部也是为了自己的业绩，他们不会真正为全村村民的福利考虑。群众根本不信任村干部，担心自身利益受损，又没有看到“宅改”的目标蓝图，村民对“宅改”的抵制心态很强，第二次“宅改”再次以失败告终。

2015 年和 2017 年两次启动“宅改”两次失败，让滩头村成为余江“宅改”的痛点和难点，是影响余江“宅改”工作的负面典型。很多同志认为滩头村不适合搞“宅改”，甚至曾一度有放弃滩头开展“宅改”的念头，并提出了相应的解决方案。有人提出将滩头村进行整村搬迁，统一全部在集镇安置；也有人提出政府资助在村里建高楼，让老百姓住上公寓楼，从而解决现实中的村民建房需求问题。那么，究竟是什么原因导致滩头村两次“宅改”的失败？失败的原因总结为以下四个方面。

一是干群关系不密切。前期政府在处理公共事务中的不作为导致政府在村民中的公信力不强。同时，村民对村干部“强拆”的行为持有怀疑态度，干群关系不密切。村民“宅基地私有”观念根深蒂固，不同村民为了保护自家的围墙不被拆除，故抵制宅基地制度改革。

二是村民的参与意识较弱。滩头村村民的宗族势力强大，群体构成相对复杂，无法从意识上进行转变，深刻认识到自身的参与对村庄“宅改”的重要性，村民“宅改”的参与意识较弱，并最终导致了村民逐渐丧失对村庄“宅改”的参与热情。

三是村民的集体归属感偏低。由于滩头村本身存在很多问题，“脏乱差”局面一度难以改善，生活环境逐年恶化，同时村集体所有权严重虚化弱化，村民凝聚力不强，村民对村集体组织的归属感和认同感逐渐变弱。

四是缺乏有效的协商机制。村级组织并未制定与宅基地制度改革相关的正式制度和非正式制度，也未召开村民大会听取村民关于宅基地制度改革的意见，缺乏有效的协商机制，故没有形成整体认可的改革方案。

(四)立下“攻坚克难”的军令状

1.“改革不成功,决不收兵”

2019年3月9日,春涛镇领导召开班子会议,对各班子领导的工作进行调整,刚刚完成省级贫困村山涛村的脱贫攻坚摘帽任务、卸任该村第一书记,时任镇常务副镇长的吴官文请缨兼任滩头村“第一书记”,切实推进“宅改”工作。尽管他非常清楚滩头“宅改”面临重重困难,但从山涛村的成功脱贫摘帽,他深知面对群众的实际需求,只要细化工作方式方法,就能获得大家的支持。有了大家的支持,“宅改”这个为村民办好事的工作就一定能成功。他一到滩头上任,就向广大村民承诺了一定要搞好“宅改”,如果搞不了,就一直当滩头村的党支部书记,直到把“宅改”搞完,向群众表明了“改革不成功,决不收兵”。

“山涛村脱贫和滩头村‘宅改’是当时春涛镇公认的两大难题。我原本在省级贫困村春涛镇山涛村任第一书记,刚完成脱贫摘帽任务,工作充满激情。在2019年调整分工时,请缨攻克难关,当时我想山涛村都能实现脱贫,滩头村‘宅改’也是实实在在为村民带来好处,只要方法得当、获得村民的支持,就一定能推进。尽管后期工作的难度超出了当初的想象,但我还是有信心的。”时任镇常务副镇长、现任镇党委书记的吴官文谈起当初的工作想法,这样告诉我们。

2.走访民情,充分掌握村民“宅改”需求

吴官文到村工作的第一件事,就是熟悉情况、摸清村底,他吃住在村里,把滩头村的地籍图挂在办公室最显眼的地方,时刻提醒自己要借“宅改”之机解决人居环境恶劣、宅基地供需矛盾突出等村民关切的问题。通过上门入户,了解每一家农户的情况,宣传“宅改”的好处,聊“家长里短”与村民沟通。刚开始,面对村民们的冷言冷语,他并未放弃,还是不厌其烦地走完每一家。经过一段时间的走访,他发现村里历史遗留问题多、宗族间关系紧张复杂,多年来因宅基地而产生的矛盾纠纷已成为影响村民团结、村庄发展的突出“瓶颈”。尽管群众内心都有迫切改变的意愿,都希望完善村庄基础设施,但干群关系差、村民间积怨太深,困难太大,村民完全没有信心。

在实地调研中我们偶遇一位村民与他交谈。“说实话,吴书记刚来的时候，我们对‘宅改’根本没有信心，我们村情况非常复杂，村民间各类矛盾纠纷多，民心不齐、不团结。一开始吴书记上门我们也是不冷不热，应付了之。但看到吴书记真心实意想为村民办事，关心村民的每件实事，村民慢慢开始信任他，也逐渐把真实想法说出来，后来看到全村实实在在地推进‘宅改’，村民也把‘宅改’当成自家的事，积极支持、配合。”

3. 强化党支部建设，重塑“主心骨”形象

一是开好民主（组织）生活会。在吴官文组织的第一次民主（组织）生活会上，就把所有的“村两委”干部聚集起来当面开展批评和自我批评，会议上大家讨论激烈，面红耳赤，互相说各种“坏话”、揭短，甚至连其小时候做的事情都会被揭露出来，再张贴到广场上让村民来监督，有则改之，无则加勉。二是制定干部为民服务的制度。要求每一名干部每天至少要去一户百姓家里主动帮忙做一件好事，并实行民事村办的首问负责制，对村民负责到底。实在办不了的，可找村党支部书记来帮忙办。三是以身作则。吴官文把印有自己电话和纪委监督二维码的名片挨家挨户发给村民，村民有事可以直接找他，做得不好可以向纪委反映举报，让老百姓看到村干部时刻在他们的身边，有困难找干部。通过村干部为群众办实事，让群众信任干部，重树了干部为民服务的形象。

4. 重组村民理事会，构建议事决策机制

理事会成员与村干部交叉任职，按“一房一理事”的原则推荐了 18 名房长作为理事会成员，保证了每个家族都有自己的“发言人”，加上 3 名村小组干部，1 个老村委，以及 2 名乡村振兴参事会成员，组成了 24 个人的理事会。同时，制定议事决策机制，明确一切事项由理事会协商决定，并做到“两榜五公开”，其中“两榜”，即重大事项先发第一榜征求群众意见，修改定论后再发第二榜接受群众监督；“五公开”，即农村宅基地制度改革试点方案和工作安排上榜公开、农村宅基地管理政策和制度上榜公开、宅基地调查摸底情况上榜公开、村庄规划图上榜公开、所有结果上榜公开。规定每月 1 日、2 日、15 日分别是滩头村的理事议事日、村民说事日、和谐调解日，村庄集体事务、矛盾纠纷都在一个月内商议。每月最后一天则为文明评判日，由村委会代表、党员代表、理事会代表、村民代表、巾帼志愿者代表共 5 人组成文明评判团对村民孝老爱亲、遵纪守

法、家庭卫生、移风易俗等十一方面进行评分,实行积分制管理。

5. 因户施策动员,激发村民“宅改”内在动力

在前期上门入户摸清各家基本情况的基础上,针对每户村民在“宅改”中的迫切愿望,因户施策地找准需求点进行参与“宅改”的动员。比如相亲女方转头就走的那户村民,他家门口是别人家的牛栏,厨房与牛粪的气味混在一起,出门就是牛粪和苍蝇。吴官文书记就这样开导:“如果你家门口还是这种面貌,儿子将来找老婆还是会很难。现在不搞‘宅改’拆掉牛栏,那你将来的祖祖辈辈都拆不掉这个牛栏。”他家当时最大的愿望就是改变环境,把牛栏拆掉,家门口有了一条好路后他的儿子就好娶媳妇了,他当场就举双手表示赞成,一定积极支持“宅改”。类似的情况很多,以致不少村民遇到村干部,都迫不及待地催问“我们村什么时候启动‘宅改’?一定要尽快启动”。村民内心已激发了开展“宅改”的渴望与动力。

6. 坚持“五共”原则,拟定《“宅改”方案》

如何开展滩头村“宅改”?理事会首先确定了“五共”原则,即共同商定、形成共识、共同出力建设、共同管理村庄、共同享受“宅改”成果。方案是经过理事会反复讨论和多次修改。理事会成员集体酝酿,连续一礼拜每晚开会,讨论之后再去征求意见和摸底。最初的方案是房屋、围墙、附属房全部“一刀切”拆除,把村庄的道路规划得平平整整,横平竖直。但是后面逐步完善的方案是“既能满足村庄的建设需要,又能最大限度地减少老百姓的损失”,更加体现人性化。比如针对围墙,全村117个围墙有115个围墙挡住了村庄道路规划和建设,无法满足基本的通行功能,只有两处围墙不影响村庄规划和通行,所以明确全部拆除。而附属房和“一户多宅”房屋,根据村民的实际祈求,改变了“一刀切”的原始方案,允许一家保留一个正在使用的、不影响村庄规划且不是危房、面积不超过60平方米的附属房;“一户多宅”的危房、空心房、实木结构的、没有历史保护价值的全部拆除;对于不影响村庄规划,经区以上文旅局鉴定为文物的、有保留价值的、不影响村庄规划的可以不拆除,或者交有偿使用费,或者鼓励本集体经济组织成员内部流转。

（五）众人拾柴火焰高

1. 签字画押表决心，万众一心要“宅改”

2019年4月5日清明节这一天，围绕“宅改”组织了一次村民大会。在会上村支书把滩头的吴氏族谱翻出来，讲吴氏曾经的辉煌，激发群众爱家、爱宗族的热情，再对比现在邻近村庄“宅改”取得的成效，宣传“宅改”对改变现状的迫切性。面对反差，与会村民心里非常着急，情绪激动，纷纷表示等不起、慢不得、坐不住，表现出迫切希望“宅改”的愿望。吴官文书记趁热打铁：“一要对得住自己祖宗，二要对得起子孙后代，现在是我们千年巨变的最好时刻。如果这个时候错过了，你的子孙后代都会骂你，就是你们阻碍了村庄的发展，不是你们在这里，可能村庄会变得很好。”“现在不是政府强迫村里搞‘宅改’，而是大家主动需要，大家如果下定决心要搞，那么村党支部就会全力去争取上级对我们的支持，为了表示村里‘宅改’的决心，我们应签订支持‘宅改’的申请书和承诺书，让上级看到我们的决心。”按传统习俗，村民统一到村庄的庙里上好香，对祖宗发誓再回来签字。大家直接现场拟定申请书，联名申请要求搞“宅改”，表明是村民自己强烈要求改革。当天，村庄内435户有429户签订了改变落后面貌的申请书和支持宅基地制度改革的承诺书。其中6户未签订，但口头承诺，若“宅改”能真正搞下去，他们绝对不阻碍，一定配合工作。

2. 户户参与编规划，美丽蓝图自己绘

“村两委”干部配合规划编制单位花了一个月时间，坚持开门编制村庄规划，尽量满足各家各户的合理需求与建议，上百次修改规划图。针对村民对村内交通改善的迫切愿望，不盲目追求房屋的整齐划一，以拆除围墙、附属房为主，尽量减少主宅的拆除和村民的经济损失，规划了长6.5千米、宽3米的村内道路网，保证家家户户门口通车。现在村口的水塘，就是在村民联名请求下，整治后再现的一池碧水。面对村民自己绘制的家园建设清晰蓝图，为了使规划图中的村内道路、绿地、休闲广场等变成现实，村民主动性、积极性很高，真正激发了村民参与“宅改”的内生动力，让“我要改”成为大多数村民的自觉行动。

“一开始，由一家公司编制的村庄规划，非常漂亮，村内道路横纵规整，70%以上的房屋都要拆除，好看但不实际。”谈起村庄规划，村民B表达了他的感受:“幸好村里很重视征求村民的意见,每个村民的需求与愿望不同,‘众口难调’,村民对规划的意见难以统一,经过很多次的讨论、协商,最终基本每家每户的意见实现了一致,很不容易,但规划目前都变成了现实。”

3. 敲锣打鼓造氛围,轰轰烈烈启“宅改”

2019 年 5 月 14 日端午节天气晴朗,这应是滩头村具有历史意义的一天。一大早,村民就把在划龙舟比赛中才使用的锣鼓敲了半个多小时,激活了滩头村全村的空气。敲锣打鼓后,所有理事会成员在村委会前进行宣誓:“我们一定要把‘宅改’搞下去,如果因为谁的原因搞不下去,谁就是历史的罪人,我们要把他记在耻辱柱上。”在理事会宣誓氛围的感染下,现场村民们情绪激动,纷纷表示一定要把“宅改”搞下来,要捐钱捐工,改变滩头村“脏乱差”的现象,对得起祖宗与子孙后代。誓师会后先从村委会的围墙拆起,再是老村委会书记家的围墙,让村民看到党员干部的带头示范作用。

4. 村规民约立规矩,“得失”对比树希望

尽管村民签订了申请书和承诺书,但不少村民担心,若违反怎么办,应该制定反向约束。为此,村“两委”组织制定了《新时代的滩头村规民约》,引导群众自治,结合该村实际和大多数群众的意见,尊重乡贤意见,制定了违反承诺将列为失德村民,村干部、党员不参加该家红白喜事等 9 项措施,由“文明银行”兑现积分奖惩,使村规民约成为大家约定俗成、共同遵守的行为准则。在“宅改”推进中,由于村里道路狭窄,挖掘机开不进去,难以做到按照“党员、理事、乡贤、群众”的方式循序渐进,只能从外往内拆。刚开始拆到的普通村民就不理解,也担心不公平,怕拆了他家的就不拆其他人家的,甚至喊出“誓与房屋共存亡”。这时吴官文书记站出来了,不嫌麻烦、图省事,针对“宅改”的前后变化制作了《“宅改”的得失对比表》,用数据说话,从损失和获得上做了比较分析,树立了人们对“宅改”带来的村庄变化和希望。

5. 人人出力搞“宅改”,群策群力建家园

2019 年 9 月 14 日和 2020 年元旦,滩头村在宗祠和新时代文明实践广场,组织了两次募捐活动,用“宅改”过程中发生的真人真事改编成小品、话剧演出和打麻子等民风民俗活动,宣传发动群众参与“宅改”,支持村庄建设。老党员

吴样花带头无偿退出自家院套500多平方米；老党员干部吴瑛带头拆除自家10多万元建造的新院墙。村外4公里的潢春线拓宽改造，村民吴仁进花了6万多元建的厨房，因影响道路建设而自愿无偿拆除。在“宅改”过程中，全村上下有钱的出钱、有力的出力，除乡贤捐赠150万元外，村民共筹集了50万元，义务投工3000多个，捐赠红石50000多块。仅仅1周时间，滩头村就腾出了村庄内近二分之一的宅基地，共退出房屋67栋，附属房、猪牛栏212间，院套117处，共计退出21230平方米。有8户符合“一户一宅”政策，但影响到村庄规划建设的村民，为了大局发展也自愿无偿拆除房屋，服从集体的统一安排在异地自费新建。理事会为了感谢他们“舍小家为大家”对村庄发展作出的贡献，原商定为这些村民设立“永久性功德碑”，但这些村民表示都为自家做事，不愿意设立功德碑。

“这次滩头的‘宅改’，真正实现了万众一心，村民的团结是空前的，人人觉得不支持‘宅改’都不好意思。”村民C主动与我们交谈，“尤其看到党员干部、乡贤的做法，大家都觉得不搞好‘宅改’，对不起大家，也不好向子孙后代交待。通过‘宅改’不仅改变了人居环境，更是聚集了人心，重回了大家庭的温暖，让大家又看到了滩头的希望。”

2019年12月28日，时任省委书记刘奇通过导航直接暗访滩头村，此时“宅改”工作已收尾。本次暗访他看到“宅改”发动了群众，老百姓都很满意，感慨地说：“这就是在党的领导下发生在群众身边的翻天覆地的变化，要讲好故事，要宣传传播出去！”

（六）结束语

在同样的一块土地上，滩头村因宅基地纠纷而矛盾重重，又因“宅改”而重获新生，充分证明了“宅改”巨大的生命力。滩头村的华丽蜕变为我们理解当今中国农村宅基地制度改革内生动力的形成和乡村治理提供了生动的案例和素材。本案例所叙述的啃下滩头村“宅改”这块“硬骨头”，所建构的分析滩头村“宅改”成功的解释框架，实际上建构了改革内生动力所必然和必须具备的前提条件，以及实现“要我改”向“我要改”具体的途径和方法。

首先，充分发挥基层党组织在改革中凝心聚力的关键作用。一是配强班子。选派了优秀年轻的镇党委班子成员担任村党支部书记,使村党支部有了“主心骨”,改变了原来软弱涣散的党支部,明确提出要“真情为民、硬核担当、激情奋斗”。二是改革村干部考核机制。对村“两委”干部实行积分制管理,细化工作职责,定期向群众公示,由群众评判工作业绩,让干部在群众监督下开展工作。要求干部“日行一善”,每名干部每天至少要去一户百姓家里主动帮忙做一件好事,主动上门给群众办事;党员“周行一善”,每位党员每周做一件好事,一个月集中一次搞卫生。当初村里还没有复印机,为了帮村民复印身份证,党员干部就跑到镇里去复印。三是创新党员活动方式。利用网络,使流动党员通过远程视频参加党的组织生活,讨论家乡建设,实现了流动党员“离乡不离组织、流动而不流失”。党建的加强,增强了村“两委”党员干部的凝聚力和战斗力。建立了民事村办45条任务清单,党员干部把服务送到村民家门口,实现村民办事不出村。“民心齐,泰山移”,正是基层党组织坚强的堡垒作用,让村民树立了做好“宅改”的信心,从抵触,到观望、配合,最后主动融入、积极投工投劳。

其次,急村民之所急,忧村民之所忧,激发村民的改革主人翁精神。一是广泛征求每户农户的意见。充分尊重广大村民的需求与关切,掌握各家各户的“宅改”期望与村庄建设的要求,不断细化“宅改”内容,对哪栋房屋必须拆、拆除后的石头如何处置都作出了明确的确定,保证了具体改革内容达到高度统一。二是以村民的愿望为“宅改”的根本目标。针对“房屋杂乱无章,道路狭窄,污水横流,臭气熏天”的突出问题,明确了村内路网建设与雨污分流管网建设是“宅改”的核心内容。三是开门编制村庄规划。对于村内路网的布局,公共基础设施的布点等具体内容,充分吸纳各家各户的意见,反复调整修改,先后上百次修改规划图,最终形成了大家公认的村庄规划方案,彻底抛弃了规划技术单位当初绘制的道路网横纵有序、房屋整齐划一,需要拆除近300栋主屋的理想规划,坚持“路有弯、港有滩”,以拆除围墙、附属房为主,尽量减少主房的拆除和村民的经济损失。滩头村“宅改”正是抓住村民对道路条件改善的迫切需要,明确了以改善人居环境为重要内容的“宅改”方案,激发了村民建设家园的主人翁精神,如村外4.5公里的潢春线拓宽改造,途经两侧无论是民房还是承包地，村民都不要求任何补偿，吴仁进花了6万多元建的厨房，因影响道路建设而自愿无偿拆除。

再次，重塑乡村文明新风尚是改革推进的重要保障。一是面对村民因二次“宅改”失败而失去的信心，各级领导多次亲临滩头现场办公，乡镇工作组更是驻村上班，走巷入户，访谈村民，召开“宅改”誓师大会，多年在外的吴新卫、吴炳华放下在外的“营生”回到滩头吴家村担任理事，立下“不搞好‘宅改’就决不外出”的军令状，为村民找回了信心，让人们看到希望，全村435户村民有429户签订“宅改”的申请书和承诺书（剩余6户口头承诺绝不拖“宅改”后腿）。二是针对多年来因宅基地纠纷而产生的邻里矛盾，在理事会的调解下，大家敞开心怀交流、沟通，为了共同的家园，大家把话摆在桌面上，“今日退让一步，明日幸福百倍！”“一笑泯恩仇”，以“宅改”为契机化解了历史恩怨，凝心聚力建设家园。三是成立了互助养老中心、留守儿童之家，组建了党员志愿者服务队、巾帼志愿者服务队、感恩志愿者服务队，惠及70岁以上老人23名和留守儿童30余名，实现“老有所养，童有所育，小病不出村”，让村民重新感受到村庄大家庭的温暖，重塑集体认可感。“宅改”不是单纯的房屋、公共服务与生活基础设施的硬件建设，还包括村民精神面貌、乡风文明等精神文明的软件建设，从某种程度上看，软件建设要比硬件建设更加重要。滩头村“宅改”的成功正是坚持了精神文明建设与村庄环境建设“二手”都硬的基本原则。

二、案例分析报告

（一）案例简要回顾

滩头自然村位于余江区中部春涛镇，距城区17公里。滩头村是一个具有1100多年历史的老村，同一祖先衍生出了十八房族，是余江区吴姓最多的自然村，现有7个村小组，435户，1639人，现有耕地700亩、林地1000亩，人均水田约4分，无村集体收入，是典型的“空壳村”。

“宅改”之前的滩头，以“脏、乱、差”而著称，是远近闻名的“刺头村”“后进村”，也是多年以来的信访大村。2019年初，村干部作过一次统计，村内有59

个单身汉,前几年好不容易有个隔壁乡镇的女孩愿意嫁到滩头来,女方家里走到滩头的路上就堵了一个小时,好不容易走到村庄,发现脚根本下不了地。女方家里人转头就走,男方母亲问原因,女方父亲就说,这里的路是给牛过的,不是人过的。

2015 年 9 月,余江被列为全国 15 个宅基地制度改革试点县(市、区)之一,在第一批酝酿的试点村中,就包括了滩头,但不论是村干部还是群众,都无动于衷,对“宅改”明显抵触,一些村民明确表示:“这些是我祖宗好不容易留下来的祖宅,怎么可能让集体收回去,自己的东西就是要占在这里。”工作根本无法开展,随着一次群众大会的结束,第一次的滩头“宅改”就这样无声无息失败了。

2017 年,经过一年的“宅改”探索,余江已基本形成了一定的改革经验。看到周边村庄有目共睹的“宅改”成效,示范效应也在逐渐形成,春涛镇政府认为再次启动滩头“宅改”时机成熟了,把滩头村列入“宅改”村。2017 年 2 月,参照兄弟村的做法,滩头村成立了由 18 房族头首组成的村民理事会。为了表示“宅改”的决心,村干部带头拆除了一栋 200 平方米左右无人居住闲置的老房子。然而由于缺乏统筹,也没有形成大家认可的改革方案,群众只是看热闹,结果这个村干部成为被大家嘲笑的对象,风凉话四起,背地里都说“那个人就是个傻子,把自家的房子拆掉了,别人又不跟着拆,明摆着吃亏了”,家里人也不理解就骂他。当时,有很多村民认为,“宅改”是“政府要我搞”的,只是一时的,坚持不了多久,村干部也是为了自己的业绩,他们不会真正为全村村民的福利考虑。由于缺乏互信的干群关系,群众根本不信任干部,担心自身利益受损,又没有看到“宅改”的目标蓝图,村民对“宅改”的抵制心态很强,第二次“宅改”再次以失败告终。

2015 年和 2017 年两次启动“宅改”两次失败,让滩头村成了余江“宅改”的痛点和难点,是影响余江“宅改”工作的负面典型。很多同志认为滩头村不适合搞“宅改”,甚至曾一度有放弃滩头开展“宅改”的念头,并提出了相应的解决方案。有人提出将滩头村进行整村搬迁,统一全部在集镇安置,也有人提出政府资助在村里建高楼,让老百姓住上公寓楼,从而解决现实中的村民建房需求矛盾。

2019年3月9日，春涛镇领导召开班子会议，对各班子领导的工作进行调整，刚刚完成省级贫困村山涛村的脱贫攻坚摘帽任务、卸任该村第一书记，时任镇常务副镇长的吴官文主动请缨，要求兼任滩头村“第一书记”，切实推进“宅改”工作。尽管他非常清楚滩头“宅改”面临重重困难，但从山涛村的成功脱贫摘帽，他深知面对群众的实际需求，只要细化工作方式方法，就能获得大家的支持。有了大家的支持，“宅改”这个为村民办好事的工作就一定能成功。他一到滩头上任，就向广大村民承诺了一定要搞好“宅改”，如果搞不了，就一直当滩头村的党支部书记，直到把“宅改”搞完，向群众表明了“改革不成功，决不收兵”的决心。

通过走访民情，充分掌握村民“宅改”需求，强化党支部建设，重塑“主心骨”形象，重组村民理事会，构建议事决策机制，因户施策动员，激发村民“宅改”内在动力，坚持“五共”原则，拟定《“宅改”方案》。在实现自主治理，达成集体行动从而激活改革内生动力的理论框架下，探寻改革内生动力之源，破解了由“要我改”向“我要改”转变的难题。2019年年底完成“宅改”后的滩头村，以“脱胎换骨”的面貌展现在人们面前。当地群众总结为“宅改”收获了“五个起来”，即支部强起来了、民风社风好起来了、村容村貌靓起来了、集体经济和农民收入富起来了、干群关系密起来了。“宅改”后的滩头村先后荣获了全国乡村治理示范村、鹰潭市年度基层党组织进步奖、鹰潭市新农村建设美丽宜居示范村庄、鹰潭市农村生活污水治理优秀自然村。

（二）理论基础

我国宅基地的形成有其深刻的历史背景，每个村落人口往往是世居人口及其自然繁衍的子孙后代，表现出鲜明的地域性与血缘关系特征。而现行的宅基地利用与管理制度也是新中国成立以来，经历了由私人所有到集体所有，从所有权与使用权“两权合一”到“两权分离”再到正在探索的所有权、资格权与使用权“三权”分置，从允许城里人在农村建房、购房到严禁，从不限宅基地数量和面积到“一户一宅，面积限定”，宅基地的历史遗留问题与现实矛盾交织叠加。宅基地制度改革涉及每户村民的切身利益，需要村民认识高度一致，相互之间达成共识，是一个典型的集体行动，必须针对宅基地利用与管理形成自主治理,从被动的“要我改”转变为集体的“我要改”。

1. 自主治理理论

自主治理理论最早是由埃莉诺·奥斯特罗姆提出来的。[1]奥斯特罗姆经过大量实证研究,最终形成不同于市场和国家的第三种治理方式——自主治理。自主治理理论的核心内容是如何通过制度供给、可信承诺和相互监督三大难题的破解将面对相关问题相互依赖的人们组织起来,从而做到有效自我组织和管理(见图1)。制度供给包括成文的规章、法律,不成文的道德、习惯,也包含人们普遍认可的非正式约束和正式约束,是自发形成与统一安排的统一体,其突出的是如何设计自主组织的制度以实现公共资源占用者的利益均衡。可信承诺强调如何实现组织内个体之间的守信重诺,而相互监督则强调如何让资源占用者拥有监督他人的动力。

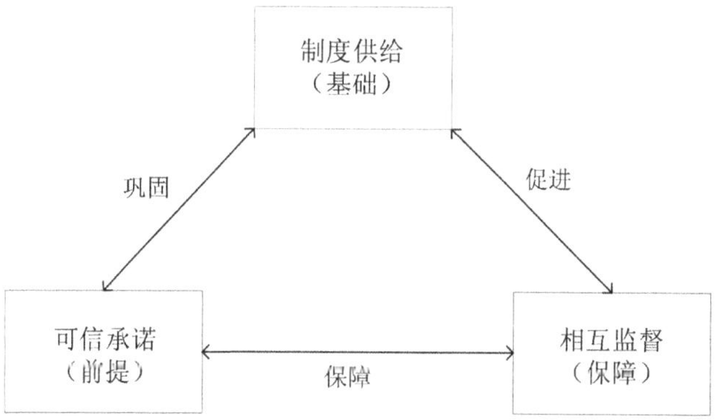

图1 自主治理理论的三大难题关系图

有效的制度供给促进相互监督,相互监督的加强保障人们作出可信承诺,可信承诺又会使制度供给趋于稳定和有效。[2]该理论被视作是公共事务治理的有效分析框架,目前已被广泛应用于乡村治理[3]等研究领域。

自主治理被提出的背景是如何通过治理以实现森林资源、水资源等公共池塘资源的存续。农村宅基地属农村集体经济组织所有,由于特殊的权属关系,集体成员在初始条件下无偿获得与使用;而土地用途固定,宅基地总量供给有限,使得宅基地具有对外排他性和对内竞争性,是典型的“公共池塘资源”。[4]宅基地制度改革的本质即以宅基地作为公共池塘资源为核心的公共事务治理。[5]关键在于强化基层自组织的自主行动能力及其可持续性，实现有效治理。[6]

由于中国乡村是村民基于地缘、血缘关系形成的共同体，村民邻里相熟、利益相关、相互依赖，乡村内部运作机制及生存法则与自主治理理论的应用场景高度契合，故可采用自主治理理论分析宅基地制度改革中滩头村村民从“要我改”到“我要改”的自主治理实践逻辑与改革内生动力。

2. 集体行动理论

集体行动是公共事务治理的核心内容，而农村宅基地制度改革的本质即以宅基地作为公共池塘资源为核心的公共事务治理。当前宅基地制度运行和管理过程中出现的“一户多宅”、面积超标、布局混乱等现实问题，并由此产生的农村社会矛盾、居住环境恶劣等乡村治理难题，是基于现实生活中的人都是理性且追求利益最大化的经济人，当面对公共物品或公共服务时个体往往不会采取有利于实现集体利益的行动，因此当大多数个体都依从这种“搭便车”的动机行事时，为实现共同利益的集体行动就不会发生，最终使集体行动陷入困境。[7][8]因此，为了解决集体行动困境，需要通过采取集体行动来对农村公共事务进行治理，将共同面对的行动问题（比如宅基地自愿有偿退出问题）进行协商，并通过相应的制度安排实现公共品供给（如宅基地公平取得），来增进共同利益[9-11]。

公共事务（Commons）治理领域的研究认为，集体行动的含义包括 4 个要点（见图 2）：①个体构成的集团（Olson，1971），即存在相互依赖关系的个体是集体行动的基本决策单位，由个体成员构成的集团是集体行动的载体。[12]②共同利益（Ostrom，1990），是集体行动的动因，也是集团形成的目的。[11]③集体决策（Sandler，1992），即个体成员就共同利益的实现而进行的协商。[13]④制度安排（Ostrom，1990），是集体行动实现的具体方式。[11]针对农村宅基地制度改革，个体构成的集团即村民自治组织（村民理事会），使村民之间产生情感共融；共同利益在于重回宅基地公平取得的起点，实现宅基地制度改革“三权”分置以保障多元主体的权益，化解乡村社会矛盾，重塑乡风文明，实现村民间的价值共通；集体决策是通过多元主体的多次协商，以实现集体共同利益而采取的宅基地改革路径,如院墙的拆除以扩宽村庄道路、超面积有偿使用等,从而达到行动共为;制度安排主要是通过制定宅基地改革相关制度(有偿使用、资格权认定等)、《村规民约》、红黑白等正式制度和非正式制度,通过法治、德治、自治形成多中心共建共治共享格局。由此,农村集体行动能力是村民能够共同遵守相关制度安排,从而能够组织起集体行动的能力。村民对共同的制度安排遵守得越好,表示村民对于集体行动的参与程度越高,则集体行动就能组织得越好,农村集体行动能力就越强。[14]

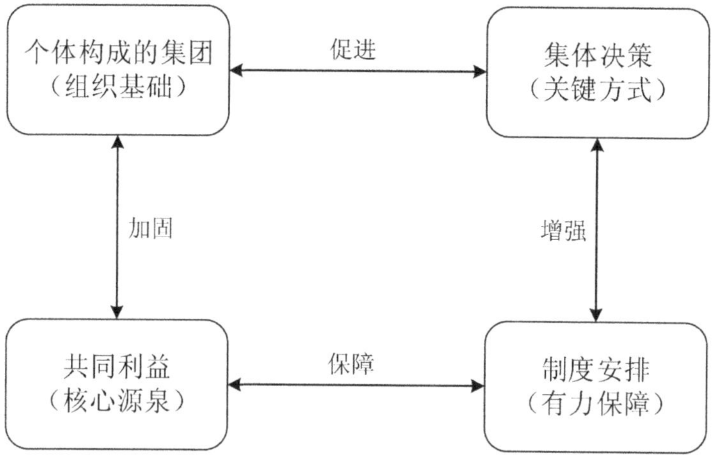

图2　集体行动理论四大要点关系图

3. 本案例分析框架

基于上述理论,通过构建“自主治理—集体行动—改革内生动力”的分析框架以探寻改革内生动力之源,破解了滩头村“宅改”成功密码。通过制度供给、可信承诺和相互监督,滩头村自主治理基本达成,破除了集体行动困境,为集体行动的“集团构成、共同利益、集体决策、制度安排”四要素提供基础,催生村民主体意识和自组织力量,并在集体凝聚力、利益聚合力、行动协同力、制度保障力的相互作用下构成宅基地制度改革内生动力的根基,完成“要我改”到“我要改”的巨大转变,最终形成“情感共融—价值共通—行动共为—利益共享”改革共同体(见图3)。

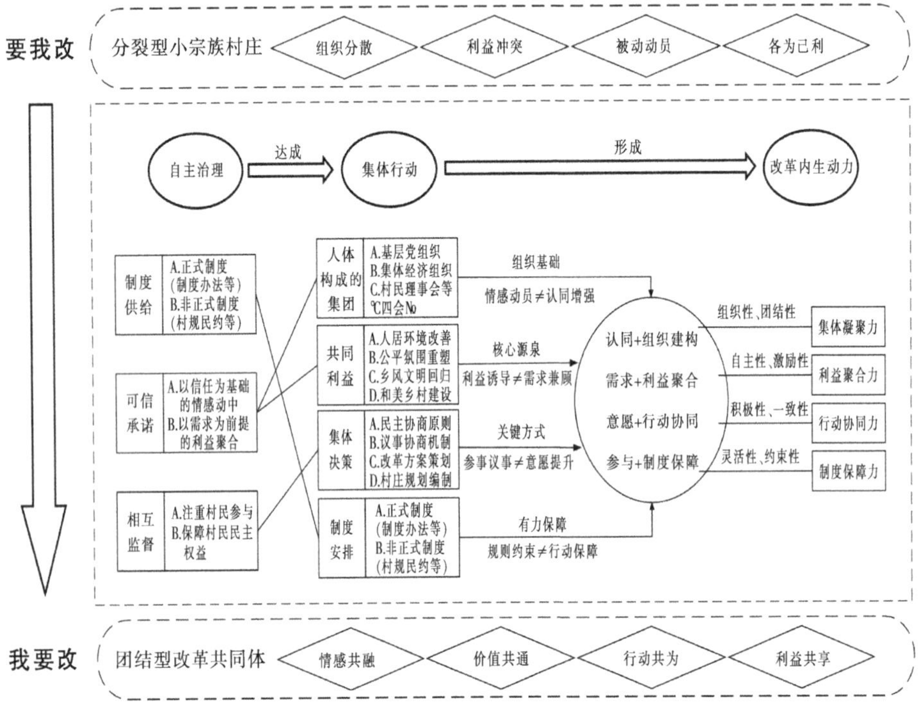

图3　本案例分析框架图

（三）滩头村"宅改"的成功密码

1. 党建引领下村民有效自治的形成

充分发挥基层党组织在改革中凝心聚力的关键作用。滩头村在改革前基层组织较为涣散，干群关系不密切，凝聚力弱的消极局面使得宅基地制度改革进程遭遇巨大阻力。吴书记的上任使村党支部有了"主心骨"，改变了原来软弱涣散的组织，他明确提出要"真情为民、硬核担当、激情奋斗"，向村民表明了"改革不成功，决不收兵"。吴书记和村干部深入每家每户进行情况摸底并宣讲宅基地制度改革的相关内容，使村民对改革认识更加全面，也让村民看到村干部真心实意为群众办事，基本建立了互信的干群关系。在基层党组织带领的同时，村民自治组织具有从村民的角度看待和解决问题、充分发挥民主管理的优势[15]，以情感共融为基础的动员手段作用得以有效发挥，更易获得村民的信任和支持[16]。

滩头村原来18个房族间关系错综复杂,利益冲突时常发生。为了顺利进行“宅改”,滩头村按“一‘房’一理事”推荐了18名房长作为理事会成员,确保每个房族都有自己的“发言人”,同其他6名村干部一起组成了村民理事会。通过情境互动、说服发动、情感带动,降低村民对改革的质疑,提高村民的改革目标认同和集体身份认同,集体凝聚力得到增强。

2. 村民主体地位下共同利益的达成

改革的动力源自村民的迫切需求,坚持村民主体地位与尊重村民意愿相结合。滩头村在改革启动前,对村民的改革需求进行摸底,避免“一刀切”保障村民合理诉求的同时,通过拆除部分院墙、附属房等,腾出公共空间用于道路等基础设施和休闲广场等公共服务设施建设,满足村庄居住环境改善这一共同愿望。在前期上门入户摸清各家基本情况的基础上,针对每户村民在宅基地制度改革中的迫切愿望,因户施策地找准需求点进行改革的参与动员。通过情感动员和利益动员获取村民的信任与支持,在节假日期间组织村民大会,充分利用与兄弟村的对比及其示范效应和熟人社会的关系纽带,甚至用族谱撬动村民迫切改变现状的心愿,环境改善、公平重塑、和谐共生的改革目标获得一致认同。此时,利益开始聚合,成为改革内生动力的核心源泉。需求是宅基地制度改革的重要前提,不仅要重视村庄资源禀赋与发展的客观需求,更应尊重村民的主观需求。[17]当村民个体需求与集体发展需求呈现最大公约数下的重合时,通过引导和正向反馈加强村民的积极性和主动性,村民受到集体利益的激励,共同行动,寻求共同利益,在保障村民利益的同时实现集体利益最大化,利益聚合力不断显现,在调动村民自主性方面起到关键作用。[18]

3. 共同目标下集体行动的实现

在此案例中,滩头村在构建乡村治理共同体基础上,形成了农村集体行动的个体构成的集团、共同利益、集体决策和制度安排,重建了一种情感上较为亲密、具有共同的历史文化传统、为共同目标而积极协作、具有较强凝聚力的社会关系,探寻改革内生动力之源,破解了滩头村“宅改”成功密码。实现了重回宅基地公平取得的起点,改善了人居环境,重塑了乡风文明等共同体利益共享格局。同时,村民积极表达自己的利益诉求,在公平、公正的前提下兼顾不同的合理需求，形成以共识为导向的集体决策，达成行动共为。基于集体认同和集体利益的自愿参与，更易激发村民主人翁精神并形成改革共识，激发其改革的主动性、积极性和创造性，使参与行动更具稳定性和可持续性。[19][20]同时，村民在场的乡村治理有助于破解村民主体缺失的困境[21]，村民在参与过程中将自身转化为推动改革的核心力量[22]，促进集体行动的有效实现。滩头村始终坚持“理事主导、群众主体”的改革作风，大胆推进，稳步实施。制定议事决策机制，明确一切事项由村民理事会协商决定，并做到“两榜五公开”①，积极动员村民参与到改革的各项决策中，落实村民的知情权、参与权、表达权、监督权。按照“五共”原则，宅基地制度改革方案经过了村民理事会反复讨论、征求意见和多次修改，最终形成了既能满足村庄建设需要，又能最大限度地减少老百姓损失的人性化方案②，避免“一刀切”带来的麻烦。

4. 改革共同体下村规民约的制定

在此案例中，主要是通过制定《村规民约》等非正式制度，促进“利益增进型”的集体行动。[23]中国乡村的熟人社会、面子观、互惠原则等非正式规则约束是德治的重要手段，具有基础性规范调节作用。[24]村规民约将村民自治、法治和德治融为一体，在加强乡村基础工作、完善乡村治理体系、维护社会和谐方面发挥了重要作用，有效提升了滩头村村庄的治理效能。实践表明：只有反映集体心声、兼顾各方利益、彰显时代特色的村规民约，才能成为乡村群众的自觉遵循。村规民约的制定要在改革共同体的笼罩下与村民自治的实际紧密结合，广泛征求和吸纳村民的意见，有机融入法治理念和德治传统，充分发扬民主，发挥群众智慧与创造力，做到体现村民意志，务实管用[25]，进而形成法治、德治、自治的共建共治共享格局，为改革保驾护航。依据上级规定政策，结合本村实际，

---

① “两榜”：即重大事项先发第一榜征求群众意见，修改定论后再发第二榜接受群众监督；“五公开”：即宅基地制度改革试点方案和工作安排上榜公开，农村宅基地管理政策和制度上榜公开，宅基地调查摸底情况上榜公开、村庄规划图上榜公开、所有结果上榜公开。

② 比如针对围墙的问题，全村 117 个围墙有 115 个围墙阻碍了村庄道路规划和建设，无法满足基本的通行需求，明确全部拆除；而对于附属房和“一户多宅”房屋，根据村民的实际祈求，改变了“一刀切”的原始方案，允许一家保留一个正在使用的、不影响村庄规划且不是危房、面积不超过 60 ㎡ 的附属房。

滩头村细化县级层面指导性文件。尽管村民签订了《改变落后面貌申请书》和《支持宅基地制度改革承诺书》,但不少村民担心出现违反现象,要求制定反向约束。为此,组织制定了《新时代的滩头村村规民约》,在德治的同时引导村民自治,结合滩头村实际和大多数村民的意见,规定了违反承诺将列为失德村民,村干部、党员不参加该家红白喜事等 9 项措施,使村规民约成为约定俗成、共同遵守的行为准则。

(四)“要我改”到“我要改”的改革内生动力形成机制

1. 基于认同的组织建构

有凝聚力的集体经济组织是改革内生动力的基础,认同加持下的组织建构更具稳定性。滩头村 18 个房族因宅基地矛盾多年来一直处于纠纷不断的分散局面,组织分裂会进一步加剧个体“原子化”,容易导致集体行动困境,滩头村两次改革失败正是如此。而血缘和地缘是乡村的组织基础,村民内部紧密的社会联结能够为村民提供组织化的可能,为了形成较为紧密团结的组织基础,滩头村将基层党组织进行重组,不仅如此,由村民在自家“房”中推选成员,组成了内生于村庄的村民理事会。这些成员熟悉村庄实际情况,有着较为广泛的村庄信任根基,通过情感动员等手段,利用尊祖敬宗等乡土文化刺激村民团结一致改变乡村落后现状的迫切愿望,从分裂型的小亲族村庄变成了团结型的宗族村庄,村民与村民之间以及村民与干部之间的信任度随之提高。信任水平较高的社会关系有助于激励村民行为选择的一致性,形成集体行动的关系默契,进一步加深相互的利益关联和情感认同,提升村民的集体行动能力。[26]滩头村通过基层党组织的重组与村民理事会的组建,为改革的成功启动提供了充分的组织载体,增强了村民对改革目标以及村庄发展的认同感,集体凝聚力得到提升。

2. 基于需求的利益聚合

村民个体理性(注重个体利益和短期利益)与集体理性(注重村庄发展的整体利益和长期利益)存在冲突,不利于乡村善治和内生动力的激发。[27]在改革初期,滩头村村民不愿意配合的主要原因是认为改革会损害其个体利益,且村内的矛盾大多产生于宅基地纠纷,村民只有在利益被损害的情况下才会引发抗争或维护性的利益表达行为。[28]而改革成功的条件是建立在目标共识和价值共通的基础上，个体利益与集体利益在根本上呈现一致，有助于推动个体凝聚共同价值，使个体所追求的多元异质化价值目标实现共赢。[29]滩头村在改革启动前，对村民的改革需求进行摸底，避免“一刀切”保障村民合理诉求的同时，通过拆除部分院墙、附属房等，腾出公共空间用于道路等基础设施和休闲广场等公共服务设施建设，满足村庄居住环境改善这一共同愿望。当个体的诉求主张和利益需求得到满足，进一步保障促进公共利益的增长，将最终实现公平氛围重塑、乡风文明回归、和美乡村建设。在利益关联的诱发下，村民基于信任互惠的原则就共同利益开展集体行动，获得非物质性的内在选择性激励[30]，参与行动的意愿随之提高。

3. 基于意愿的行动协同

尊重村民意愿是宅基地制度改革的要点之一，能否调动村民的积极性事关改革的成败。[31]当村民被动地参与到乡村建设中时，村民的内生性难以保证，更遑论发挥主观能动性。[32]只有农民参与和主导的乡村振兴才是真正的乡村振兴。[33]同理，只有农民参与和主导的宅基地制度改革才是真正的宅基地制度改革。滩头村始终落实民主协商，在改革前期动员时签订了《支持宅基地制度改革承诺书》，同时制定议事协商机制，保证村民的自愿性和参与性；在进行宅基地制度改革方案策划、村庄规划编制等集体决策时，坚持改革共同体原则，鼓励村民参与方案的讨论、修改甚至决策，不仅尊重村民意愿，还有利于在事前协调、兼顾好村民间的不同诉求，加强集体的利益一致性，能够减少事中和事后的矛盾冲突，节约协商谈判、调节冲突、强制执行的成本。[34]同时，共同在场的决策参与增加了村民间积极、动态的互动，对提升村民之间的亲情关系起到重要作用，为集体行动提供了黏合剂。[35]

4. 基于参与的制度保障

政府作为唯一的制度供给者会导致治理失灵，其单向嵌入产生的规则往往缺乏可操作性，而村民参与协商共同产生的制度规则具有灵活性，还包含着利益塑造、凝聚共识和共同行动等丰富内容，更具适应性和约束力，能够促使村民形成集体行动。[36]滩头村根据村庄实际情况，对县级层面的指导性文件进行具体细化，有针对性地出台了宅基地资格权保障、宅基地有偿使用等制度办法，规范了宅基地管理与利用。在正式制度的基础上组织确定了议事决策机制、《新时代的滩头村规民约》等非正式制度,是群众参与改革主体性表达的重要途径[37],并结合人情面子等地方性规则来制约村民的消极行为,采取机会主义行为、阻碍改革进程的村民将失去信誉,从而对潜在的不合作村民产生负面示范效应,有助于从村庄舆论层面反向激励村民参与到改革之中,维持村民的合作[38],具体规定了若违反承诺将列为失德村民,采取村干部及党员不参加该家红白喜事、不让其参与划龙舟等集体活动及其他造成心理落差的措施,使其无法融入集体。这具有更强的反向约束,成为村民约定俗成、共同遵守的行为准则。

(五)对策建议

通过对滩头村经历了“宅改”两次失败到最终成功啃下这块“硬骨头”的案例分析,可以总结以下几点相关对策建议。

1. 激活持续推进改革的内生动力

在宅基地制度改革中如何最大限度地激发起农民的自主性,成为改革的关键。本案例运用自主治理理论和集体行动理论,构建了一个探讨宅基地制度改革内生动力机制的理论框架,并通过对江西余江区滩头村的案例分析表明,在宅基地制度改革实践过程中,通过自主治理进而达成集体行动以促成“四共”改革共同体来实现村民主体“要我改”到“我要改”的转变,从而形成集集体凝聚力、利益聚合力、行动协同力、制度保障力于一体的改革内生动力。激活内生动力是持续推进改革的关键,应广泛动员村民参与决策共谋、发展共建、建设共管、效果共评、成果共享,把“发言权”交给村民。正是因为滩头村将村民提议、党小组商议、理事会审议、群众决议等村内大小决策过程都“晒”在阳光下,真正把“话筒”交给群众,继而不断激发广大农民群众的积极性、主动性、创造性,最终汇聚成改革成功的合力。

2. 建立有利于多元主体集体行动的治理结构

坚持政府引导、集体主导、村民为主体的多元主体集体行动的治理结构。宅基地制度改革与乡村治理融合推进是在政府引导下,建立基层自治组织,激活农民参与改革的主体地位。基层自治组织具有乡村权威性和群众地位对等性，可借助乡村关系网络有效激励村民群众参与和监督政策执行，提高村民遵循政策规范的意愿，激活村民主体地位，推动宅基地制度改革。基层自治组织主导宅基地制度改革，民主协商宅基地的审批、分配，民主决议宅基地资格权的确定，民主管理、民主监督宅基地建房状况，保障宅基地公平取得和权属清晰，有效化解乡村社会矛盾，夯实乡村治理基础。

3. 推进非正式制度与正式制度融合的多元制度体系建设

宅基地制度既是国家土地制度的重要安排之一，又是农村社会稳定的主要福利分配，在国家法律法规和相关政策对宅基地制度的宏观规定框架下，借助农村非正式制度规范宅基地制度改革秩序是宅基地制度改革与乡村治理融合推进的重要路径选择。村规民约作为农村最主要、最权威的非正式制度安排，其规范性和约束性要高于国家法律法规等正式制度。宅基地制度改革不能根据制度强制执行，否则会出现上访、民怨等社会问题。但是宅基地制度运行过程中出现的“一户多宅”、超大超高现象又影响宅基地产权配置的公平性及乡村居住环境质量。因此，在村规民约写入宅基地退出、有偿使用及收费标准等相关事项时，对积极配合的村民予以积分制正向奖励，对拒不退出的行为写明反向约束措施，如不能参与村庄传统节日的活动，强化道德教化的作用。正式制度与非正式制度协调互补，完善宅基地制度体系，提升制度因地制宜的适用性，实现制度对于基层制度、农村集体、村民的有效约束和规范。

4. 构建乡村治理共同体的共建共治共享新格局

基于案例分析，乡村治理共同体的建构关键在于组织要素、利益要素通过制度化手段实现高效耦合。在组织制度理论中，组织的行为被视作一种信息的表达，制度不仅影响了组织行为选择，同时也在组织信号交换过程中逐渐被加以改变，组织制度是共同演化的关系。从组织、制度维度出发，可以衍生出双重逻辑来解释在事实经验层面组织、利益与行动如何耦合，乡村究竟如何将分散的农民最大程度组织起来，并使之持续运转，破解共同体之困，推动乡村治理共同体的发展，并作为推动农村宅基地制度改革的重要保障。在利益表达方面，构建制度化表达渠道，通过制度规范打通经济利益与政治权力壁垒；在利益聚合方面，构建具有公共性的利益格局，并通过党建引领促进乡村的公共认同；在利益维护方面,构建三治融合、多主体参与的协商模式,规范农民集体行动,从而促进乡村治理共同体的稳定运行。为农村宅基地制度改革提供坚实的群众基础、激活村民内生动力、构建扎实的制度体系保障。

(六)结束语

宅基地制度改革作为乡村公共事务的重要一环,其改革敏感性强、改革任务重,且改革不是简单地“拆房子”,而是要在保障“户有所居”的前提下,夯实改革基础、激活内生动力、改善人居环境、实现乡村治理能力和治理体系现代化。[14] 在从“上访村”到“示范村”的宅基地制度改革实践中,滩头村成功将村民组织动员参与改革,得到了村民的一致支持与认可,提升了自主治理能力。从“自主治理—集体行动—改革内生动力”的分析视角看,滩头村通过自主治理三要素的供给,达成集体行动,构建了以“认同—需求—意愿—参与”为基础的“组织构建—利益聚合—行动协同—制度保障”机制,激活了改革内生动力,“情感共融—价值共通—行动共为—利益共享”改革共同体逐渐形成,实现了“要我改”到“我要改”的转变,宅基地制度改革成功推进。同时,为中西部传统农村地区低成本宅基地制度改革的推进以及改革成效的长效管护提供参考,在实践中应注意以下几点:第一,建立有利于多元主体集体行动的治理结构;第二,推进非正式制度与正式制度融合的多元制度体系建设;第三,构建乡村治理共同体的共建共治共享新格局。

参考文献

[1] [美]埃莉诺·奥斯特罗姆. 公共事物的治理之道:集体行动制度的演进[M]. 余逊达,刘旭东,译,上海译文出版社,2012

[2] 方国柱,祁春节,贺钰. 保障粮食和重要农产品有效供给的理论逻辑与治理机制:基于集体行动理论视角[J]. 农业经济问题,2022(12):82-94.

[3] 李燕凌,陈梦. 数字赋能如何促进乡村自主治理?:基于“映山红”计划的案例分析[]. 南京农业大学学报(社会科学版),2022(03):65-74.

[4] 桂华. 农村土地制度与村民自治的关联分析:兼论村级治理的经济基础[J]. 政治学研究, 2017(01): 99-110+128.

[5] 王荣宇. 农村宅基地整理的自组织何以可能:基于公共池塘资源治理的视角[J]. 中国土地科学, 2022, 36(05): 102－111.

[6] 袁方成, 靳永广. 封闭性公共池塘资源的多层级治理:一个情景化拓展的IAD框架[J]. 公共行政评论, 2020, 13(01): 116－139＋198－199.

[7] Olson, M. The Logic of Collective Action: Public Goods and the Theory of Groups[M]. Harvard University Press, 1965.

[8] 方国柱,祁春节,贺钰.保障粮食和重要农产品有效供给的理论逻辑与治理机制:基于集体行动理论视角[J].农业经济问题,2022(12):82－94.

[9] Ostrom, E., A Diagnostic Approach for Going Beyond Panaceas[J]. Proceedings of the National Academy of Sciences,2007, 104(39): 15181－15187.

[10] Ostrom, E., Governing the Commons: The Evolution of Institutions for Collective Action[M]. Cambridge: Cambridge University Press, 1990.

[11] 王亚华,苏毅清,舒全峰.劳动力外流、农村集体行动与乡村振兴[J].清华大学学报(哲学社会科学版),2022,37(03):173－187, 219.

[12] Olson, M., The Logic of Collective Action : Public Goods and the Theory of Groups [M]. Harvard University Press, 1971.

[13] Sandler, T., Collective Action : Theory and Applications[M]. Ann Arbor : University of Michigan Press, 1992.

[14] 苏毅清,秦明,王亚华.劳动力外流背景下土地流转对农村集体行动能力的影响:基于社会生态系统(SES)框架的研究[J].管理世界,2020,36(07):185－198.

[15] 张军涛, 游斌. 城乡融合发展视角下宅基地制度改革路径[J]. 农村经济, 2021(02): 20－27.

[16] 李祖佩. 村级治理视域中的农民参与:兼议农村社会治理共同体的实现[J]. 求索, 2022(06): 131－138.

[17] 张慧利, 夏显力. 多功能视角下农户宅基地流转行为研究:兼论市场环境的调节作用[J]. 干旱区资源与环境, 2023, 37(10): 37－45.

[18] 陈荣卓, 车一頔. 利益聚合与行动协同:新时代乡村治理共同体何以建构?:来自武汉市星光村的经验观察[J]. 中国行政管理, 2022(10): 65－73.

[19] 曹玉栋, 李哲敏, 岳广兴, 等. 宅基地集体所有权行使主体运行模式的机制、困境与选择:基于制度改革情景下的社会生态系统框架[J]. 农业经济问题, 2023(7): 13－28.

［20］陈美球,黄唱,张婷,等.中国农村宅基地制度改革:逻辑与路径［J］.中国土地科学,2022,36(07):26－33

［21］刘闯,王亚华,刘璐.专业注入与集体激活:社工参与农村公共服务供给的实践逻辑:以北京市赵庄子村为例［J］.中国农村观察,2024,(01):45－64.

［22］张文明,章志敏.资源·参与·认同:乡村振兴的内生发展逻辑与路径选择［J］.社会科学,2018(11):75－85.

［23］王亚华,舒全峰.公共事物治理的集体行动研究评述与展望［J］.中国人口·资源与环境,2021,31(04):118－131.

［24］张新文,冯林林.政社合作、结构嵌入与农村环境治理:基于D县H镇环境治理的案例考察［J］.农村经济,2023(04):65－72.

［25］刘婷婷,罗强强.简约抑或复合:乡村治理范式再思考［J］.江淮论坛,2023(02):91－96.

［26］汪海燕,张红霄,何文剑.村民有效自治的资本约束分析:以农地入股合作社的村级响应为例［J］.南京农业大学学报(社会科学版),2021,21(04):130－141.

［27］马荟,苏毅清,王卉,等.从成员个体理性到村社集体理性:乡村精英的作用机制分析:以S省Y村为例［J］.经济社会体制比较,2021(04):119－128.

［28］王国勤.“集体行动”研究中的概念谱系［J］.华中师范大学学报(人文社会科学版),2007(05):31－35.

［29］翟军亮,吴春梅,黄宏.农民组织化与农村公共性的交互性建构:理论框架、当代实践与未来路径:兼论推进农业农村现代化的路径选择［J］.南京农业大学学报(社会科学版),2019,19(06):61－70＋158.

［30］卢宪英.紧密利益共同体自治:基层社区治理的另一种思路:来自H省移民新村社会治理机制创新效果的启示［J］.中国农村观察,2018(06):62－72.

［31］陈美球,陈江华,张婷.江西贵溪市以“宅改”推进宜居宜业和美乡村建设［J］.农村工作通讯,2023(15):55－56.

［32］王成利.乡村振兴内生发展动力研究［M］.北京:人民出版社,2024.

［33］吴重庆,张慧鹏.以农民组织化重建乡村主体性:新时代乡村振兴的基础［J］.中国农业大学学报(社会科学版),2018,35(3):74－81.

［34］王荣宇.农村宅基地整理的自组织何以可能:基于公共池塘资源治理的视角［J］.中国土地科学,2022,36(05):102－111.

[35] 曹海林. 村落公共空间演变及其对村庄秩序重构的意义:兼论社会变迁中村庄秩序的生成逻辑[J]. 天津社会科学, 2005(06): 61-65.

[36] 杨磊, 刘建平. 协商议事:基层治理共同体的生成路径及行动逻辑:基于Q村"院坝会"的个案扩展分析[J]. 华中科技大学学报(社会科学版), 2023, 37(05): 69-78.

[37] 白雪军. 民族地区巩固拓展脱贫攻坚成果同乡村振兴有效衔接研究:基于新内生动力机制的建构视角[J]. 贵州民族研究, 2022, 43(06): 62-68.

[38] 易卓. 农村公共品供给中的"民主包干制":制度安排与运行机制[J]. 南京农业大学学报(社会科学版), 2022, 22(02): 88-99.

附录1:“宅改”方案

滩头村自然村宅基宅制度改革方案

为了给本村广大村民营造一个良好的人居环境,建设美丽家园,造福子孙后代,经本村理事会研究决定,制定本宅基地制度改革方案。

1. 猪牛栏、露天厕所、零散小屋、围墙一律拆除。

2. 影响村庄规划的建筑物、地上附属物等,一律拆除、清除,具体的村庄规划由理事会根据规划图结合现场实际商定并公示。

3. 一户多宅的石木结构的平房、瓦房一律拆除,一户多宅的石混结构的2层以上楼房鼓励拆除,不拆除的必须缴纳有偿使用费,多宅部分按每年20元/m^2计费,一次性至少缴纳2年的费用。其他一户多宅情况一律拆除。

4. 一户一宅的房屋,如属危房,存在安全隐患或影响村容村貌或影响村庄规划的必须拆除。

5. 正在使用的厨房,不影响村庄规划和村容村貌的,符合建设条件的可以不拆除,每户最多只能保留一个厨房。

6. 本村的所有房屋、宅基地,采取无偿退出,拆除后的宅基地归集体统一规划。

7. 宅基地制度改革之后在本村新建房屋的,一次性收取宅基地择位竞价费100元/m^2。对在本次宅改过程中拆除正屋退出宅基地的或原有正屋屋基退出的,打好宅基地票(拆除正屋的以正屋占地面积为准,打好宅基地票;原有正屋屋基的,按每宗面积最大不超过116m^2,小于116m^2的以实际面积为准,大于116m^2的按116m^2计算宅基地票),待其符合建房条件且需建房时,在本村有宅基地的情况下,无偿优先向其提供与宅基地票上记录的同等面积的宅基地(不得超过国土规划的审批面积)。拆除猪牛栏、露天厕所、零散小屋、围墙的不计面积,不打宅基地票。详细的见宅改之后出台的宅基地管理办法(该办法将公示)。

8. 分户问题,有二个儿子以上且至少有一个儿子达到22周岁以上的方可分户,父母必须跟一个子女,三代单传同堂且第三代年满22周岁的可以分户,其他的不得分户占用宅基地。

9. 户口不在本村、不符合建房资格的,不允许在本村进行房屋转让、交易。

10. 本村收取的所有宅基地有偿使用费归村集体,纳入三资平台管理,用于村内的公益事业。

11. 拆除后的石头,有回收利用价值的由集体统一收购利用,原则上一元钱一块,如自己本人需要,可留下,但是要摆放整齐,不能影响村容村貌和施工,无利用价值的一律清除。

今日您退让一步,明日您将拥有一个更美丽的家园,我们和子孙后代将过上更便捷、更幸福的生活!以上条款请各位村民自觉遵守。

滩头自然村理事会

2019年4月18日

附录 2：滩头村规民约十条

滩头村规民约十条（试行）

为了打造拥党爱国、和谐有序、崇德向善、村风文明、宗族兴旺、美丽宜居的新滩头，经村民代表大会审议，特此制定《滩头村村规民约十条》，全体村民都应当自觉遵守执行，任何人不得以在外经商、务工等任何理由拒绝执行。

为确保村规民约有效执行，对全体村民采取积分制管理办法，由村干部代表、党员代表、理事代表、村民代表、巾帼志愿者代表组成文明评判团，每月对照评分表进行评分，将评分结果进行四榜公示：文明榜、进步榜、红线榜、失德榜。

对村内事务实施常态化管理机制。每月 1 日为理事议事日，理事会研究村庄集体事务；每月 2 日为村民说事日，全体村民商议村庄集体事务；每月 15 日为和谐调解日，由理事会及文明评判团成员对矛盾纠纷进行公开调解；每周一为巾帼志愿服务日，由巾帼志愿者开展人居环境整治等公益活动；每月最后一天为文明评判日，由文明评判团对全体村民进行评分，并将结果张榜公示。

第一条　拥党爱国。热爱祖国、热爱家乡、热爱集体，积极支持和配合各级党委、政府，村党支部和村委会的工作，自觉执行村党支部、村委会、理事会和村民代表会议的有关决定、决议和规定，努力学习党的路线、方针、政策，热心村内公益事业。

第二条　和谐稳定。村民家庭或邻里间要谦虚礼让、团结互助、和睦友善。村内矛盾纠纷，应按本村矛盾纠纷调解顺序调解（矛盾双方协商解决—理事会调解—和谐调解日调解—村综治中心调解—镇人民调解—法律途径），不得违反调解程序，不得缠访、闹访、越级上访，做到矛盾不出村。

第三条　村容整洁。自觉做好门前三包，做到整洁美观；家禽家畜要圈养，因家禽家畜造成公共设施损坏或村民损失的，主人应照价赔偿；积极主动参加村庄集体公益活动，爱护村庄公共设施。

第四条　移风易俗。倡导婚事新办、丧事简办，反对厚葬薄养、铺张浪费。倡议红白喜事不超过 20 桌，红喜事随礼不超过 400 元，白喜事随礼不超过 101

元。抵制天价彩礼，提倡零彩礼。严格执行殡葬政策，严禁乱葬乱埋。

第五条　禁燃禁放。禁止焚烧垃圾、秸秆、稻草等，杜绝一切野外用火。严控燃放烟花爆竹，提倡文明祭祀、文明庆祝。

第六条　孝老爱亲。做到尊老爱幼、婆媳和睦、妯娌相亲，使幼有所养、老有所依，不得遗弃、虐待老人和儿童，严禁“老人住危房，儿女住新房”，子女应当支持符合条件的老人参加互助养老。

第七条　勤劳致富。不做懒汉做好汉，凭自身劳动能力致富，杜绝“等、靠、要”。对勤劳的村民，优先对接相关政策。

第八条　节约土地。自觉保护耕地，严禁抛荒耕地。禁止私自买卖、转让土地。村内任何用地都必须服从统一规划，不得乱搭乱建。村民建房应先征得理事会同意，再经村委会和有关部门批准，不得擅自动工，建新必须拆旧。

第九条　依法信教。禁止组织参加封建迷信活动，禁止制造和散布封建迷信言论。禁止参加邪教和非法宗教活动，遵守宗教事务管理条例等法律法规。

第十条　遵纪守法。拒绝“黄赌毒”，严禁强揽工程、散布谣言、非法阻工、煽动闹事。一旦发现，坚决上报公安机关。

附：奖惩措施及文明评判评分表

奖惩措施：

第一条　文明评判采取月评比、月公示、季表彰的形式。每季度计算该季度月平均积分，月平均积分合格分为120分，合格者按10分每元折算，每季度可凭月平均分至村文明银行兑换生活用品。排名前三的进入文明榜、排名后三的进入红线榜、进步较大的进入进步榜。每季度召开一次表彰大会，对表现优秀者进行表彰。

第二条　对违反本规约情节较轻者，由文明评判团按章扣分并对其批评教育，理事会暂停对其服务，直到其改正为止；对破坏村内公共设施的，责令照价赔偿，涉嫌违法的上报公安机关；对所有违反本规约情况的均进行公示存档。

第三条　对多次违反本规约屡教不改、严重影响本村形象、对村庄集体利益造成重大损失的将纳入失德榜并采取以下措施：

1. 家庭的红白喜事村委会干部、村小组干部、理事、党员一律不参加；

2. 不得纳入居家养老、留守儿童之家、产业车间就业等集体公益享受对象；

3. 违反者本人及其家庭直系亲属不得参加村内的划龙舟等集体活动；

4. 其家庭在享受宅基地的安排等理事会的服务上顺序靠后；

5. 违反者本人及其家庭直系亲属不得参加理事会；

6. 违反者本人从族谱除名；

7. 全村公示存档，其家庭成员征兵、入党、考公务员等涉及政审和娶亲嫁女时，由理事会实事求是出具村民现实表现材料函告该学校、党组织、用人机关和对方理事会及家庭；

8. 对涉嫌违法犯罪行为的，坚决上报公安机关。

如有疑问请向理事会咨询！

附录3：部分村民访谈记录

● 访谈记录1

访问者：您认为滩头村前两次的"宅改"为何没有成功？

受访者：一提到"宅改"失败的原因，村民A情绪激动："'宅改'的好处大家都知道，特别是改变了村庄面貌、大家都按统一面积占有集体的宅基地，这样才公平。谁不想改善生活环境？村民很羡慕周边'宅改'带来的变化，但当初党群关系不好，群众对村党支部缺乏基本的信任，村干部也毫无威信可言，村民会直接与村干部拍桌子对骂，几乎没人相信滩头能推进'宅改'……现在的滩头取得的'宅改'成效，当初确实不敢去想，没有吴书记花那么多的心血，滩头村'宅改'是搞不下去的。"（2022-07-16）

● 访谈记录2

访问者："村两委"干部配合规划编制单位花了一个多月时间，最终坚持开门编制村庄规划，尽量满足各家各户的合理需求与建议。那么大家选择村庄规划的过程是怎么样的？

受访者：谈起村庄规划，村民B表达了他的感受："规划先行，这个道理大家都明白，因为上面领导都知道滩头村是个'宅改'困难村，区里、镇里都非常重视这件事,专门安排了经费去编制村庄规划。一开始,由一家公司编制的村庄规划,非常漂亮,村内道路横纵规整,70% 以上的房屋都要拆除,好看但不实际。”“幸好村里很重视征求村民的意见,每个村民的祈求与愿望不同,‘众口难调’,村民对规划的意见难以统一,经过很多次的讨论、协商,最终基本每家每户的意见实现了一致,很不容易,但规划目前都变成了现实。村庄不是纸上能规划出来的,涉及各家各户的利益,在协调大家的意见时,‘村两委’干部确实做了很多工作,很辛苦。”(2022 - 07 - 16)

● 访谈记录 3

访问者:吴书记,是什么让您选择来到滩头村推动“宅改”工作的?

受访者:吴书记挠了挠头、面带羞涩地说:“山涛村脱贫和滩头村‘宅改’是当时春涛镇公认的两大难题。我原本在省级贫困村春涛镇山涛村任第一书记,刚完成脱贫摘帽任务,工作充满激情,在 2019 年调整分工时,主动请缨攻克难关,当时我想山涛村都能实现脱贫,滩头村‘宅改’也是实实在在为村民带来好处,只要方法得当、获得村民的支持,就一定能推进,尽管后期工作的难度超出了当初的想象,但我还是有信心的。”“现在取得了大家公认的成绩,还是很有成就感的,付出的劳累还是值得的,我自己也成了镇党委书记,先后获得‘江西省最美公务员’、全国‘人民满意的公务员’等荣誉,还被省里给予了一等功公务员表彰,这是组织上对我工作的肯定。”(2023 - 08 - 18)

● 访谈记录 4

访问者:大家是从什么时候起对“宅改”的态度发生了转变?

受访者:村民 C 情绪激动地说:“很难说清楚是什么时候开始变化的,大家就不知不觉地开始支持,其实大家都知道‘宅改’能改变村里的面貌,是个好事,其实内心都想支持。说实话,吴书记刚来的时候,我们对‘宅改’根本没有信心,我们村情况非常复杂,村民间各类矛盾纠纷多,民心不齐、不团结。”“一开始吴书记上门我们也是不冷不热,应付了之。但看到吴书记真心实意想为村民办事,关心村民的每件实事,村民慢慢开始信任他,也逐渐把真实想法说出来,后来看到全村实实在在地推进‘宅改’,村民也把‘宅改’当成自家的事,积极支持、配合。”(2023 - 08 - 18)

● 访谈记录5

访问者:您对滩头村的“宅改”有什么感受?您认为通过“宅改”带来了哪些好处?

受访者:村民D竖起了大拇指:“你到村里随便问谁,大家都有同样的感受,‘宅改’让滩头村的名声彻底改变了,以前出门,都不好意思说自己是滩头人,以前,滩头给人就是脏乱差的印象。现在不一样了,几乎每天都有人来参考学习,成为典型了,还是蛮自豪的。这次滩头的‘宅改’,真正实现了万众一心,村民的团结是空前的,人人觉得不支持‘宅改’都不好意思。”“尤其看到党员干部、乡贤的做法,大家都觉得不搞好‘宅改’,对不起大家,也不好向子孙后代交待。通过‘宅改’不仅改变了人居环境,更是聚集了人心,重回了大家庭的温暖,让大家又看到了滩头的希望。‘宅改’带来的好处实在很多,生活环境、邻里关系、干群关系、村民的精神面貌,一时说不清楚,反正太多了。你们可以看看图片,前后对照明显可以看出村庄的变化。”(2023-08-18)

附录4:滩头村委会XXX村改变落后面貌的申请报告

滩头村委会______村改变落后面貌的申请报告

春涛镇人民政府:

兹有春涛镇滩头村委会_____村,本村基础设施落后,交通闭塞,村内环境脏乱差,为改变落后面貌,提升人居环境,造福子孙后代。按照全体村民意愿,特向上级申请2019年开展宅基地制度改革、新农村建设和通村主干道建设,恳求上级给与支持!

特此申请!

申请人代表:

附录5:支持村庄建设的承诺书

支持村庄建设的承诺书

为了改变村庄落后面貌,造福子孙后代,本人代表全家承诺:绝对支持村庄的建设,在宅基地制度改革,新农村建设、道路修缮、乡村治理等过程中无条件支持。如有违反,本人自愿接受以下村规民约的处理:

1. 全家人不得上族谱。

2. 家庭的红白喜事,村小组干部、村委会干部一律不得参加。

3. 家庭成员不得参加村内的划龙舟等集体活动。

4. 家庭成员不得参加村干部的选举。

5. 纳为失德村民,全村公示、存档。

6. 只要涉及其家庭成员的政审,升学,征兵,入党,考公务员等事宜,均实事求是鉴定为失德村民。

7. 如有组织策划,煽动闹事、阻工等违法行为的,作为黑恶势力线索上报公安机关,坚决打击。

8. 其他村规民约的规定。

承诺人:

案例七

从"伪市场化"走向"真市场化"：公共机构绿色低碳转型之路何以可能？

——基于乐清市行政管理中心的案例探索

摘　要：为践行习近平生态文明思想，实现碳达峰、碳中和战略目标，全国各地各级公共机构纷纷开始推进绿色低碳转型。本案例系统阐述乐清市行政管理中心在公共机构绿色低碳转型之路上开展节约型公共机构示范单位、光伏发电项目、节约型机关、合同能源管理等各种转型尝试，取得一定的成效，但转型之路还需继续努力。当下，公共机构绿色低碳转型节能降耗似乎已到达极限，但是如何在传统绿色低碳手段无法继续奏效的新瓶颈阶段，通过市场化引入能源费用托管型合同能源管理项目，是破解节能降耗困境的可能途径和方法。

关键词：公共机构；绿色低碳转型；示范创建；合同能源管理

一、案例正文

（一）转型之路的大尝试

1. 项目落地引起

2023年5月30日，乐清市行政管理中心能源费用托管型合同能源管理项目招标工作圆满结束，浙江正泰能效科技有限公司中标。项目总金额达4447.2万元，托管年限达8年，也就是说乐清市行政管理中心以每年555.9万元的费用将未来8年的电力能源费用托管给正泰能效科技有限公司服务。

每年500多万元，期限长达8年，总金额近4500万元，以往乐清市行政管理中心开展的几万元、几十万元的绿色低碳改造项目，在这些百万元、千万元面前显得微不足道。

一时间，机关干部们纷纷感到好奇：

这项目究竟可以为乐清市行政中心带来什么变化？能源费用托管型合同能源管理又是什么意思？为什么要将电费托管给公司支付，支付电费不是很简单的事情吗？正泰能效科技有限公司既要投入资金技术进行节能改造又要支付电费，项目意义何在？项目实施后，工作人员办公会受到什么样的影响，如在单位办公用电用能会不会受到限制？

2. 主角是何方人物

乐清市是温州市下辖的县级市，位于浙江东南沿海，因“七山二水一分田”的先天地理条件优势不足，改革开放后，该地百姓积极外出谋生活，渐以民营经济活跃、温商遍布各地知名于世。乐清市社会经济发展一向处于温州12个县市区中的排头兵地位，敢想敢闯敢干，走在前列。在推动公共机构绿色低碳转型中，乐清市行政管理中心一直在摸索前进中，所以这并不是乐清市行政管理中心的第一次尝试。

乐清市行政管理中心占地面积84308平方米，总建筑面积97115平方米，是由行政主楼、行政服务中心、会议中心、档案馆、后勤楼和地下室等组成的一个建筑群体。各单位于2009年1月正式入驻乐清市行政管理中心内合署办公，至今已过十多年。在这10多年的时间里，许多用能设备不断老化，用能效率不断降低，同时随着工作实际需要，新的用能设备数量、人数不断增加，乐清市行政管理中心的绿色低碳转型之路迫在眉睫。

近年来，随着习近平生态文明思想的提出，生态环境保护和绿色低碳发展转型工作在社会经济中变得越来越重要，从锦上添花到占有自己的一席之地。2020年9月22日，习近平总书记在第七十五届联合国大会上宣布，中国力争2030年前二氧化碳排放达到峰值，努力争取2060年前实现碳中和目标。如

表1所示，2019年至2023年的政府工作报告中，生态环境保护和绿色低碳发展都是当年度重点工作任务之一。

各行各业开始纷纷探索谋划经济友好型、资源节约型的发展转型之路，公共机构作为政府组成部门，一向是率先支持，发挥示范带头作用。机关事业单位和学校、医院等公共机构开始越来越重视节能环保、绿色低碳，纷纷开始探索公共机构的绿色低碳转型之路，努力创建绿色机关、绿色学校、绿色医院等各种示范单位。

表1　2019年至2023年政府工作报告关于绿色低碳发展的相关内容

报告年份	政府工作报告中关于生态环境保护和绿色发展的相关内容
2019	加强污染防治和生态建设，大力推动绿色发展。绿色发展是构建现代化经济体系的必然要求，是解决污染问题的根本之策。要改革完善相关制度，协同推动高质量发展与生态环境保护
2020	提高生态环境治理成效。突出依法、科学、精准治污。深化重点地区大气污染治理攻坚。加强污水、垃圾处置设施建设，推进生活垃圾分类。加快人口密集区危化品生产企业搬迁改造。壮大节能环保产业。严惩非法捕杀、交易、食用野生动物行为。实施重要生态系统保护和修复重大工程，促进生态文明建设
2021	加强污染防治和生态建设，持续改善环境质量。深入实施可持续发展战略，巩固蓝天、碧水、净土保卫战成果，促进生产生活方式绿色转型
2022	持续改善生态环境，推动绿色低碳发展。加强污染治理和生态保护修复，处理好发展和减排的关系，促进人与自然和谐共生
2023	加强生态环境保护，促进绿色低碳发展。坚持绿水青山就是金山银山的理念，健全生态文明制度体系，处理好发展和保护的关系，不断提升可持续发展能力

（二）首次尝试的节约型公共机构示范单位

2014年，乐清市行政管理中心成为第一批国家级节约型公共机构示范单位。当时，乐清市行政管理中心在创建的两年时间里，先是通过了温州市级节约型公共机构示范单位的验收，再是通过浙江省级节约型公共机构示范单位的验收，最后是国家级节约型公共机构示范单位的验收，对中心内涉及节能降耗的方方面面作了一个整体提升。

1. 整体提升

首先是建立健全乐清市行政管理中心的节约能源资源管理工作制度。建立了节能目标责任制，制定了能源资源消耗统计制度、定额管理制度、节水节电制度、用能设备设施节能操作规程等节约能源资源的管理制度。加强用能设备运行管理，建立了详细的用能设备、设施台账和系统运行记录、巡视检查记录档案，加强重点用能设备、系统的运行调节、维护保养、巡视检查。

其次是实行能源计量，根据用能种类对乐清市行政管理中心能源资源消耗实行分户计量，分区分功能安装能源资源消耗监测平台对中央空调用电、动力用电、照明用电等主要用途进行分项计量。指定专人负责能源资源消耗统计和分析，定期公示能源资源消耗情况，定期开展能源审计工作。完成了"浙江省建筑用能监管节能示范工程"能耗监测平台建设，设置能耗监测系统，对能源消耗状况进行实时监测。

最后对整个乐清市行政管理中心内的室外路灯、走廊灯、地下车库灯等进行了节能改造，使用高效节能的节能灯、LED 灯等照明灯具，高效照明光源使用率达到 100%，在走廊、过道采用了声光控人体感应智能控制措施，严格控制室外景观照明使用时间。所有用水器具都采用节水型器具，节水型生活用水器具使用率达到 100%，并根据用水系统分区分功能合理设置计量水表，完成了太阳能热水系统节能改造，改建了一套独立的河水浇灌系统，绿地采用河水高效浇灌，使非传统水源得到科学合理利用。

2. 成效明显

在创建节约型公共机构示范单位的两年努力过程中，乐清市行政管理中心节能降耗工作取得了一定的成效。如表 2 所示，2011 年，中心用能 702501.5 千克标准煤，同比下降 2.78%，用水量 39119.4 吨，同比下降 2.53%。单位面积用能 7.46 千克标准煤每平方米每年，人均用能 379.73 千克标准煤每人每年，人均用水为 21.15 吨每人每年。2012 年，中心用能 699507.3 千克标准煤，用水量 41018.1 吨，单位面积用能 7.2 千克标准煤每平方米每年，同比下降 3.53%，人均用能

333.1千克标准煤每人每年，同比下降12.28%，人均用水为19.53吨每人每年，同比下降7.63%。具体来说，开展乐清市行政管理中心车库高效照明改造工程，该工程将中心地下车库照明更换为LED灯，年省电量可达38000余千瓦时；完成食堂太阳能热水系统改造工程，该中心食堂日均容纳800人次就餐，采用太阳能光热设备后，每年可节约用电6万余千瓦时，节省费用5万多元。

表2　乐清市行政管理中心2010—2012年的用能情况

年度	单位面积（平方米）	用能人数（人）	能耗（千克标煤）	用水量（吨）	人均能耗（千克标煤/人）	单位面积能耗（千克标煤/平方米）	人均水耗（吨/人）
2010	94119.06	1800	722576.3	40136.5	401.43	7.68	22.3
2011	94119.06	1850	702501.5	39119.4	379.73	7.46	21.15
2012	97146.06	2100	699507.3	41018.1	333.1	7.2	19.53

3.后续乏力

公共机构绿色低碳的转型之路比一开始想象的要困难复杂许多，国家级节约型公共机构示范单位并不是它的终点，更像是这条路的起点。一旦开始，从上至下，一层层的压力在不断推动着往前走。

2015年开始，乐清市行政管理中心的能源资源消耗水平开始缓慢上升，建立的能耗网络监测系统因设备网络故障和专职人员的工作调动离开而进入瘫痪状态，之后不曾再启用过。

乐清市行政管理中心努力创建节约型公共机构示范单位，主要是为贯彻落实《公共机构节能“十二五”规划》的精神和有关政策要求，与时俱进，进行政策上的响应，发挥公共机构作为全社会节能工作表率的作用。但不可否认的是，节约型公共机构示范单位创建营造了绿色的办公环境，全面提高了工作人员绿色低碳意识，机关干部们意识到了节约能源资源的重要性和必要性，逐渐开始改变生活和工作中的用能习惯。更为重要的是，为乐清市行政管理中心之后创建各种节能示范单位,摸索前进绿色低碳转型之路打下了坚实的基础。

(三)牛刀小试的太阳能光伏项目

2016年,浙江省人民政府办公厅印发了《关于推进浙江省百万家庭屋顶光伏工程建设的实施意见》,全省各地大力推进“百万家庭屋顶光伏工程”的深入实施。乐清市为大力推进分布式光伏发电项目建设,乐清市政府于2018年初召开了分布式光伏发电项目建设工作专题会议,鼓励政府机构先行,率先开展光伏建设,发挥示范带头作用。2018年1月15日的《乐清市人民政府专题会议纪要》中提出:“对现有政府机构(国有企事业)单位办公用房、学校、医院、文体设施、标准厂房等政府所属的房屋,其屋顶符合安装分布式光伏发电设施条件的,原则上要率先建设分布式屋顶光伏发电项目。”

1. 令人意外的选址

无可商榷的是乐清市行政管理中心作为政府办公中心,必须要积极响应,带头支持。当时,乐清市行政管理中心内入驻办公的很多党政机关觉得在楼顶上安装一块块光伏板,会严重影响中心整体建筑的美观度和政府机关的庄严形象,于是在乐清市行政管理中心下属办公区市民活动中心大楼上建成了乐清市首个政府机构屋面分布式光伏发电项目,于2018年10月9日成功并网运行。

乐清市市民活动中心光伏发电项目采用合同能源管理模式建设,按节能效益分享型方式分配由该项目带来的节能效益。项目投资金额183.736万元,占用市民活动中心屋顶面积2316平方米,装机容量262.48kWp,年平均发电量27.65万kWh,并网电压等级380V,每年可节约标煤73吨,减少二氧化碳排放196吨。

2. 令人欣喜的效益

截止到2020年12月,市民活动中心光伏发电项目累计光伏发电总量57.4万kWh,自用电量52.12万kWh,余电上网电量5.28万kWh,年发电总量超过25.5万kWh,累计二氧化碳减排量618.23吨,年均二氧化碳减排247.2吨,年均节约标煤92吨,发电效率在温州地区同类项目中处于领先水平,为乐清市财政节约经费,为推进建设清洁能源、安全高效的能源体系起到很好的示范作用。

表3是2018年10月至2020年12月光伏项目发电情况,主要呈现了2018

年10月至2020年2月光伏发电的总发电量、自用电量和返送电量。根据历年数据同比分析，2019年、2020年光伏发电自用量（不包括上网返电量）占市民中心总用电量分别为21%、20.3%；2014—2020年，电费以及用电总量逐年下降且下降幅度明显，2018—2020年，年用电量分别同比下降18.07%、4.58%、13.49%，电费总额分别同比下降22.05%、13.81%、21.80%。2020年因受疫情影响，工作人员居家办公，之后单位减少部分活动课程，以及防疫期间优惠费用扣减政策，2020年电费总额数据具有特殊性。分析对比无光伏项目的2017年与光伏项目运行一年的2019年，年用电量减少37.67万kWh，下降21.82%，年用电总费用减少44.42万元，下降32.8%。

表3 2018年10月至2020年12月光伏项目发电量情况

年份	月份	总发电量（kWh）	自用电量（kWh）	返送电量（kWh）
2018	10	43084.8	39634.8	3450
	11			
	12			
2019	1	13333.2	13133.2	200
	2	27706.8	26106.8	1600
	3			
	4	22162.8	19012.8	3105
	5	25725.6	21225.6	4500
	6	21248.4	20798.4	450
	7	18949.2	18949.2	0
	8	33822	33822	0
	9	58501.2	56601.2	1900
	10			
	11	19251.6	18251.6	1000
	12	16768.8	16268.8	500

续表

年份	月份	总发电量(kWh)	自用电量(kWh)	返送电量(kWh)
2020	1	13530	12330	1200
	2	19581.6	12481.6	7100
	3	19102.4	14102.4	5000
	4	28221.6	18321.6	9900
	5	25306.8	20356.8	4950
	6	25232.4	24082.4	1150
	7	28150.8	28150.8	0
	8	32582.4	32582.4	0
	9	23108.4	22908.4	200
	10	25762.8	21262.8	4500
	11	17779.2	16379.2	1400
	12	15052.8	14452.8	600

3. 令人遗憾的结局

乐清市政府鼓励政府机构先行，率先开展光伏建设，发挥示范带头作用。结合乐清市实际和当地上市企业正泰的产业链优势，光伏发电项目由浙江正泰安能电力系统工程有限公司投资建设，乐清市委、市政府从多方面给予大力支持，相关部门单位积极配合。

从 2018 年到 2020 年，乐清市公共机构共建成分布式屋顶光伏发电项目 26 家，其中学校 24 家，医院 1 家，政府机构 1 家，合计项目总投资金额 1500.38 万元，总面积 2348.1 平方米，总装机容量 2435.15kWp，总年均发电量约 251.79 万 kWh。预估每年可节约 1017.23 吨标准煤，减少二氧化碳排放 2510.35 吨，减少二氧化硫排放 75.54 吨。

2019 年乐清被确定为 28 个“全国集中统一组织合同能源管理项目试点”县(市、区)之一。但在 2020 年之后，乐清市公共机构的合同能源管理模式太阳能光伏项目就没有后续了，颇有点雷声大、雨点小的感觉。

前期，乐清市的公共机构对于光伏发电项目积极响应，主要是因为该项目在浙江省出台“百万家庭屋顶光伏工程”计划的背景下推出，乐清市委、市政府大力支持正泰分布式太阳能业务在家乡的发展，从而提高乐清市新能源的占比和带动产值、税收及投资的增加。因为国家、省和乐清市对光伏发电项目给予财政补贴和银行贷款等相关政策优惠，推进得较为顺利。但随着国家对光伏产业及项目相关优惠政策和财政补贴的降低取消，相关公司对于推进合同能源管理模式光伏项目建设的积极性明显下降。

另外，由此也可看出乐清市公共机构开展合同能源管理项目意愿性不高。乐清市有学校医院近200家，独立办公的机关单位和乡镇近60家，但除了光伏发电项目外，只有乐清市人民医院开展了节水项目改造。大部分公共机构对于合同能源管理项目的了解度不高，对于开展合同能源管理项目望而却步，对于节能服务公司的节能技术水平和后续服务能力及效果都心存犹豫，增强其主动性和积极性的难度十分大。

（四）站着吆喝的节约型机关建设

2019年9月9日，中央全面深化改革委员会第十次会议审议通过《绿色生活创建行动总体方案》，为贯彻落实习近平生态文明思想和党的十九大精神。方案的主要目标是：“通过开展节约型机关、绿色家庭、绿色学校、绿色社区、绿色出行、绿色商场、绿色建筑等创建行动，广泛宣传推广简约适度、绿色低碳、文明健康的生活理念和生活方式，建立完善绿色生活的相关政策和管理制度，推动绿色消费，促进绿色发展。”

2020年3月11日，国管局、中直管理局、发展改革委、财政部等四部委联合印发了《节约型机关创建行动方案》。全国各县级以上党政机关纷纷响应，乐清市行政管理中心内的30家党政机关立即统一积极参与第一批节约型机关创建，并于2020年底通过验收，成功完成创建工作。

假如把乐清市行政管理中心想象成一台正在全力运行的电脑，那节约型公共机构示范单位创建更多是在对系统的硬件配置进行升级，而节约型机关创建则是对软件应用的搭载和更新。节约型机关创建的主要内容是强化完成年度节约能源资源目标，完善管理机构和制度体系，推行行为节约、绿色出行、绿色采购等绿色办公，实行生活垃圾分类，做到源头减量、分类投放和分类收运，开展绿色低碳宣传实践和教育培训。

这些创建内容和要求，对于乐清市行政管理中心内的工作人员来说，已经是驾轻就熟，没有难度。因为从 2011 年节约型公共机构示范单位创建活动开始，乐清市行政管理中心这 10 多年来，陆续参与了节水型单位、生活垃圾分类示范单位、无废机关、绿色数据中心等各项绿色低碳创建工作，节能降耗、绿色低碳的观念在不断深入机关干部们心中。

没有难度，同时也意味着没有压力，工作没有进步空间。这表明了乐清市行政管理中心要么是已经完成了公共机构绿色低碳转型，要么就是转型之路尚未完成，仍需继续努力。而不断增长的能源资源费用支出和用能设施设备的老化，已经说明了乐清市行政管理中心的绿色低碳转型之路离终点还是很遥远。

（五）好事多磨的合同能源管理项目

2021 年 3 月 12 日，《中华人民共和国国民经济和社会发展第十四个五年规划和 2035 年远景目标纲要》发布，其中第十一篇《推动绿色发展，促进人与自然和谐共生》中提出：加快发展方式绿色转型。坚持生态优先、绿色发展，推进资源总量管理、科学配置、全面节约、循环利用，协同推进经济高质量发展和生态环境高水平保护。国管局和国家发展改革委在 2021 年 6 月 1 日印发了《“十四五”公共机构节约能源资源工作规划》，11 月 16 日印发了《深入开展公共机构绿色低碳引领行动促进碳达峰实施方案》；浙江省相关部门也在 8 月 12 日印发了《浙江省公共机构节约能源资源“十四五”规划》，12 月 28 日印发了《深入开展公共机构“十四五绿色低碳引领行动促进碳达峰实施方案”》。

这些文件都要求，“十四五”期间各级公共机构要以绿色低碳发展为目标，立足公共机构实际和特点，提升治理能力，强化创新驱动，推动绿色转型，推动公共机构节约能源资源工作高质量发展，充分发挥公共机构的示范引领作用，推行合同能源管理等市场化机制，鼓励采用能源费用托管等合同能源管理服务模式，调动社会资本参与公共机构节约能源资源工作。

2020 年 11 月 25 日，浙江省机关事务管理局在海宁市组织了全省公共机构节能管理人员业务培训会。会议上，宁波市奉化区行政服务中心分享了与国网浙江综合能源服务有限公司合作的浙江省内首个政府机关能源费用托管型合同能源管理项目。之前，大部分公共机构关于合同能源管理项目的尝试都采用节能效益分享型方式，与合作公司分享项目带来的节能效益。乐清市公共机构 2018 年到 2021 年共开展了 27 个合同能源管理项目，其中光伏发电项目 26 个，节水改造项目 1 个，全部都采用的是节能效益分享型的合同能源管理方式。

1. 转型之路面临的困境

这些年来，乐清市行政管理中心在公共机构节能降耗、绿色发展方面，坚持以能源资源降耗增效为目标，在节能宣传、节能改造、节能管理等方面做好基础性工作，并取得了一定的成效。当下正面临着公共机构节能降耗的潜力似乎已经挖完，传统节能手段无法继续奏效，公共机构绿色低碳转型之路走入了一个新的瓶颈阶段。

乐清市行政管理中心开始将以能源费用托管型合同管理模式推行公共机构绿色低碳转型放入日程，开启新局面。希望通过实施技术节能、管理节能、理念节能融合的一揽子解决方案，采用能源费用托管型合同能源管理模式，委托专业服务公司，利用国内外最新能源及信息技术发展成果，统筹推进乐清市行政管理中心能源系统改造，提升乐清市行政管理中心能源综合利用水平，实现能源利用高效化、清洁化、智能化、数字化，逐步降低综合能耗，实现绿色低碳转型。

2. 项目第一关：认可新模式

合同能源管理作为一种调动社会资本参与到公共机构能源资源管理的市场化机制，很多单位领导和机关干部都没听说过，感觉云里雾里的。想让能源费用托管型合同能源管理项目在乐清市行政管理中心落地开花，大家对项目的认可和支持度是必不可少的。

依据中华人民共和国国家标准《合同能源管理技术通则》（GB/T 24915—2020）定义和解释，合同能源管理："能源服务公司与用能单位以契约形式约定能源项目的节能（供能）目标，能源服务公司为实现节能（供能）目标向用能单位提供必要的服务，用能单位以节能效益或用能费用支付能源服务公司的投入及其合理利润的能源服务机制。”

能源费用托管型：“是合同能源管理的一种。指用能单位委托能源服务公司对能源系统进行投资、设计、建设、改造和运行管理，并按照合同约定支付能源托管费用。能源服务公司通过提高能源效率降低能源费用，并按照合同约定拥有全部或部分能源费用。”

3. 项目第二关：寻觅合作者

(1)初次寻觅的不了了之

2020 年底，乐清市当地龙头企业、上市公司正泰集团旗下的公司组织了一个团队来到乐清市行政管理中心开展能源费用托管型合同能源管理项目合作调研。经过 2 个多月的现场实地调研，结果却是不了了之。主要是因为新的政府机关大院能源管理模式推行需要时间，温州市 12 个县市区的行政中心大楼都还没开始建设该项目。出于对项目经济风险和技术风险的担忧，推行意愿不强，毕竟人工智能、物联网、大数据、云计算等信息技术在节能领域的应用还不够深入，而新项目对合作服务公司的综合技术、资金、管理等能力要求高。同时，公司在实地考察评估后，发现项目的经济效益难以保障，收益不如预期，没了主动性。

(2)另觅他者的有缘无分

2021 年 3 月，通过国网浙江乐清市供电有限公司的牵线搭桥，国网浙江综合能源服务有限公司来到乐清市行政管理中心开展能源费用托管型合同能源管理项目合作调研。国网浙江综合能源服务有限公司提出通过搭建综合能源管控平台，建立电能计量管理系统、冷热源机房安全运行监管系统、中央空调群控系统、空调末端集控系统，做到计量全覆盖、能耗全透明、管控无死角。

这方案固然能强化能源管理，达到节能降耗的目标。这和理想中的公共机构绿色低碳转型之路有所差别，转型虽是不易，但前提是不能牺牲工作人员的舒适性，不能降低机关干部们的体验感，这种重点集中在管控之上的项目方案，总觉得不够适合。

(3)他山之石，可以攻玉

2021 年 7 月 5 日，浙江省机关事务管理局、浙江省发展和改革委员会、浙江省财政厅联合印发了《关于进一步推进公共机构合同能源管理工作的实施意见》。2022 年 9 月 7 日，国家机关事务管理局、国家发展改革委、财政部印发了《关于鼓励和支持公共机构采用能源费用托管服务的意见》。这些文件都在鼓励公共机构采用能源费用托管服务，调动社会资本参与公共机构节约能源资源工作，推进公共机构绿色低碳转型。

2021 年 12 月，温州市洞头区行政服务中心合同与国网（温州）综合能源服务有限公司签订能源管理合同书，成为温州市第一家开展能源费用托管型的合同能源管理公共机构。通过能源管理软件及日常运用管理和节能技术改造等措施，提升洞头区行政服务中心楼宇能源综合利用水平，全年节能率约 5%。

2022 年 4 月，瑞安市政大院与国网（温州）综合能源服务有限公司开展了能源费用托管型合同能源管理项目。通过能源管理软件及日常运维管理、升级改造空调、照明等系统，结合“线上管控 + 线下运维服务”，建立综合能耗计量分析系统，对市政大院主要机电设备进行智能管控，实现绿色智慧运营。

2022 年 8 月，温州市行政中心与浙江正泰能效科技有限公司开展了能源费用托管型合同能源管理项目。项目中标金额 7550 万元，托管期限为 8 年，年托管费为 943.75 万元。通过能源管理软件及日常运用管理、节能技术改造等措施，提升温州市行政中心楼宇能源综合利用水平，同时将建设温州市行政中心数字化能效管理平台，升级改造智慧安全用电、空调、照明等系统。项目落地后，预计每年节电 55.5 万 kWh，合同期内可节约电费约 360 万元，节能降耗效果较为显著。

他山之石，可以攻玉。眼看着兄弟县市区都风风火火地开展了新模式的绿色低碳转型之路尝试，乐清市行政管理中心开始加快步伐，积极寻觅合适自己的能源费用托管型合同能源管理项目。

4. 项目第三关：确定实施方案

每家公共机构都有自己的特点，乐清市行政管理中心确定要开展能源费用托管型合同项目之后，要根据自己的实际，设计适合自己的实施方案。2022 年 9 月，成立了乐清市行政管理中心合同能源管理项目工作领导小组，对乐清市行政中心能源消耗情况进行细致排摸，开展能源审计。如表 4 所示，由于办公人数增加、用能设备老化、新用能设备增加等原因，2019 至 2022 年乐清市行政管理中心的整体能耗呈上升趋势，但 2020 年受疫情的影响，能耗较之前的年份有所减少，且减少幅度较大。2021 年全年用电量较 2019 年增长 3.6%，2022 年全年用电量较 2021 年增长 9.8%。

表 4　乐清市行政管理中心 2019—2022 年电耗情况表

时间	用电量（kWh）			
月份	2019 年	2020 年	2021 年	2022 年
1	581460	503520	490380	606840
2	515040	336180	313500	620640
3	522660	367380	379740	491940
4	434040	387780	384360	469440
5	363540	419220	493980	494760
6	393360	646380	713160	691200
7	537960	858240	919560	1065180
8	740400	895980	977640	1100520
9	821640	635280	936540	755220
10	1045740	414540	521220	471000
11	336720	384420	396600	431640
12	480720	395820	492420	507240
合计	6773280	6244740	7019100	7705620

综合考虑节能技术改造等专业性因素，联系对接了三家设计单位。经比较后，特委托浙江中设工程设计有限公司进行项目方案设计。为充分体现项目的合理性和经济性，乐清市机关事务管理中心、市发改局、市财政局、正泰集团、国

网公司等相关单位、公司进行了多次对接论证，经过广泛调研和对技术方案、成本投入、预计节能量等方面的深入分析评估，不断修改完善方案。

2023 年 2 月，《乐清市行政中心能源费用托管型合同能源管理项目方案》确定。方案确定将乐清市行政管理中心，包括主楼、行政服务中心、档案馆、会议中心、后勤楼及地下室的电力进行能源托管，投资建设数字化能效管理平台，对智慧安全用电升级改造，对空调系统、照明系统等进行节能改造，投资建设运营屋面光伏发电系统，同时提供定期电气设备巡视、检查、预防性试验、电工技能培训等专业化、精细化能源管理服务。并要求达到综合节能率不低于 4.5%，争取在"十四五"期末实现节能 6% 以上的目标。

5. 新尝试的尘埃落定

2023 年 3 月，特邀组成的专家评审会，对方案进行最后修改论证。在经过打请示报告、相关部门沟通对接项目、党组会确定各有关事项、在政府公开网预公告等系列政府项目规范流程后，5 月 8 日，浙江政府采购网正式发布《乐清市公共资源交易中心关于乐清市行政管理中心能源费用托管型合同能源管理项目的公开招标公告》。

2023 年 5 月 30 日上午 9 点 30 分，乐清市行政管理中心能源费用托管型合同能源管理项目在乐清市公共资源交易中心开标，浙江正泰能效科技有限公司在 9 家竞标公司之中脱颖而出中标。

乐清市行政管理中心对于实施能源费用托管型合同能源管理项目的愿景是：项目实施后，可以年节电量约 57.81 万 kWh（不含光伏），节能率约 8.2%，年节约成本约 45.31 万元，折合标准煤约 173.43tce，年减少排放二氧化碳约 457.9t。光伏年发电约 65.65 万 kWh，折合标准煤约 196.95tce，年减少排放二氧化碳约 520.01t，合计年减少排放二氧化碳约 977.91t。节能降碳效果较为显著。

浙江正泰能效科技有限公司承诺：在未来 8 年的合同期内，将利用国内外最新能源及信息技术发展成果，搭建乐清市行政管理中心能耗监测系统，统筹推进乐清市行政楼能源系统改造，提升乐清市行政管理中心楼宇能源综合利用水平，实现能源利用高效化、清洁化、智能化、数字化，逐步降低综合能耗。

乐清市行政管理中心2020年度用电量为6244740kWh,电费支出为329.5万元;2021年度用电量为7019100kWh,电费支出466.25万元;2022年度用电量为7721357kWh,电费支出为585.62万元,用能每年不断上涨。2020年至2022年3年的时间里,乐清市行政管理中心用电量增长了19.12%,电费增长了43.73%(3年里乐清市电价常在0.5元/kWh到0.8元/kWh之间上下浮动)。浙江正泰能效科技有限公司以基准电量7092600kWh,基准电费0.7838元/kWh,合计费用555.9万元每年的方式收取托管费用,托管年限达8年。

乐清市行政管理中心和浙江正泰能效科技有限公司能够达成双赢吗?项目的经济、社会、环境效益能够不打折扣地顺利实现吗?大概只能交给时间,在未来的8年里且行且看。

毕竟随着国家社会经济科技水平的发展,用能人数、设备等只会越来越多,难以降低。部分地方公共机构虽已开展了能源费用托管型合同能源管理服务项目试点工作,但由于项目时间最少也不少于5年,目前基本都还处于项目的前期阶段,尚未有经历完整个服务周期的成功案例,且各地各级公共机构的实际情况也大有不同。

(六)结束语

为了践行习近平生态文明思想,实现碳达峰、碳中和目标,全国各地公共机构都在努力推进绿色低碳转型。引入市场化机制的能源费用托管型合同能源管理服务,无疑是公共机构在绿色转型之路上企图破局的一次大尝试,而不是小打小闹的面子工程。这也是政府治理方式的一种创新,公共机构相对传统封闭的后勤服务向市场打开了一个口子,对于提高公共机构后勤服务保障质效,实现能源管理升级既是机遇又是挑战。

但这仍不是公共机构绿色低碳转型之路的终点,至少在可预见的"十四五"期间,还有"零碳"公共机构、绿色食堂等着乐清市行政管理中心去完成。

二、案例分析报告

(一)引言与文献综述

近年来,随着习近平生态文明思想的提出,生态环境保护和绿色低碳发展转型工作在社会经济中变得越来越重要，从锦上添花到占有自己的一席之地。2020 年 9 月 22 日，习近平总书记在第七十五届联合国大会上宣布，中国力争 2030 年前二氧化碳排放达到峰值，努力争取 2060 年前实现碳中和目标。2021 年至 2023 年的政府工作报告中，生态环境保护和绿色低碳发展都是当年度重点工作任务之一。为此，各行各业开始纷纷探索谋划经济友好型、资源节约型的发展转型之路，公共机构作为政府组成部门，一向是率先支持，发挥示范带头作用。机关事业单位和学校、医院等公共机构开始越来越重视节能环保、绿色低碳，纷纷开始探索公共机构的绿色低碳转型之路。

为此，学术界研究人员通过模拟中国能源减排及转型路径发现，想要实现该发展目标，必须对国内能源体系进行深层次调整，势必存在众多阻碍。而且刘晓龙等（2021）研究人员综合考虑我国实际发展国情，参照碳中和目标，提出改善能源发展质量的三大途径，即节能减排、结构优化、技术创新。喻小宝等（2020）研究人员通过分析碳市场、电力市场发展关系，最终完成了行业碳减排动力学模型建设任务，从研究结果中能够看出，其所提出的反馈机制将有助于将行业碳排放量控制在最低范围内。徐永胜（2022）聚焦系统治理、多元治理、依法治理，持续推动高质量发展，助力碳达峰、碳中和目标的实现。邹圣锋等（2024）提倡以市场化机制引领建设模式创新。鼓励公共机构充分发挥自身和行业优势，积极借助能源费用托管等合同能源管理模式，以市场化方式大力推进社会资源参与投入节能信息化建设，改善当前经费预算不足带来的现实困境以及缓解因专业技能、专业人才不足造成的技术难题。因此，本文从乐清市行政管理中心案例出发，分析乐清市绿色低碳转型的整体过程，破解其困境，从而构建公共机构绿色低碳转型市场化路径。

（二）理论基础

1. 新公共管理理论

20 世纪 80 年代，信息社会的迅速变化发展，使得一些西方国家基于传统科层体制下的政府管理无法顺应时代潮流变化，出现政府管理危机。到了 90 年代，政府行政改革追求经济、效率和效益的目标，促使其在管理中引入适度的市场机制。行政市场化改革意味着政府要向市场放权，在为政府减负、缓解政府财政压力以及提高政府行政和提供公共服务的效率方面具有非常重要的意义。公共机构节能降碳的费用支出占据了财政支出的很大比例，提高资金利用效率意义重大，市场化机制追求经济、效率、效益原则，在政府管理上引入市场化机制是降低支出、提高行政效率的重要手段。

2. 合作生产理论

20 世纪七八十年代，奥斯特罗姆等学者基于现实和理论提出了合作生产理论。合作生产理论认为，参与公共服务供给过程的行为者可以分为常规生产者(Regular Producer)和作为消费者的生产者(Consumer Producer)，而公共服务合作生产的过程需要常规生产者和作为消费者的生产者都投入一定的资源。合作生产要求提供服务的一方与享受服务的一方协同作业，在制造某种产品或促成服务活动中投入必要的时间、精力、劳动、资源或技术等。在我国公共机构节能领域中，多数政府职能部门仍然采用传统的公共行政管理模式，设置了严格的部门分工，以独立的部门为单元解决相关问题，不仅不够重视市场和社会对公共机构节能的作用，而且存在部门本位问题导致节能责任难以落实。为有效解决这种状况，必须提高政府的社会治理能力和水平，强化政府与非政府机构之间互动的合作治理模式，强调政企合作、政民互动。在政府主导下，促进政府、企业、社会组织、公民等各类主体协同发展，将结构封闭的政府转型成为整合协同的整体型政府，推动政府、市场、职工共同参与公共机构节能工作，共同承担责任，形成双向互动的多维度管理模式，实现社会公共利益最大化，最终达到共同、协调、公平、高效、多维发展。

3. 公共价值理论

20 世纪 90 年代以来，政府治理的大环境发生了重大变革，传统的公共行政范式在理论与实践领域日渐式微，在这一背景下，公共价值理论应运而生。“公共价值”这一概念第一次由马克·穆尔教授于 1995 年在他的著作《创造公共价值：政府战略管理》中提出。他认为，公共管理的终极目标就是为社会创造公共价值，公共价值理论又恰是其研究路径的解释和拓展。马克·穆尔将公共价值与公共部门的战略管理结合起来，提出了有名的公共价值管理战略三角模型。该模型由价值、合法性与支持、运作能力三个基本要素构成，致力于为公共部门及管理者搭建一个公共价值创造的战略分析框架。马克·H. 穆尔的战略三角模型为推进公共机构绿色低碳转型提供了科学的理论基础。

公共机构节能降碳是生态文明和美丽中国建设的重要力量，它既有经济价值也有生态价值。在持续推进的过程中，需要对资源、方法、技术等多方面的能力因素进行统筹整合，发挥好节能服务企业等市场助推器作用，增强公共机构主阵地作用，激发干部职工对绿色美好生活向往和期盼的主人翁作用，形成政府推动、市场支撑、机构履责、职工参与的多元共建共治共享格局。这与战略三角模型所贯彻的价值、运作能力、合法性与支持三个基本因素高度契合。即在公共图书馆的服务活动中，要使其在价值、能力和支持三个方面达到均衡和统一，才能助推其均等化的实现。因此，本文以公共价值理论为基础，借鉴穆尔的公共价值管理策略三角模式，从价值—能力—支持三个层面对公共机构绿色低碳转型路径进行分析。

（三）理论与公共机构绿色低碳转型的耦合性

公共机构的绿色低碳转型，受压力型体制的影响，中央政府在公共机构绿色低碳转型方面按照惯有的自上而下的方式，逐级进行任务的派分，基于上级压力下级政府积极作为，短期内使得政策成效较大，但是长此以往容易导致公共价值失灵。这对于复杂的公共机构绿色低碳转型工程来说，会阻碍发展合力的形成。这是因为公共机构绿色低碳转型工程的复杂性和系统性，一方面使得其在转型过程中必然考虑各级政府、企业、职工等多个利益主体的多元利益，但是利益的冲突性必然导致转型难度加大，另一方面，公共机构节能降碳是长期性的问题，不可能一蹴而就，发展长效的转型机制离不开大量人财物的支持。

面对乐清市行政管理中心绿色低碳转型的困境运用传统的运作方案或模式已经不适合。文章力图通过合作生产理论与公共价值理论来解决公共机构绿色低碳转型问题。就公共机构绿色低碳转型而言，合作生产理论和公共价值理论可以满足多元主体需求。从主体维度看，能够将政府、公共机构、市场主体、职工等主体纳入，从价值维度看，多元主体通过价值共创实现自身利益。但是多元价值主体间的价值冲突容易导致公共价值失灵，这对公共机构绿色低碳转型会造成影响。而公共价值理论关于效率、公平等价值理念的构筑，强调投入、过程、长处三位一体,这恰好符合公共机构绿色低碳转型的需求。另外,合作生产理论提倡多元主体治理、网络化治理等协商机制是处理当代政府治理碎片化困境的有效模式。除此之外,新公共管理理论提倡市场化机制,意味着政府适度放权,将原来政府的转型职能向市场开放,充分发挥市场资源配置的决定作用,达到顺利转型的目的。公共机构绿色低碳转型已经不是单一机关就能完成的事业,需要通过市场化机制、多元主体协同等实现公共价值的创造,形成长效的转型合力。上述说明与新公共管理理论、合作生产理论和公共价值创造理论相契合,能够作为指导该类问题解决的可行选择。

(四)案例引入

1. 情景再现:转型道路遇瓶颈

2012 年,乐清市行政管理中心响应国家号召,积极尝试建设节约型公共机构示范单位,在制度、管理、计量、监测、改造等方面提供保障措施,中心节能减耗的成效显著,并于 2014 年成为第一批国家级节约型公共机构示范单位。但由于该项目后续设备网络故障以及专职人员调离等问题而不再启动。

2016 年,乐清市采用合同能源管理模式大力推进分布式光伏发电项目建设,发电效率在温州地区同类项目中处于领先水平,为乐清市财政节约经费,为推进建设清洁能源、安全高效的能源体系起到很好的示范作用。但由于后续相关优惠政策的取消、机关对新项目的认知不足、机关对服务公司的信任度不高以及成果的不可预知性,公共机构的主动性、积极性和意愿性不高,项目最终没有后续。乐清市行政管理中心通过总结经验发现,引入市场化机制或许是乐清市行政管理中心绿色低碳转型的关键。

2020 年,为了响应国家节约型机关创建的方案文件,乐清市积极参与第一批节约型机关创建,并在年底通过验收完成创建工作。但是节约降能工作没有难度而后续机关能源资源费用支出不断增长以及用能设施设备老化,都预示着公共机构绿色低碳转型已经进入瓶颈期。

2. 柳暗花明:他山之石开新局

“十四五”期间,国家推行合同能源管理等市场化机制,鼓励采用能源费用托管等合同能源管理服务模式,调动社会资本参与公共机构节约能源资源工作。然而，各级机关干部对新的项目模式认知不足，新项目存在投入大、时间长、技术要求高、公司资质需求高、经济效益难以保障等问题，导致公共机构以及合作服务公司对项目的认可度和支持度不高。随着 2021 年 7 月国家和浙江省下发各种文件鼓励能源费用托管服务，温州市洞头区行政服务中心、瑞安市政大院、温州市行政中心纷纷与合作服务公司签订能源费用托管合同。在这些公共机构的带动下，乐清市行政管理中心开始寻找适合本地实际需求的能源费用托管型合同能源管理项目，并于 2023 年 5 月 30 日，浙江正泰能效科技有限公司中标并开始进行项目落地。

（五）乐清市行政管理中心绿色低碳转型困境解构

1. 投入不足

其一，主体欠缺。随着大数据的发展，技术已经成为公共机构绿色低碳转型的重要力量，节能降碳的监测离不开技术的支持，而技术人员可能是维系能源消耗监测系统存活的关键因素。本案例中，乐清市行政管理中心创建节约型公共机构示范单位后续因能耗网络监测系统因设备网络故障和专职人员的工作调离而不再启动。由合作生产理论和公共价值理论可知，项目运作离不开多元主体的合作与协同，技术人员作为项目可持续发展的重要主体，不可或缺。

其二，政策的可持续性保障缺失。公共机构节能降碳是一项长期复杂的事业，关系到碳达峰、碳中和的远景目标，坚决不搞“一刀切”、运动式减碳。但政府机关在转型过程容易陷入运动式减碳模式，将国家政权和行政权力介入作为政府行为合法性的主要来源，然而这种模式的过度使用本质上是透支国家治理能力，同时暴露了政府行为支持与合法性来源缺失的困境。相应地，乐清市行政管理中心在绿色低碳转型中政策保障缺位的现象亦有存在。在本案例中，为顺利推进分布式光伏发电项目建设，国家、省和乐清市对光伏发电项目给予财政补贴和银行贷款等相关优惠政策，但随着相关优惠政策和财政补贴的降低、取消，相关公司对于推进该项目建设的积极性下降，这似有运动式治理的痕迹。虽然随着项目成效的显露，公共机构在项目建设中获得了一定的政治价值和生态价值，但是没有可持续性的政策保障对于节能降碳行动的可持续性会造成不好的影响。

2. 合作生产条件不足

其一，运作和管理能力不足。在面对一个项目运营和管理上，政府能力在项目前期能支撑其正常运行，但是随着项目的持续发展，政府资源、时间等方面无法跟上项目转型升级的要求，而可能导致项目的价值无法真正实现。本案例中，随着乐清市行政管理中心节约型机关建设的完成，并没有在原有的节约降碳的成果上有更大的提升，只是基于原有项目上的更新，并没有解决公共机构在项目运作和管理上真正的问题，具体展现在后续不断增长的能源费用支出和用能设施设备的老化。公共机构受传统官僚体制的影响，易在运作和管理上走上僵化的道路。而公共价值创造有赖于多元行动者或行动者网络耦合协同来实现，不同的行动者拥有的资源、技术等都存在差异，将不同的主体进行融合，能够实现资源整合、技术共享，能够弥补公共机构运作和管理的不足。

其二，认知意识不足。创造公共价值最重要的是要识别公共价值。本案例在合同能源管理项目上提到“大部分公共机构对于合同能源管理项目的了解度不高，对于开展合同能源管理项目望而却步”“合同能源管理作为一种调动社会资本参与公共机构能源资源管理的市场化机制，很多单位领导和机关干部都没听说过，感觉云里雾里的”。乐清市行政管理中心在能源费用托管型合同能源管理项目上，由于对新的项目模式的不熟识产生犹疑，使得新模式难以实施。

其三，引入市场化机制不足。在政府和市场的关系上，充分发挥市场在资源配置中的决定性作用，要鼓励企业、组织、个人等利益相关者积极参与政府治理。公共机构绿色低碳转型不只是公共机构的责任，这关乎的是全社会甚至全人类的大事，需要从政府独揽转变到各利益相关者的协同上来，正确处理好政府越位、市场缺位的问题，推动不同类型的市场主体实质参与。在案例中，乐清市行政管理中心在尝试光伏发电项目时采用了合同能源管理模式，但是由于相关优惠政策的取消、公共机构对该模式的了解度不高以及对节能服务公司的技术水平和后续服务能力及效果的犹疑，项目没有继续发展下去。虽然案例最后乐清市行政管理中心实施了能源费用托管型合同能源管理项目，但是起决定性的还是其他公共机构的示范性作用。案例说明了乐清市行政管理中心引入市场化机制实现绿色低碳转型不够，也说明了节能降碳不能太过推崇行政手段和忽视市场化机制的作用，防止行政手段成为制约节能降碳工作成败的关键。

3. 结果产出

其一，预期效益不好。达成公共价值是公共机构绿色低碳转型有效实现的必要前提。2020 年底，乐清市当地龙头企业、上市公司正泰集团旗下的公司组织了一个团队来到乐清市行政管理中心开展能源费用托管型合同能源管理项目合作调研，但经过 2 个多月的现场实地调研之后，结果不了了之。主要原因体现在两个方面：一是公共机关推行意愿不强，新的政府机关大院能源管理模式推行需要时间，温州市 12 个县市区的行政中心大楼都还没开始建设该项目，对项目经济风险和技术风险存在担忧；二是服务公司缺乏主动性，相关公司经过实地考察评估，认为项目的经济效益难以保障。

其二，项目缺乏以人为本的理念。人是公共机构绿色低碳转型升级的重要因素，在节能降碳的过程中，想要充分调动人的积极性，那么项目就需要符合人的利益需求。虽然公共机构节能降碳是关乎碳达峰、碳中和目标实现的重要力量，但是对于公共机构中的个体来说，短期利益可能比长期利益更可获得的。案例中，国网浙江综合能源服务有限公司的项目方案因为是基于管控之上牺牲工作人员舒适性和体验感，而没有被认可和接受。职工是公共机构重要的构成部分，单位的节能降碳离不开他们的参与和贡献。

其三，新方案正在实施，结果尚待时间的检验。乐清市行政管理中心引入市场化机制，实施能源费用托管型合同能源管理服务模式。虽然引入市场化机制模式在其他领域有成功的模范，但是多地公共机构在节能降碳方面采用该模式，还在尝试阶段，最终结果还有待验证。

（六）基于市场化机制的公共机构绿色转型路径构建

面对乐清市行政管理中心绿色低碳转型困境，传统的政府主导型模式失效。而新公共管理理论的核心就在于要求政府及公共机构通过引入市场化的竞争机制来促使自身向科学化管理转型，达到降低成本支出、提高服务质量的效果。合作生产理论和公共价值理论强调政府与非政府机构之间互动的合作治理模式，倡导对资源、方法、技术等多方面的能力因素进行统筹整合，从而创造价值。乐清市通过能源费用托管项目，以市场化竞争激活效率，依托政企协同化解治理复杂性，最终通过制度设计确保生态效益与民生改善的公共价值实现。这一模式为公共机构低碳转型提供了“效率—协同—价值”三重闭环的参考路径（见图 1）。

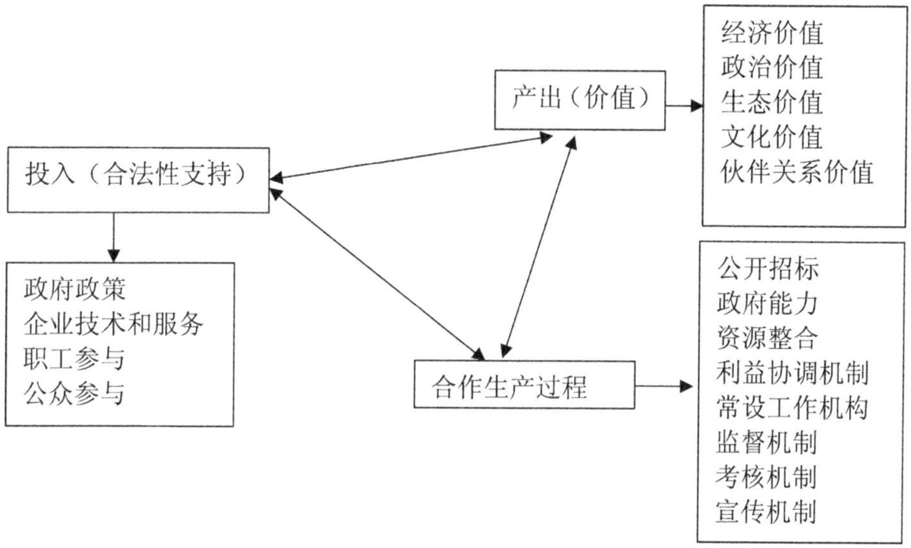

图 1　公共机构绿色低碳转型路径模型

1. 基于市场化机制的公共机构绿色转型路径构建的理论逻辑

（1）新公共管理理论：市场化机制驱动效率提升

新公共管理理论主张通过市场化方式优化资源配置，提升公共服务效率。乐清市采用能源费用托管型合同能源管理模式，通过公开招标引入专业节能服务公司，将能源系统改造与运营权转移至市场主体，政府以“托管费用—基准能耗费用—实际节能收益”的支付机制，倒逼服务商通过技术创新实现降本增效。且项目采用“节能效益分享型”合同，政府无需承担前期投资风险，节能服务公司通过技术投入和管理优化获取长期收益。这种模式符合新公共管理理论中“用企业家精神改造政府”的理念，通过市场化机制降低行政成本并提高能源使用效率。

（2）合作生产理论：多元主体协同破解治理难题

合作生产理论强调政府、企业、社会多方协作。乐清市在该项目中政府负责制定低碳目标、提供政策支持（如财政补贴、税收优惠）；节能服务企业主导技术研发与设备运维；第三方机构对节能效果进行独立核查，确保数据公信力。且项目合同明确约定节能目标达成率与奖惩条款，例如节能收益超过预期时政府与企业按比例分成，未达标则由企业承担违约责任。这种设计通过风险共担机制强化各方履约动力，避免传统行政命令式管理的低效问题。

（3）公共价值理论：社会效益与生态价值共创

一方面，低碳转型的公共价值锚定。公共价值理论要求兼顾经济效率与社会福祉。乐清市通过该项目实现多重价值。一是政治价值，乐清市通过创建节约型机关、节水型单位等专项行动，实现党政机关节能覆盖率达 85.96%，发挥"头雁效应"；二是社会价值，节省的财政资金用于社区绿色设施建设，形成"政府节能—民生反哺"良性循环；三是生态价值，行政中心年碳排放量下降 20%以上，成为区域低碳示范标杆；四是文化价值，通过碳标签认证、光伏发电示范项目等，将绿色文化理念融入生产生活，形成"碳标签—低碳消费"的良性互动；五是伙伴关系价值，与正泰集团合作建设高效光伏基地，联合成立氢基燃料创新中心，实现技术转化与产业落地。另一方面，制度创新保障长效发展。建立"能源托管绩效评估体系"，将单位面积能耗、公众满意度等指标纳入考核，并将评估结果与后续项目招标资格挂钩。此举通过制度约束确保市场化工具服务于公共利益，防止资本逐利导致目标偏移。

2. 基于市场化机制的公共机构绿色转型路径构建的展望

（1）手段维度——引入市场化机制以创造公共价值

在我国经济社会转型过程中，政府主导占据主要地位，压力型体制在实现短期内的节能降碳目标具有较大的作用，但是节能降碳太过依靠行政手段而忽视市场化机制的作用，可能会导致节能降碳项目的兴衰受行政手段的制约。

未来的公共机构绿色转型应该引入市场化机制。鼓励多元化的转型升级手段，运用市场化机制，鼓励和支持能源费用托管服务模式，规范有序参与碳排放权交易，引入新的数字技术，调动更多社会资源推动绿色低碳转型；利用现代化信息技术，优化调查数据采集、计量的方式，提高数据监测、统计的水平，以此提升公共机构科学决策和精准施策的能力；积极挖掘潜在资源，提升资源的利用率，调动更多主体参与，给公共机构绿色转型注入源源不断的内生力量，降低对行政资源的依赖程度，提高市场化水平。

（2）政治维度——优化政策环境激励多元主体参与

多元主体参与是支持公共机构绿色转型的重要力量，调动他们的积极性需要一定政策的加持，这可能导致政策的优劣、持久度等影响绿色低碳转型的进程。因此，优化公共机构绿色转型的政策环境非常重要，需要制定一套行之有效的政策体系。

首先，要建立健全政策环境。政策环境对各主体行动有一定的约束或激励作用。为此，一方面，中央政府在顶层设计上要具有前瞻性的规划，不仅基于现有相关法律的基础上出台更具有针对性和可操作性的政策，还要将政策上升到制度层面甚至法律层面；另一方面，因地制宜才能长远发展，要制定与本区域公共机构绿色转型和社会发展需要相契合的具体规章制度。其次，要积极挖掘公共机构绿色转型中更多的社会主体资源，利用具有激励性和制约性的政策，赋予多元主体参与公共机构绿色转型的合法性和正当性，以此获取多元主体更多的支持。

（3）合作维度——建立协同渠道提高转型能力

合作生产是实现公共价值创造的基础，多元主体的联结不仅需要政策的支持，还需要设置合理的监督和考评机制。未来的公共机构绿色低碳转型，首先要设立专业高效的常设工作机构，层层落实好工作责任。地方层面组织党政领导、专家学者等建立公共机构绿色低碳转型工作领导小组，深入贯彻碳达峰碳中和目标的具体要求，负责统筹管理、规划和协调转型项目的相关事宜，坚决压实属地责任，落实相关工作任务，提升机构职工在绿色低碳转型工作中的运作和管理能力。其次，加强对服务公司的遴选、监督和绩效考评机制。一是注重引入市场竞争机制，通过招标等方式提升被选择企业的质量和资源禀赋。二是公共机构要开放公众监督、舆论监督、党内监督和法律监督等传统社会监督渠道，还要充分发挥现代大数据、人工智能等新兴技术对信息的监测与监控，实现公共机构绿色转型数据信息的动态共享，提升政府和企业自我管控能力。三是杜绝“唯绩效论”，将公共机构绿色低碳转型纳入公共机构或个体考核的长期内容，强化激励和问责机制，探索与公共机构绿色低碳转型相契合的绩效评价体系。最后，要加大宣传、培训、终身学习力度，提高多元主体对市场化机制的能源费用托管服务模式的认知，减轻项目实施的阻力。

(4)价值维度——协调多元价值实现公共价值

公共机构绿色低碳转型有效实现的必要前提是多元主体达成价值共识。在未来的公共机构绿色低碳转型中，一是要构建完善的利益协调机制，通过平台的搭建和渠道，使利益相关者诉求能表达、表达有回应，并重视对利益受侵主体的补偿，提高多元主体为实现公共价值的积极性。二是推动建立以党组织为中心的协商议事会议制度等，以化解和协商议事为具体手段，围绕转型过程中的具体事宜进行协商。

(七)结束语

党的二十大报告提到公共机构节能要引入市场竞争机制，说明在公共机构绿色转型中引入市场化机制是破解转型瓶颈的必由之路。乐清市行政管理中心用了好几年的时间，实现了从政府主导到市场主体参与的改变。面对机构内部对合同能源管理模式的认知不足问题，乐清市行政管理中心并没有放弃，还是积极响应国家对该模式的倡导，积极探索，建立工作领导小组摸排和计量，邀请专家评审和公开招标，最终确定了合作对象和实施方案。虽然能源费用托管型合同能源管理模式尚处于试验阶段，但是市场化机制在政府体制内的运用已经有了一定的基础，相信道路虽然充满曲折，但是前途一定是光明的。

参考文献

[1] 章秀兰.新公共管理视野下我国服务型政府的实现路径研究[D].长沙，中南大学,2007.

[2] 孔祥龙.浅析新公共管理理论在构建服务型政府中的运用[J].公共管理,2010(11):278.

[3] B.盖伊·彼得斯.政府未来的治理模式[M].吴爱明译.北京:中国人民大学出版社.2013.

[4]［美］马克·H. 穆尔. 创造公共价值：政府中的战略管理[M]. 伍满桂，译. 商务印书馆. 2016.

[5] Roger B. Parks, Paula C. Baker, Larry Kinser, Ronald Oakerson, Elinor Ostrom, Vincent Ostrom, Stephen L. Percy, Martha B. Vandivort, Gordon P. Whitaker, Rick Wilson. Consumers as Coproducers of Public Services: Some Economic and Institutional Considerations[J]. Policy Studies Journal, 1981.

[6] Jeffrey L. Brudney, Robert E. England Toward a Definition of the Coproduction Concept [J]. Public Administration Review, 1983.

[7] Elaine B. Sharp. Toward a New Understanding of Urban Services and Citizen Participation: The Coproduction Concept[C]// Paper Presented at the Annual Meetings of the American Society for Public Administration. San Francisco, 1980, (13 - 16).

[8] 郭正雄，周强，栗帅燕，等. 面向公共机构能效服务平台的建设与应用研究[J]. 供用电，2023，40(11)：26 - 34.

[9] 牛少华. 公共机构综合能源管理提质增效具有较大空间[J]. 中国电力企业管理，2023(16)：67 - 69.

[10] 陈禹铭，徐津安. 公共价值视域下的长江生态环境治理困境与出路：基于 Y 市长江岸线清理整治的个案分析[J/OL]. 环境保护科学，1 - 8[2024 - 03 - 20].

[11] 赵新峰，高凡. 公共价值共创视角下区域共同体的运行机制与建构方略[J]. 天津社会科学，2023(01)：95 - 103.

[12] 徐永胜. 深入学习贯彻党的二十大精神　以公共机构绿色低碳转型助力碳达峰碳中和[J]. 中国机关后勤，2023(01)：16 - 18.

[13] 李冰晶，田小雷. 新公共管理视角下的高校实验室管理[J]. 科技资讯，2017，15(02)：152 - 153.

[14] 文绪武，胡林梅. 在压力型体制中嵌入市场化的节能减排机制[J]. 经济社会体制比较，2016(05)：43 - 51.

[15] 陈嘉俊，朱琳. 城市社会组织治理能力的提升路径：以三圈理论为分析视角[J]. 改革与开放，2016(16)：66 - 67.

[16] 李平安，黄毅，杨军志. 数据中心合同能源管理项目可行性研究报告编制要点研究：让设计营造的空间具有生命的气息[J]. 智能建筑与城市信息，2015(11)：58 - 62.

[17] 文宏，林仁镇. 多元如何共治：新时代基层社会治理共同体构建的现实图景：基于

东莞市横沥镇的考察[J].理论探讨,2022(01):62－69.

[18] 文宏,林彬.合规性确认:基层政府突破性创新的纵向协同机制:对A区创建城乡融合实验区的考察[J].公共管理学报,2023,20(02):1－11＋164.

[19] 韩艺,谢延洵.构建人与自然生命共同体:全球气候治理难题的破解之道[J].吉首大学学报(社会科学版),2022,43(03):97－104.

[20] 韩艺,谢婷,刘莎莎.中央环保督察效用逻辑中的地方政府环境治理行为调适[J].中国人口·资源与环境,2021,31(05):88－96.

[21] "双碳"动态[J].中国能源,2023,45(05):4.

[22] 刘晓龙,崔磊磊,李彬,等.碳中和目标下中国能源高质量发展路径研究[J].北京理工大学学报(社会科学版),2021(03):1－8.

[23] 邹圣锋,朱呈义,张韫.公共机构节能管理信息化建设的思路与重点[J].中国行政管理,2024,40(02):154－157.

[24] 智元超,孔雅楠.高校等公共机构绿色低碳转型实施路径研究[J].现代盐化工,2023,50(03):105－107.

附录1:乐清市行政管理中心成为第一批国家级节约型公共机构示范单位的通知

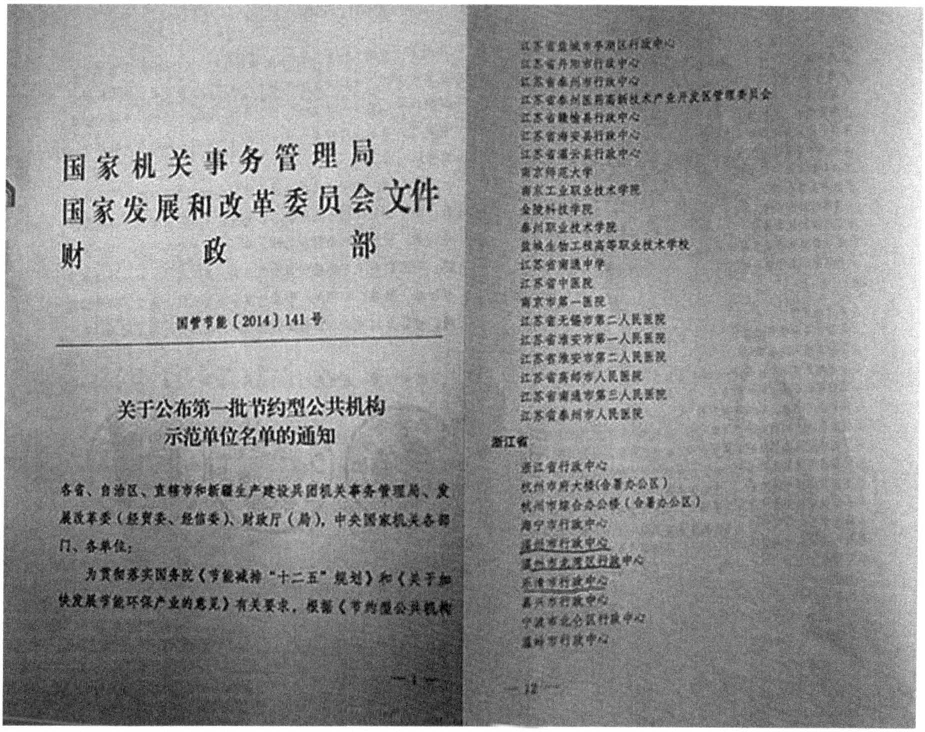

国家机关事务管理局
国家发展和改革委员会文件
财　　政　　部

国管节能〔2014〕141号

关于公布第一批节约型公共机构
示范单位名单的通知

各省、自治区、直辖市和新疆生产建设兵团机关事务管理局、发展改革委（经贸委、经信委）、财政厅（局），中央国家机关各部门、各单位：

为贯彻落实国务院《节能减排“十二五”规划》和《关于加快发展节能环保产业的意见》有关要求，根据《节约型公共机构

— 1 —

江苏省盐城市亭湖区行政中心
江苏省丹阳市行政中心
江苏省泰州市行政中心
江苏省泰州医药高新技术产业开发区管理委员会
江苏省睢宁县行政中心
江苏省海安县行政中心
江苏省灌云县行政中心
南京师范大学
南京工业职业技术学院
金陵科技学院
泰州职业技术学院
盐城生物工程高等职业技术学校
江苏省南通中学
江苏省中医院
南京市第一医院
江苏省无锡市第二人民医院
江苏省淮安市第一人民医院
江苏省淮安市第二人民医院
江苏省高邮市人民医院
江苏省南通市第三人民医院
江苏省泰州市人民医院

浙江省

浙江省行政中心
杭州市府大楼(含署办公区)
杭州市综合办公楼（含署办公区）
海宁市行政中心
温州市行政中心
温州市龙湾区行政中心
乐清市行政中心
嘉兴市行政中心
宁波市北仑区行政中心
温岭市行政中心

— 12 —

附录2:公共机构合同能源管理“乐清模式”

节能降耗是新时期党中央、国务院从我国国情和社会发展出发,审时度势作出的一项重大战略决策,是贯彻落实习近平生态文明思想,践行“碳达峰”“碳中和”中国承诺,加快建设资源节约型、环境友好型社会的迫切需要。近年来,乐清市机关事务管理中心紧紧围绕节约型机关创建,立足创新、协调、绿色、开放、共享五大发展理念,把绿色发展和推进生态文明城市建设作为“十四五”时期的重要目标任务,从合同能源管理入手,积极推行科学的能源管理机制,引进社会资本,率先与正泰安能大力开展合同能源管理,以“绿色智慧”引领公共机构节能提效,助推绿色产业发展,走出了一条政府机关、服务企业和节能市场合作共赢、和谐共进的可持续发展之路。

一、以创新精神，开拓能源管理新路径

作为全市“中枢”的乐清市机关事务管理中心，要为全社会节约能源资源树立“标杆”。走出一条能源管理新路子，一直是乐清市机关事务管理中心孜孜追求的目标。去年，乐清电气产业成功列入工信部发布的25个先进制造业集群决赛优胜者名单，是全国唯一以县域为主导的入选集群。诞生于中国低压电器之都乐清柳市的正泰电器，是全球知名的一站式低压电器产品和系统解决方案供应商，产品远销140多个国家和地区。近些年来，在国家大力发展新能源的背景下，正泰电器不断向分散式光伏发电业务延伸，用“光伏+”模式助力加速全球减碳进程。2018年10月9日，市机关事务管理中心将全市首个政府机构屋面分布式光伏发电项目，落户在下属单位乐清市市民活动中心成功并网运行。市民活动中心屋顶分布式光伏发电项目采用合同能源管理模式建设，安装了718块太阳能单晶板，单晶板总面积约1436m^2，装机总容量为262.48kWp。目前累计光伏发电总量57.4万kWh，自用电量52.12万kWh，余电上网电量5.28万kWh（截至2020年12月），年发电总量超过25.5万kWh，发电效率在温州地区同类项目中处于领先水平。累计二氧化碳减排量618.23吨，年均二氧化碳减排247.2吨，年均节约标煤92吨。根据历年数据同比分析，2019年、2020年光伏发电自用量（不包括上网返电量）占中心总用电量分别为21%、20.3%；2014—2020年电费以及用电总量逐年下降且下降幅度明显，2018—2020年起，年用电量同比下降18.07%、4.58%、13.49%，电费总额同比下降22.05%、13.81%、21.80%（因2020年受疫情影响中心各单位减少部分活动课程，以及防疫期间优惠费用扣减政策，2020年电费总额数据具有特殊性）。分析对比2017年（无光伏项目）与2019年（光伏项目运行一年），年用电量减少37.67万kWh，下降21.82%，年用电总费用减少44.42万元，下降32.8%。通过有效的合同能源管理，对标国家级的节能标准严格执行各项节能措施，推行绿色办公等方式，乐清市市民活动中心于2016年实现碳排达峰，碳排大幅下降，并为市财政节约大量后勤保障经费。同时，市民活动中心于2019年成功创建国家级节约型公共机构，为推进建设清洁能源、安全高效的能源体

系起到很好的示范作用。

二、以多维举措，推进节能提效“遍地开花”

近年来，乐清市机关事务管理中心全面贯彻落实我市公共机构能源“双控”任务，通过试点项目带动，极大地调动了公共机构利用合同能源管理模式开展节能改造的积极性，提升了大家对合同能源管理效益的认知度，带动了这一模式在全市推广。着眼于可再生能源开发利用，鼓励全市公共机构积极开展合同能源管理项目建设，2019 年乐清市被国家机关事务管理局列入合同能源管理试点市。截至 2021 年底，乐清市公共机构共建成分布式屋顶光伏发电项目 26 家，其中学校 24 家，医院 1 家，政府机构 1 家，合计项目总投资金额 1500. 38 万元，总面积 2348. 1 平方米，总装机容量 2435. 15kWp，总年均发电量约 251. 79 万 kWh。预估每年可节约 1017. 23 吨标准煤，减少二氧化碳排放 2510. 35 吨，减少二氧化硫排放 75. 54 吨。同时，通过不断完善全市公共机构在节能宣传、示范单位创建、绿色改造、能耗数据统计等方面的具体实施方案，完成每年省、温州市下达的节能目标任务。每半年组织全市近 500 家机关单位、学校和医院开展水、电、气等能耗数据统计工作，统计覆盖率达到 90% 以上，全面完成公共机构能源消费总量和强度双控指标。

三、以各方共赢为目标，实现可持续发展

单位面积能源费用由 29. 07 元平方米下降至 17. 39 元平方米，能源消耗费用下降 40% 以上……2021 年，乐清市市民活动中心交出节能低碳亮丽“成绩单”。“乐清样本”实施以来，投资方为市民中心提供了一体化的综合能源服务，为推进能源生产和能源消费革命，持续打造节能环保和绿色发展的新标杆注入新动能。这些项目的实施，不仅带来了能源资源的节约高效利用，也为公共机构节能乃至全社会生态文明建设树立了新标杆。下一步，乐清市机关事务管理中心将进一步加大公共机构整合力度，扎实推进合同能源管理项目，根据不同需求，将政府机关、学校、社区卫生服务中心等不同性质、不同体量的公共机构进行整体打包，在实现经济效益的同时，进一步放大社会效益与生态效益，为实现“双碳”目标、在共富路上全力打造“醉美之城 · 幸福乐清”贡献后勤力量。

关于乐清市行政管理中心能源费用托管型合同能源管理项目的公开招标公告

采购项目：	乐清市行政管理中心能源费用托管型合同能源管理项目		
项目编号：	CG202305A03		
采购人：	名称：乐清市机关事务管理中心 地址：乐清市行政管理中心2楼C区 联系人：郑先生 电话：0577－61880219	采购代理机构：	名称：乐清市公共资源交易中心 地址：乐清市市府路1号行政管理中心西南附属楼四楼A07 联系人：王女士 电话：0577－61882629
采购组织类型：	集中采购		
采购项目概况：	详见公告正文		
供应商资格要求：	无		
招标文件的领取：	领取时间：2023－05－08 18：01：09，领取地址：政采云平台在线获取，领取方式：供应商登录政采云平台 https://www.zcygov.cn/在线申请获取采购文件		
投标文件的提交：	截止时间：2023－05－30 09：30：00		
同级政府采购监督管理部门：	名称：乐清市财政局政府采购监管科，电话：0577－61568287		
信息来源：	乐清市	接收时间：	2023－05－08